CICIR 中国现代国际关系研究院
CHINA INSTITUTES OF CONTEMPORARY INTERNATIONAL RELATIONS

太平洋足够宽广

The Pacific Is Wide Enough For All

亚太格局与跨太秩序

中国现代国际关系研究院 · 著

时事出版社

序　言

呼唤21世纪的“跨太安全秩序”

对于当前亚太地区的安全形势，大家可能有一个共同的感觉，那就是——新冷战的黑色幽灵正悄然在亚太上空游荡。以2010年美国开始推进亚太“再平衡”战略为分界点，本世纪头10年亚太地区的总体稳定局面被打破，围绕南海、东海、朝鲜半岛问题的争端急剧升温，各方之间的猜疑和矛盾一下子多起来了，牵动着地区形势日益向很不好的方向发展。特别是最近一段时间，围绕南海问题，频频听到一些国家的高官在公开场合放狠话，进一步加剧了紧张气氛，俨然有上纲上线、重演冷战的味道。

尽管很多人不愿意看到这样的局面，对此感到非常担忧；尽管目前仍有人在争论到底是谁迈出了第一步，纠结于局势怎么会如此浑浑噩噩地发展到这一步，但时至今日，我们必须承认的是，亚太地区安全之所以出现这样的局面，其实有着很大的客观必然性。为什么说有客观必然性？在我看来，根本原因是因为各国之间的实力对比变了，并由此引发各国心态和战略的变化；接下来，便是各方关系模式的变化以及地区热点问题的演化。由于各方实力对比的变化是一个不以人的意志为转移的客观进程，因而由此而来的衍生性变化，显然也就是不可避免的了。

说客观必然，说不可避免，听起来似乎有些令人沮丧，感觉好像冷战注定要在亚太地区重新上演了似的。我并不是这个意思。在目前的形势下，再去说一些粉饰太平的话，明显已经有点不接地气，但如果说现在亚太就已经陷入新的冷战，那显然还有些仓促武断。如果要对当前亚太地区的安全形势给予一个准确的界定，我倾向于说，亚太地区目前正处于一个旧秩序将退未退、新秩序将出未出的过渡性时期，处在一个抉择的十字路口，处在一个十分要紧的历史时刻。在长期历史进程中形成的那个夹杂着“二战后”特点和“冷战后”特点的并不是非常完善的旧秩序，已经难以为继，但是新秩序到底以何种方式形成，最终会是一个什么样子，现在还没有定数。

那么，问题来了：我们是要任凭形势自由漂流，使各国始终在焦虑不安的心态当中惶惶终日、怒目以视，最终形成一个以冲突和对抗为特征的地区安全新秩序呢？还是地区各国基于共同和长远利益，以理性平和的心态，主动引领塑造一个不冲突、不对抗的地区安全新秩序呢？

对中国而言，毫无疑问愿意选择后者。推己及人，我们也相信，后者所展现的那种前景，也是符合其他各方的长远利益的。所有各方应该一起努力，去构建一种符合21世纪时代特征和各国真实需要的新型安全秩序；而中国作为具有系统重要性的变量和地区安全秩序重塑的最能动因素，应该在这一新秩序的构建中发挥引领作用。

正是基于这样的信念，中国现代国际关系研究院提出了建立“跨太安全秩序”的构想。这一构想最初是2010年前后在我们研究院的内部讨论中产生的。当时我们认为，由于美国重返亚太，使得原本就不稳定的地区安全秩序进一步变化，出现新的地区安全秩序不仅是必然，而且还有必要人为地加以引导，否则可能引发严重的地区紧张和不安。与当时受到广泛关注的未将美国包括在内的“东亚共同体”倡议思路不同，我们当时认为，美国在该地区的存在是一个长期的、客观的现实，因而有必要建立一个包括美国在内的地区安全架构，因而当时将其称作“跨太安全架构”。同期，在我们同一些俄罗斯同行的交流时发现，他们也有类似的想法，因而双方就开始开展一些联合研究，并拿出一些阶段性的研究成果。其中，以现代院课题组名义推出的报告《太平洋足够宽广——构建“跨太平洋安全合作架构”的初步思考》一文得到各界重视，被《新华文摘》全文转载。后来，美国福特基金会也对这个问题表现出强烈的兴趣，表示愿意为推进这项研究提供资助，使得对这一问题的研究进一步走向深入。本书的出版，也得益于福特基金会的资助。为进一步推进这项课题的研究，我院每年一次的“现代院论坛”还在2014年和2015年连续两次以此为主题，召集包括美国、俄罗斯、日本、韩国、澳大利亚、东盟各国的官员和学者展开专门讨论。在讨论过程中，各国官员、学者对这一问题展现出高度的关注，并提出了不少好的见解和建议，推动我们对这一问题的思考不断走向深入。为此，我要感谢参会的国内外学者为这个主张的丰富和发展作出的重要贡献。

简略地说，中国现代国际关系研究院提出的“跨太安全秩序”构想有几个突出特征。其中，最首要的特征是“跨”。我们没有将自己的思想局限于亚洲、西太或者亚太，而是突出强调“跨太”。直接原因是前述的要将美国纳入进来，深层原因是我们认为有必要在更广阔的地理范围内和战略视野中思考问题，只有在这个广度思考问题，才能有全面的认识和解决方案。除了“跨”这个特征外，这一构想的第二个重要特征是“包容”。这个秩序构想不仅包括目前活跃的所有地区安全角色，而且主张其相互之间也不应是隔绝和对立的，同时还主张这一构想应该对其他潜在的参与者也展现出足够的开放性。第三个特征是“平等”。与中国的一贯主张一样，我们希望在这一新的地区安全秩序中各国无论强弱大小，一律平等，不能搞等级制，也不能有盟主。第四个特征是“合作”。有问题要通过合作对话来解决，并为此营造有利于对话的氛围和构建有效的对话机制。

而把这几个特征加在一起，实际上形成了“跨太安全秩序”构想的一个总特征，那就是“共同体”。尽管英国“脱欧”使人们对所谓“共同体”的前景产生了一丝怀疑，但我们仍然坚定地相信，“共同体”是先进理念，代表着人类文明的未来发展方向，仍值得我们孜孜追求。21 世纪整个亚洲和太平洋地区的持久和平与繁荣，决不可能在猜疑、割裂和对抗中实现，必须通过建立各国紧密联系、彼此合作的命运共同体，一切才有可能。

以上是本书的缘起和基本立意。从大结构讲，本书分为上、中、下三篇。每篇又分成几章。侧重点有所不同。

本书上篇说的是一些“总”的问题。我们认为，要构建跨太安全秩序，前提是把握好几个方面的基本判断问题。首先是要看准形势，看清包括亚洲和整个太平洋地区的地区秩序的历史演进过程和多元分散特征。要看清：从东亚、到亚太再到跨太，本身就存在着一个地缘政治概念的不断进化过程。从延续千年的“东亚朝贡体系”到欧美入侵时期的百年悲情，从冷战时期的两极格局到冷战后时代的多极与单极较量，再到此后形势的深刻变化，要在多张底片叠加的情况下拨开山重水复的迷雾，看清当前地区秩序的本质和核心特点，这本身就不是一件简单的工作。只有把这个问题解决了，以后的问题展开才有坚实的基础。这是本书上篇第一章要解决的问题。其二是把握当前的“局”与“势”。要客观描述当前主要力量之间的力量对比变化，准确界定各方的深层战略意图和具体利益诉求，把各方之间盘根错节的历史渊源和当前矛盾及其与当前地区安全秩序之关联言简意赅地凸显出来。这是本书上篇第二章聚焦的问题。其三是要准确把握当前地区安全机制的作用与局限，对其给予一个摒除主观好恶的公正评价，其中重点是说明美国地区军事同盟、东亚峰会、东盟地区论坛、香格里拉安全论坛、上合组织、亚信峰会等等各种有实有虚的机制、机构、平台等各自发挥的功能及其不足。这是本书上篇第三章要解决的问题。

本书的中篇则聚焦于重大问题。我们认为，要构建跨太安全秩序，需要聚焦几类重大问题。第一类是要解决好大国关系。地区要安全，大国是关键。毕竟，地位无尊卑，作用有强弱，要承认大国在地区安全秩序构建中的特殊作用。在本书中，我们认为，本地区的大国关系是一个复杂体系，其中的中美博弈是决定地区秩序走向的决定性因素。在中国崛起与美国重返的历史背景下，两国安全秩序愿景的差异和围绕地区安全主导权的争夺，是中美博弈的最深层动因。搞好了，两国将实现共同演进；搞不好，会陷入“修昔底德陷阱”。按照基辛格的话，一旦两国陷入“修昔底德陷阱”，两国将耗尽世界和中，并同时沦为二流国家。兹事体大，必须重视。而诸如俄罗斯、日本等其他地区大国，则以不同方式参与到中美博弈中，结成几对三角关系，如中美日、中美俄、中俄日、俄美日等。这是本书中篇的第四章、第五章和第六章要说明的问题。第二是要聚焦当前的重大热点问题。例如朝鲜半岛僵局、南海争端等。阐述这些问题，并非只是为了应景。我们认为，这些重大热点问题，并不是双边或者小多边层面的具体争端，它们实际上是地区安全秩序重塑的最集中体现，是新旧安全秩序转化过程中“绕不过去的坎儿”。这些问题的管控或解决方式，将直接决定未来地区安全秩序的核心特征。这是本书中篇的第七章和第八章要阐述的问题。第三类问题是日益凸显的非传统安全问题。包括恐怖主义、网络安全、气候变化等等。我们认为，决不能忽视这些非传统安全问题对地区安全秩序的影响。世界是普遍联系的，涉恐、涉网、涉气问题，本身就是综合性问题，不仅折射出各国安全战略的总体特征，而且会对传统安全关系和整个地区秩序构成日益重要的影响。因而我们单独辟出一章来论述这方面问题。这就是本书中篇的第九章。

本书的下篇有三章。第十章是“中外对地区秩序构建的观察与思考”。跨太安全秩序构想的不断丰富完善，有赖于各方思想的启发和激荡。为此，我们力争系统地梳理总结美国、中国和其他国家的战略界对地区安全秩序的种种评述和主张，既希望对我们这一构想有所帮助，也希望能对广大读者有所启迪。第十一章是“构建跨太安全秩序的基本思路”。这是给本书“点睛”的一章。说来说去，总是要归到跨太安全秩序到底怎么建。在这一章中，我们从主要原则、主要主张、行动重点等方面入手，力争拿出一些可行的建议。第十二章是“跨太安全秩序与中国”。俗话说：“编筐编篓，关键在收口儿。”这一章就是为本书“收口儿”的，其重要性不言而喻。这一章的重点是阐释跨太安全秩序与中国的互动关系，说明中国将如何以实际行动参与到地区秩序重塑中，以及地区安全秩序的重塑对中国有何影响。

构建“跨太安全秩序”是一项前无古人的开创性工作，难度绝不会小，进程也将异常复杂。因而如果在开始阶段对这一构想有些疑问，那是很正常的。实际上，无论是在我院的内部讨论中，还是在两次以跨太安全秩序为主题的“现代院论坛”上，我们都听到一些对这一构想必要性、合理性、可行性的质疑，或者希望我们对这一构想的若干细节作出更详尽的说明。

这其中，有人提出：亚太地区的形势特征已如此复杂多元，现在还要建立跨太的安全秩序，相当于纳入了更多的不确定因素，是不是有些太难了，能最终建成跨太安全秩序么？我们认为，这种审慎的怀疑是有必要的，其实我们自己也充分估计到了这种困难。但我们更看到的是，如果没有这样一个综合全面的地区安全新秩序，这个地区的和平与安全就没法维持。“虑天下者，常图其所难。”我们愿意迎难而上。

有人提出，我们提出跨太安全秩序到底背后隐藏的意图是什么，是不是要“化掉”美国的同盟体系？对此，我们的回应是，我们不希望看到地区有集团性、排他性、对抗性的秩序安排，但我们的方案已经充分注意到了美国的安全关切和利益诉求，跨太安全秩序的构想实际上就是立足客观现实和各方需求的一个包容性方案。

有人提出，目前这么多地区争端都和中国相关，很难做到客观中立，中国并不具备作为倡议提出者的资质。对此，我们的回应是，这取决于怎么看。从积极角度讲，正是因为中国同几乎所有的问题都相关，因而如果绕开了中国，或者中国不发挥主动作用，那几乎什么问题都解决不了。就此而言，中国是提出新型地区秩序愿景的最合适角色。

还有人提出，要多谈些问题，少谈些主义，先解决地区的具体热点问题，然后再谈地区安全秩序这类宏观问题。对此，我们的回应是，这具体问题和宏观愿景之间是辨证的关系，不可偏废，如果总体方向的问题不搞清楚，具体问题的解决就会偏离方向，就会陷入纯技术主义。

此外还有人问，一些拉美国家也紧邻太平洋，跨太安全秩序中是如何摆放拉美的？对此，我们的主张是，由于这些拉美国家目前还不是安全上的活跃角色和重要的利益攸关方，因而对建立跨太安全秩序的作用是潜在的，目前还不是我们的主要考虑因素。

尽管对这一构想尚有些疑问，但更重要的是，大家为丰富完善这一主张积极地献计献策，对此，我们是非常欣慰和感动的。而且，凡是参与这一话题讨论的人，都有如下几个共同的感觉或者说共识：第一，这个问题很重要。它事关 21 世纪的亚太乃至全球和平，绝不可掉以轻心，不把它当回事；第二，大家都不想乱。乱中没有安全，战中没有赢家。特别是当前各国普遍面临着危机后的种种国内困难，特别希望能聚焦国内，聚焦发展。第三，未来总比过去好。没有什么过不去的坎儿，各国之间纵然有些纠葛争执，但如果能开动脑筋、群策群力，要避免战乱，破旧立新，总是会有办法的。这些共识也给了我们很大的信心，激励我们沿着这条前无古人的求索之路继续前行。

我们相信，治乱由人定。亚洲和太平洋地区的未来，是走向“治”还是陷入“乱”，取决于我们的愿景，取决于我们的选择，取决于我们的行动。我们希望，这本书的出版，既是对我们以往研究成果的一次系统梳理和总结，也是对这个问题的一个更为清晰的界定，并为国内外关于地区安全秩序的讨论提供一个新的基础；同时，我们更希望，各国战略界的有识之士能够共同致力于构建跨太安全秩序，以实实在在的行动将地区安全秩序的重塑往好的方向领，不仅保住已经延续了几十年的难得的地区和平，更不辱时代赋予我们的重大使命，为我们的子孙开创一个比现在更好的未来。

最后，感谢各位同行和读者长期以来对中国现代国际关系研究院的关注和支持，感谢本书各位作者的辛苦努力以及中国现代国际关系研究院国际交流部的组织协调，并感谢时事出版社各位同事为本书出版所做的大量编辑、校对和版面设计工作。

季志业

2016 年 8 月 20 日

目　录

上篇

中篇

下篇

上　篇

第一章 亚太安全秩序的历史、现状与未来

亚太安全秩序是当前国际政治中典型的“疑难杂症”。一些研究国际政治理论的学者喜欢“掉书包”、喜欢用标准化、也使简单问题复杂化的语言来描述亚太安全秩序的“疑难杂症”，称之为亚太“安全困境”。国际上普遍认为，当前亚太安全秩序正处在重大调整、转型过程中。然而，对于亚太安全秩序未来调整、转型的方向、内涵是什么，则争议很大、莫衷一是。要弄清未来亚太安全秩序调整、转型的方向与内涵，亦即弄清未来亚太安全秩序将如何演变，首先需要在时空纬度上对亚太这一概念的地缘政治内涵及其历史演变以及亚太安全秩序数千年演变的历史脉络进行系统梳理，而后再依据历史经验，并结合亚太经济、政治、军事安全及人文社会心理等方面的种种变化，进行全面、系统的深入剖析。

一、远东、亚太与跨太——不断进化的地缘政治概念

作为一个地缘政治概念，亚太之说并非自古有之，而是第二

次世界大战以来才开始逐渐流行的概念，其地理覆盖范围及其政治内涵也一直在变动，并且还将继续变下去，因而“亚太有多大?”覆盖哪些国家的问题，并不是一个一成不变、国际社会在认识上完全一致的确定性问题。

亚太概念缘起于远东概念。远东首先是一个“欧洲语境下的地缘政治概念”，是欧洲人对地球认知在语义上的折射，也反映了自地理大发现以来欧洲人开始主导国际政治后的欧洲国际话语霸权。欧洲人以自己所居住的欧洲为地理中心，站在欧洲的土地上向东看太阳升起的亚洲，把离其最近的亚洲地带，即临近今地中海东岸、古罗马人称之为“黎凡特”的那部分亚洲称作近东或者说西亚；离其较近的、不远不近的亚洲地带，即今波斯湾与里海以东的沙漠、草原地带，包括阿富汗等，被称作中东或者说中亚；而离其最远的马六甲海峡以东的亚洲地带，即今东北亚、东南亚和中国等广大地区，则被其称为远东。不过，与欧洲人不同，对于马六甲海峡以东的这部分亚洲，美国人更喜欢称之为东亚。当然，欧洲人间或也会称之为东亚。要而言之，欧洲人国际话语中的远东或东亚概念，其地理范围大体包括今天的东北亚与东南亚，中国也在其中，且中国常被其划入东北亚范围。

亚太概念的出现较迟，大体出现于太平洋战争时期，主要反映美国人对地球认知在语义上的折射，因而其最初是一个典型的“美国概念”，在一定程度上反映了美国人的国际话语霸权开始逐步建立。美国崛起为世界超强国家、尤其是成为太平洋超强国家后，美国人站在太平洋东岸向西看、太阳在太平洋西岸的亚洲徐徐下落，如果此时美国人继续接受欧洲人的地理命名，把太平洋彼岸、距美国太平洋海岸线较近的那部分亚洲称作远东、东亚，而把距其较远的那部分亚洲称作近东或西亚，自然会产生说不出的扭曲与错位感。尤其此时美国已经是太平洋战争的决定性“玩家”，不但太平洋战争对日作战以美军为主力队员，即使是对德日意作战的整个反法西斯第二次世界大战，也以美军为主力队员，战后美国更是有可能成为世界超级大国、足以主宰全球事务，美国人因而对于按欧洲人的话语习惯、指称所谓远东、近东或者说东亚、西亚就更加不屑一顾了。于是乎，“亚太”概念开始应运而生。

最早使用亚太（Asia Pacific）概念用以替代欧洲人远东或东亚概念的是太平洋战争时期的美国海军。当时，美国海军在西太平洋作战，习惯于把西太平洋沿岸的那部分亚洲国家称作亚太，其原意是“太平洋沿岸的亚洲”，其地理范围则与欧洲人概念中的远东或者说东亚大体相当。然而，亚太这个概念被国际社会广为接受则要等到 20 世纪 70 年代以后。此时欧洲实力及其国际影响力已经大大衰落，美国实力也开始相对衰落，而亚洲国家、尤其是东北亚的中日韩及东南亚的“小龙”、“小虎”纷纷发展、崛起、实力上扬，自我中心意识增强，而当时据有世界总人口四分之一之多的中国加快发展，更是已经成长为多极化世界的一极。于是，亚太概念开始得到亚洲国家的青睐，迅速盛行，成为东亚国家对自身国际地位提升的一种自我表述和认同、认知，并得到全世界认同。不过，此时的亚太已经不限于东北亚与东南亚国家，澳大利亚、新西兰等大洋洲国家也开始纳入亚太范畴。这样，亚太就由一个大体等同于远东或东亚的概念，开始有了亚洲加太平洋的内涵。冷战结束后，亚太概念进一步拓展。亚太经合组织（APEC）的建立，使亚太地理范围进一步向太平洋拓展，亚洲加太平洋就成了亚太概念的题中之义。例如，APEC 就横跨太平洋，包括太平洋东西两岸的 21 个国家。

亚太概念的历史缘起及其演变表明：第一，亚太概念不是从来就有的，但也不是无源之水、无本之木，而是世界历史发展到一定阶段的产物，是亚太国家不断觉醒、崛起的必然产物；第二，亚太是一个动态概念，也是一个开放性概念，从远东或者说东亚再到亚太，其名称在变，地理范围也在不断扩大，其成员也在逐步增多，甚至其政治内涵也开始变化；第三，亚太作为一个生命体，其地理范围还将继续扩大，成员还将继续增多，从远东或者说东亚的原始称谓到亚太称谓，再到“跨太”，最后发展为“环太”，具有历史必然性。

二、“东亚封贡体系”及其国际政治遗产

正如亚太这一地缘政治概念不是无源之水、无本之木一样，亚太安全秩序也不是无源之水、无本之木。

亚太安全秩序的古典源头来自古典性的“东亚封贡体系”，也可称之为“东亚朝贡体系”、“天朝体系”。总之，不论其称谓如何，东亚古典国际秩序、安全秩序的实质是：古代中国与其周边的东亚广大国家之间构建起了一种以中国古代封建王朝为中心、覆盖东亚广大地区、按中国古代封建王朝的京城为中心点由内而外、由近及远的同心圆结构。在这个以中国为中心、容纳东亚广大国家的同心圆结构中，中国与其周边的东亚广大国家间存在一个相互依存、共生共荣、大体以和谐共处为主要内容的区域国际体系。

古代东亚与古代欧洲不同。第一个不同是，古代欧洲教权大于王权、宗教认同高于国家与民族认同，而古代东亚正好相反。因此，当古代欧洲沉溺于宗教纷争与冲突、还没有形成民族国家的概念以及尚未形成民族国家之时，东亚已经出现了大量的民族国家，如中国的秦、汉、三国、晋、南北朝、宋、元、明等封建

王朝，都是典型的民族国家；东北亚的高句丽王朝、日本、琉球以及东南亚的暹罗等，也都建立了民族国家。因此，此时的东亚已经具有了构建国际体系与国际安全秩序的政治实体基础。而当欧洲在经过宗教战争和新教改革、资本主义兴起后开始大吹大擂、欢欣鼓舞地宣称其开始出现、建立所谓“近代民族国家”、并通过一系列王朝战争（如七年战争、奥格斯堡同盟战争、西班牙王位继承战争、奥地利王位继承战争、三十年战争等）谋求建立欧洲安全秩序时，东亚地区的安全秩序、国际体系经过长期发育，已经自成一体了。第二个不同是，欧洲在资本主义兴起、文艺复兴、宗教改革之后建立起的系列民族国家如英格兰、法兰西、普鲁士、意大利、俄罗斯、奥地利及荷兰、西班牙、瑞典等，大体皆为人口不过百万、最多不过数百万的中型国家，其实力、规模大体势均力敌，容易形成战略均势，也容易造成互争雄长、征战不止的安全困境。事实上，欧洲国际秩序的助产婆是一系列战争，除前述历次战争外，还可以历数荷西战争、英荷战争、英西战争、英法战争、拿破仑战争以及19世纪后半叶的克里米亚战争、普丹战争、普奥战争、普法战争，等等。欧洲各国间由于互争雄长，长期兵连祸结、征战不止、血流成河，只得建立起一种以均势、缔约结盟、领土与人口不停地割进割出为内容，以协定、条约、国际会议及所谓国际法及军备竞赛等为保障的国际安全秩序与制度。东亚则不同。东亚当时有古典中国这个庞然大物，中国周边则是一圈小国。古代中国幅员辽阔、人口众多、经济科技发达、军事实力强大、思想文化方面也领先于周边各国。汉唐之际，中国人口已超过6000万，大大超过欧洲人口之和。明清时期，中国人口已然过亿，清朝中期更是达到3亿之巨，中国经济总量则超过世界经济总量的1/3以上。不仅如此，中国的经济总量及人口也大大超过除中国以外的东亚各国经济总量及人口总量之和。因此，此时中国俯视周边，“一览众山小”，周边诸小国则景仰中国之强、之大、政治经济文化科技之先进、发达，纷至沓来，八方来朝。这样，实力超强、规模超大、政治文化科技超先进的中国，就理所当然地成为东亚“唯一超级大国”，主导东亚国际秩序。但中国主导东亚秩序不是依照欧洲样式，即不以征服、征战、掠夺和控制、统治为宗旨，而是奉行“和合”、“和为贵”战略，从而构建出以中国为中心、东亚各国普遍参与、各国间共生共存共荣、和谐共处的“东亚封贡”秩序。

所谓“东亚封贡体系”，或者说“东亚朝贡体系”、“天朝体系”，就是中国周边的小国，如古代日本、琉球、朝鲜、暹罗等，主动派使团携带地方土特产、方物等贡品远赴中国京城向中国皇帝进贡，并争取中国皇帝以册封等方式承认其政治统治的合法性；中国皇帝则以金银珠宝及中国产丝绸、典籍等贵重产品在总价值上加倍回贡，并在政治上对其“册封”，承认其在其国内政治统治的合法性。中国与周边各小国间的这种进贡与回贡、册封关系历千年而不绝，并建立在自觉自愿基础上。在此过程中，中国被认可为东亚政治中心及主导国，而周边国家则认同中国的主导地位，并从中取得其国内统治的政治合法性，同时相互间的商贸往来和经济文化交流也不断繁荣。

以古代中国为中心的“东亚封贡体系”历千年而不衰表明：第一，一个体量超大的中国与周边众多中小邻国是可以和平共处、共存共荣的。进而推之，亚太各国间也是可以和平共处、共存共荣的。第二，中国与周边国家以至亚太国家间的安危兴衰休戚相关，中国兴盛则周边及亚太国家繁荣稳定，中国衰败则周边及亚太国家动荡贫困。反过来也如是，即周边动荡贫困则中国也难以稳定繁荣。第三，古代中国与周边国家历千年而能在“东亚封贡体系”下和平共处、共存共荣，其关键是大家都遵从中国古代儒学倡导的“和谐”、“和为贵”、“天下一家”理念，不以征服、掠夺、强迫及武力相向。如果当今亚太各国间能继续秉持“和谐”、“和为贵”、“共存共荣”等理念，不以征服、掠夺、强迫及武力相向，则亚太各国间及中国与亚太各国间就一定能打造出和平共处、共存共荣的亚太新秩序。第四，亚太各国自古就有适用于自己独特的地理环境、历史文化及政治传统的地区秩序观，而不必处处追随、依从欧美秩序观。

二、百年悲情：欧美东侵时期的亚太安全秩序

15 世纪末新航路开辟后，欧美列强不断东侵，东亚各国相继沦为欧美列强侵略目标，并逐步沦为欧美列强的殖民地或半殖民地，“东亚封贡体系”开始分崩离析。先是公元 1511 年葡萄牙人以坚船利炮侵占了马六甲海峡，并沿马六甲海峡继续东侵，占领东亚一些国家的沿海要地，包括占领中国的澳门，建立起不少殖民据点，“东亚封贡秩序”开始频现危机。而后，西班牙人于 1565 年大举入侵菲律宾群岛，“东亚封贡体系”的影响范围被挤出了菲律宾群岛。再往后，荷兰在 17 世纪大举入侵东南亚的印度尼西亚，并于 18 世纪中叶完成了对印尼的征服。英国则在 1819 年占领了马来半岛、新加坡等地，建立起包括马来亚、马六甲和新加坡在内的海峡殖民地，并完成了对缅甸的征服。“东亚封贡体系”的活动范围大大缩小，东南亚地区基本脱离了“东亚封贡体系”。

从 19 世纪中叶开始，欧美列强在基本完成了对东南亚的殖民征服活动后，开始大举入侵东北亚国家。其中，英法美等从海洋方向入侵，包括美国佩里将军的“黑船”入侵日本，英法对华发

动两次鸦片战争等；而在陆路，俄罗斯从亚洲内陆入侵东北亚，大量“鲸吞”中国西北部及东北部的大片领土，英国则以其占领的印度为基地，逼近中国西南边陲。到 19 世纪末，东亚广大国家，包括东北亚和东南亚等地，基本沦为列强的殖民地或半殖民地，尤其是曾经作为东亚最强大国家、“东亚封贡体系”主导国的中国完全沦为半殖民地，并面临欧美列强瓜分豆剖的深刻危机。

欧美列强入侵东亚首先摧毁了在东亚地区运作了千年之久的“东亚封贡体系”，把在欧美国家盛行的“丛林法则”，即“弱肉强食”法则引入东亚；其次是欧美国家在征服东亚大部分国家的同时，也培育了日本这样一个学习欧美侵略政策的“优等生”，使日本迅速成长为东亚唯一奉行帝国主义政策的侵略国家，后者较之其欧美先生，在侵略扩张及野蛮性方面，有过之而无不及；再次是把东亚广大国家推入了血与火的战争恐怖和殖民统治中，这包括欧美列强入侵东亚而发动的一系列殖民战争、列强之间为瓜分东亚国家而相互间进行的战争，如英国与荷兰为争夺印度尼西亚殖民统治权而进行的战争、美国与西班牙为争夺菲律宾统治权而进行的美西战争、日本为成为东亚霸主而发动的甲午中日战争、英法美德俄日西葡等国为全面征服中国而发动的八国联军战争、以及日俄争夺东北亚霸权而进行的日俄战争等。1937 年，日本继 1931 年发动“九·一八事变”、占领中国东北后，又发动全面侵华战争；稍后，日本又发动太平洋战争，全面入侵东南亚国家，并对英美等国开战。

在此过程中，东亚各国付出了极大的代价，包括数以千万计的生命损失和无数的财富被掠夺以及国家主权、生存权和领土完整被剥夺。此时的东亚国际秩序就是欧美日列强血与火的统治，东亚国家失去了自己掌管命运的权利和机会，东亚各国的经济政治与文化发展由此大大落伍于世界。当然，日本是个例外。但日本因发动侵略并企图奴役东亚各国的战争、挑战欧美列强而战败，在1945年也出现国家破产、并沦为被占领国的悲惨局面。

四、冷战时代：两极格局下的亚太安全秩序

1845年9月，随着日本军阀被迫接受中美英苏四国联合签署的《波茨坦公告》，并被迫在《投降书》上签字，日本全面侵华战争、太平洋战争终于以日本战败投降而告终，这也标志着第二次世界大战的结束，标志东亚及亚太安全秩序迎来了一个全新的时代。

然而，二战结束不久，美苏两个超级大国就因意识形态斗争、地缘政治争夺以及图谋建立世界霸权而进入冷战状态，并把亚太广大国家纳入冷战的血风腥雨之中。虽然美苏冷战以欧洲为争夺重点，亚太只是其侧翼，处于从属地位，但亚太地区曾一度成为美苏冷战争夺的阶段性重点，美苏冷战期间发生的几场重大局部性“热战”主要发生在亚太，这包括1950年6月爆发的朝鲜战争、稍后爆发的印度支那战争、1962年爆发的中印边界战争、1965年由“特种战争”全面升级的越南战争、1969年的中苏珍宝岛之战等。

美苏之间长达近半个世纪的冷战导致呼之欲出的亚太安全新秩序被扭曲，表现出不少新特点，同时也给亚太各国人民造成了深重的灾难。

首先，亚太主要国家经过第二次世界大战洗礼普遍获得新生，中国在近代百年来第一次取得了反侵略战争的全面胜利，摆脱了半殖民地地位，建立了中华人民共和国，走上了社会主义道

路；东北亚的朝鲜半岛摆脱日本殖民统治实现了民族独立；东南亚各国也纷纷摆脱英法美荷殖民统治，形成一个新独立的新兴国家群体。亚太这些新生国家在取得民族独立的同时，也普遍希望取得经济独立并在地区事务中自己当家作主，1953 年中国与印度及缅甸领导人提出“和平共处五项原则”及 1955 年亚非万隆会议提出“和平共处十项原则”是亚太国家谋求自己独立主导亚太安全事务及安全秩序的突出例证。然而，冷战后的另一个现实是美苏两个亚太边缘大国，因其拥有超强实力，为争夺亚太及世界霸权而无视亚太各国的国际诉求，恣意把冷战扩大到亚太，垄断亚太安全事务，因而此一时期的亚太安全秩序在本质上是冷战秩序，从属于美苏冷战需要，亚太国家谋求在国际事务中独立自主的梦想仍然难以完全实现，尤其是不少国家，如日本、韩国、菲律宾、南越等长期处于美国附庸国地位。

其次，美苏冷战在亚洲表现为多场局部热战，给亚太各国带来了巨大的生命损伤、精神创伤及巨大的财物损失，亚太各国的发展也由此而长期滞后于美欧发达国家。例如，朝鲜战争历时三年，给亚太的中朝韩等国造成了数百万人的伤亡及巨大财物损失；印度支那战争历时近 4 年，越南军民死伤数十万人；长达 10 余年的越南战争造成的生命损失、生态损失、财物损失更加巨大、难以计数。

第三，美苏冷战导致亚太不少国家陷入内部纷争、冲突、战争甚至长期分裂。例如，由于美苏介入，尤其是美国长期支持中国的蒋介石集团打内战，致使中国在抗日战争胜利后爆发持续近四年的国共内战，伤亡人数达数百万。蒋介石集团失败后退往台湾长期与中国大陆的共产党政府对峙，并长期得到美国支持，结果是中国这样一个拥有 14 亿人口的泱泱大国、曾经的“东亚封贡秩序”盟主，迄今在法理上仍处于内战状态，国家仍未能实现完全统一；又如朝鲜半岛在对日战争胜利后本应成为一个统一的国家，但美苏两国为争夺东北亚霸权而在朝鲜半岛划分势力范围，随心所欲地以北纬三十八度线为美苏两国在朝鲜的军事行动分界线和政治势力线，并在其占领区建立独立政府，其结果导致朝鲜半岛分裂为南北两个国家，并成为朝鲜战争爆发的直接背景原因；再如印度支那地区，越南人民在抗日战争胜利后也应建立一个统一的越南国家，但先是法国殖民者企图恢复殖民统治，而后是美国企图“替代法国”统治越南，其结果是导致越南分裂为南北两部分，经历了越法战争和越美战争，直到 1975 年才完成国家统一。除中国、朝鲜半岛及越南受美苏冷战影响而长期处于内战及分裂状态外，一些东南亚国家如缅甸、马来西亚、菲律宾等也在美苏冷战的影响下出现过内战、内斗。

第四，美苏冷战也在亚太各国间制造了大量国际矛盾，包括领土、领海分歧、冲突以及历史认知问题和政治认同问题等。例如，1951 年美国从对苏冷战及独霸亚太、控制日本的战略需求出发，违背战时与中苏等盟国达成的不单独对法西斯国家媾和的协议，排除中国、苏联等主要对日战争胜利国，片面召开旧金山对日和会，并违背战时相关约定，在未征得中苏同意、认可的情况下，片面签订《旧金山和约》，擅自把琉球等岛屿划归日本，导致日本与其邻国中、韩、俄等出现领土领海划界和主权归属争端，如中日之间有钓鱼岛主权争端、日韩之间有独岛（竹岛）主权争端、日俄之间有北方四岛争端等。在南海，也因美苏冷战影响，中国与相邻的越南、菲律宾之间也存在复杂的岛屿及领海划界争端。

第五，冷战期间，美苏为实现其全球及亚太霸权，在亚太大搞军事及政治同盟体系，亚太国家也被迫按冷战划线，被迫在美苏之间“选边站”，结果亚太被划分为两个对立的阵营及对立的同盟体系，壁垒分明，长期集团对立。其中，美国在亚太地区构建成以美国为轴心的“辐辏式”军事同盟体系，包括美日、美泰、美菲、美澳等五对军事同盟，苏联也与中国、朝鲜、越南建立起同盟关系。

最后，亚太也成为美苏对抗的军事前沿，双方均在亚太各战略要点驻扎重兵、集结大量技术兵器、建立军事基地。其中，美国在日本、韩国、菲律宾、泰国、越南、澳大利亚等地均有军事基地，美第七舰队更是长期在亚太安营扎寨。在一般情况下，美在亚太的常规驻军不下 10 万人。而在越战高峰期，美在亚太的驻军超过 50 万人。在此期间，由于美苏竞相在亚太驻扎重兵、搞军事结盟、贯彻其冷战目标，亚太地区陷入长期动荡之中。

五、冷战后时代的亚太：多极与单极较量

1991 年，随着柏林墙坍塌、东欧剧变、苏联解体，历时近半个世纪的冷战终于落幕。冷战结束引起世界格局发生深刻变化，美国宣称其是冷战胜利方，其经济、政治、军事实力也因苏联解体及退出冷战而看起来较过去更加强大，似乎独步天下无对手，美国因此自我定位为世界“唯一超级大国”，并力求搞全球霸权，建立美国“单极治下的世界”。然而，美国错估了冷战结束后的世界大趋势，苏联解体和冷战结束并不是美国的胜利，也不意味着美国可以随心所欲地建立单极统治。全球化以及科技的扩散导致新的力量中心不断出现，欧洲、日本仍是世界一极，并不扶持美国搞目无它国的单极统治；以中国为代表的新兴国家出现群体性崛起的局面，印度、巴西、南非等普遍加快发展，逐步成为新的力量中心；以反美为主要政治诉求的伊斯兰世界也在崛起。结

果是，美国谋求建立单极世界不过是南柯一梦，多极与单极的较量很快成为冷战后全球国际政治的主线。

在亚太，美国在冷战后也一度力求搞单极统治，谋求建立美国“单极治下的亚太”。在政治上，美国在冷战后企图继续强化其亚太军事同盟体系，包括拉紧美日、美韩、美泰、美菲、美澳等军事同盟；军事上，美国在从欧洲裁撤驻军的同时，却坚持继续在亚太维持10万人的驻军规模及在日本、韩国以及关岛等地的军事基础和前沿部署，使驻亚太美军的综合实力与其在欧洲驻军的实力旗鼓相当；战略上，美在拉紧其亚太军事同盟体系的同时，却以崛起中的中国为战略对手，对中国搞以防范、局部遏制为主要内容的所谓“接触”战略。然而，美国也错估了冷战后亚太形势的新变化，没有看到全球化背景下亚太也出现了多极化趋势，美国要在亚太搞单极统治也是南柯一梦。冷战后不久，亚太也出现了单极与多极较量的新态势。

首先，亚太整体性崛起加快，迅速形成一个相对独立的地缘政治板块，其整体综合实力加快发展，呈现出超过欧洲、北美的态势。例如，冷战高峰期的1980年，亚太GDP总量不到2万亿美元，约为北美同期的66%、欧洲同期的57%，但到了2000年，亚太GDP总量已增至9万亿美元，已接近北美的11万亿美元和欧洲的10.77万亿美元。在贸易额方面，1980年亚太贸易总量不到6000亿美元，仅相当于北美的87%、欧洲的31%；但到了2000年，亚太贸易额已增至3.3万亿美元，超过北美（2.8万亿美元）、直追欧洲（4.8万亿美元）。由于亚太经济及贸易的平均增长率大大高于北美及欧洲，因而当时普遍认为，到2010年前后，亚太在经济总量及贸易总量等方面，必然要超过北美及欧洲。由此，亚太也将成长为世界地缘政治中心。后来的事实，也证明当时国际上这一战略评估是正确的。

其次，冷战结束后亚太群雄并起，形成了六支相对独立的地缘政治力量，包括美国、日本、俄罗斯、东盟、印度及中国等，美国仅是其中的一支。到2000年，这六支地缘政治力量的GDP总量依次为9万亿美元、4.7万亿美元、2500亿美元、6000亿美元、4700亿美元和1.08万亿美元；外贸出口额依次为7760亿美元、4170亿美元、1080亿美元、4000亿美元、447亿美元和2610亿美元。尽管美国综合实力当时仍然独步亚太，超过亚太任何一支地缘政治力量，例如美国的军事能力大大超过任何亚太国家，其经济实力也无人能及，但是亚太各国的经济增速及军事能力的提升速度却大大高于美国，这就注定了美国的相对优势呈不断下滑趋势，而亚太其余各支力量的综合实力则会沿上升路线发展，其战略自信也会相应上升。结果，在亚太出现了多极化趋势，并对美国的单极企图形成日益增强的制约，亚太单极与多极较量的结局是多极化日益占据上风。

第三，亚太国家在冷战后不但经济实力沿上升路线发展，其在政治上也普遍觉醒，自主意识增强，力求摆脱美国的单极控制。例如，冷战后菲律宾把美国驻军从其在菲基地赶走；美韩同盟漂流、韩国要求收回“战时指挥权”、驻韩美军受到的限制不断增多；日本兴起反美在日驻军的运动、并不断高涨；美泰同盟已经名存实亡。亚太国家在冷战后普遍觉醒的一个更突出的表现是亚太地区主义上扬，一体化进程加快、深化并不断扩大。其中，东盟一体化进程尤其加快推进，并在东盟一体化进程加快的基础上出现了“东盟+1”、“东盟+3”、“东盟+6”等机制。在东北亚，在中日、中韩合作的基础上，出现了中日韩机制，中俄蒙合作及上合组织也取得长足进展。凡此种种，也促使亚太单极与多极的较量朝有利于多极的方向发展。

第四，中国加速崛起，成为影响亚太单极与多极较量的重要变量。冷战后中国经济一直以两位数的增长率加速发展，综合实力一路攀升，超过日本成长为亚太第一大经济体及成长为仅次于美国的世界第二大经济体，这对亚太战略态势及安全秩序产生了不容低估的巨大影响。1990 年，中国经济总量仅为 3903 亿美元，仅相当于美国的 1/15、日本的 1/10；2000 年，中国经济总量增至 1. 08 万亿美元，也仅为美国的1/9、日本的1/4；而到2015 年，中国经济总量已经达到 11 万亿美元，相当于美国的 60%，是日本的 2 倍。在贸易方面，中国更是超过美日，成为世界头号货物贸易大国，并成为亚太绝大多数国家的头号贸易伙伴，也是美日的头号贸易伙伴。中国综合实力的全面上升，尤其加强了亚太多极制衡单极的力量，是美国不得不在亚太放弃单极控制企图的主要因素。美国在 2005 年提出“G2”论，其本质无异于不再谋求在亚太搞单极统治。

六、21 世纪的地区安全秩序：从亚太到跨太

亚太安全秩序数千年、尤其是二战以来的历史演进给我们留下了不少值得记取的历史遗训，并将成为指导亚太构建新型国际安全秩序的历史源泉与思想宝库：一是亚太地理政治结构不同于欧美。亚太有中国这样的超大规模国家，也有东帝汶、文莱、老挝这样的袖珍型小国；有中国、朝鲜、越南、泰国这样倚陆靠海的国家，也有日本、菲律宾和印度尼西亚这样的岛国，然而，东亚历时数千年的“东亚封贡体系”下的和平合作历史表明，在亚太价值体系引导下，亚太各国不论大小、不论是大陆国家还是岛国，完全可以和平共处、共存共荣。而欧洲列强并存的格局反而不断导致战争和动荡。二是亚太有其独特的政治文化传统和独特

的价值体系，相对于欧美，亚太有“和为贵”、“和合”文化传统，亚太各国各民族更能适应全球化时代“和平、合作、共赢、共享”需求，长期盛行于欧美的“丛林法则”、“均势原则”、“地缘政治争夺”和“大国优越”、“强者通吃”等国际政治法则并不适用于亚太各国各民族，也难以贯穿于亚太构建国际安全秩序的过程中。三是亚太各国在古代数千年能够和平共处，是因为东亚国家自己当家作主。而进入近代以来，东亚无论是欧美东侵时期、还是美苏两极冷战争霸时期、抑或是冷战后美国搞单极霸权时期，都陷入动荡、战争苦海及发展滞后状态。四是亚太是一个开放、而不是一个封闭的体系，从东亚到亚太再到跨太，东亚的地理空间一直随着全球化的推进而不断扩大，并在不断开放扩大中发展进步，找到新的生存发展源泉。五是东亚必须追随世界潮流、追随全球化世界不断发展进步的步伐，以发展为导向，不断发展自己的经济、文化、科技实力，才能在全球化时代有自己的一席之地。近代以来的数百年间，东亚各国之所以“挨打”，沦为殖民地半殖民地，是因为经济政治科技及军事发展落后，技不如人、实力不如人。

自第二次世界大战结束以来、尤其是进入21世纪以来，亚太取得了巨大的经济政治科技进步，正在成长为世界经济政治文化与科技发展中心和世界地缘政治中心，尤其是东亚经济增长继续保持大大高于世界其他任何一个地缘政治板块的长期态势，“太平洋世纪”取代“大西洋世纪”已经指日可待。而且东亚的地理空间也发展为亚太、跨太，呈不断扩大、继续扩大之势。然而，未来东亚仍然面临诸多严峻挑战，有诸多政治、经济及安全难题亟待解决，构建亚太安全秩序任重而道远：第一，亚太虽然取得了巨大的经济政治与科技进步和发展成就，如今亚太经济总量、贸易总量均已超过欧洲、北美，成为世界最大的经济区块，但亚太人口多，人均经济总量、贸易总量均低于北美、欧洲，亚太平均生活水平和发展质量也低于欧洲、北美，而亚太科技发展水平与欧洲、北美相比也有很大差距。因此，亚太在今后一个相当长的历史时期，仍面临继续保持较高速度增长的需求与压力。第二，亚太的地理范围一直在扩大，除东北亚与东南亚等老东亚国家外，如今印度、澳大利亚、新西兰及太平洋岛国、俄罗斯、中亚国家以及太平洋东岸的一些国家也开始纳入亚太活动范围。亚太如今包括数十个国家，总人口超过世界一半，这数十个国家包括不同的民族种族、不同的宗教文化、不同的政治制度和文化体系，还有内陆国、濒海国、岛国之别，各有不同的利益取向，这增加了构建亚太安全秩序的难度。第三，亚太国家间存在严峻的历史积怨与各种领土领海争端。在历史积怨方面，主要是二战时期日本侵略亚太国家，给不少亚太国家造成严重伤害，迄今日本仍不能诚心诚意向受害国认罪、赔偿。在领土领海争端方面，主要包括日俄北方四岛之争、日韩独岛（竹岛）之争、中日钓鱼岛之争、中菲越马及印尼等国之间的南海之争以及印巴克什米尔之争等。此外，中国台海两岸及朝鲜半岛未实现统一，也会对构建亚太安全秩序产生消极影响。也因为存在这些矛盾，亚太地区一些国家间互不信任，安全感差，这导致军备竞赛时起时伏，并不时出现局势紧张甚至局部冲突，传统安全难题一直未能彻底解决。第四，在传统安全之外，非传统安全威胁在亚太也呈上升之势，例如走私贩毒、传染病、海盗、恐怖主义、极端民族宗教势力的活动以及环境气候问题等，在亚太分布广泛，并有加剧之势。最后，美国在亚太当霸主的野心并未因冷战后受挫而完全放弃，其仍有卷土重来之意，并不时有所表现。美国作为一个面朝两洋的大国，虽自称是太平洋国家，却对参与亚太事务既半心半意，又想搞单极控制，美迄今仍在亚太保持10万人的前沿驻军，在朝鲜半岛及日本等地长期驻军，并极力维持、甚至谋求强化其与日本、韩国、菲律宾、澳大利亚等国的冷战同盟体系，不时对亚太国家间的各种争端搞火上浇油的把戏，更给亚太构建新的安全秩序造成巨大障碍。

未来亚太要克服困难，构建适应全球化时代、适用于亚太、能确保亚太长期和平、稳定、繁荣的亚太安全秩序，须记取历史遗训，坚持如下原则：一是要适应全球化，坚持开放原则。在开放心态下，老东亚的地理空间不断扩大，如今在经历了亚太（亚洲+太平洋）阶段后，不但印度等国已经纳入，太平洋东岸的美国等国也已经纳入。今后如把印度洋视为太平洋的边缘海，则亚太范围还将继续扩大，最终扩大为“跨太”，直到把非洲纳入。这样一个把印度洋视为边缘海的超级亚太，仍然以东亚为圆心，将囊括老东亚、南亚、南北美及中东、非洲，其实已经是一个全球体系。在这样的全球中，欧洲是其外缘的一个小半岛。二是要坚持平等原则，包括大小国家、不同政治制度、不同民族种族、不同宗教文化的平等。历史上，平等、包容是东亚各国能长期和平共处、共存共荣的基本条件，任何国家，都不应自以为是大国，或以为享有价值观、政治制度或民族种族、或宗教文化、或经济科技发展方面的优越性而凌驾于其他国家或民族之上，也不应因这些方面存在差异而视任何其他国家为异类。三是坚持和平合作、共荣共赢和共同安全原则。在全球化时代，各国在安全、繁荣等方面存在相互依存态势。例如中国经济下滑会导致日本、韩国及东南亚各国经济疲弱，也会导致澳大利亚的煤碳和铁矿石滞销及价格下跌；日本福岛核电事故导致海洋及海产品的放射性污染，使中韩等国受波及，海产品的价格下滑、消费量剧减。在这种情形下，各国要增强合作意识，力戒传统的零和游戏。四是坚持发展原则。发展相对滞后以及发展不平衡一直是构建亚太安全秩序格外困难的根本原因。近代数百年亚太受列强入侵之祸是因为发展滞后，冷战时期及冷战后亚太出现混乱不仅因为发展滞后，也因为发展不平衡。今后如亚太的空间范围继续拓展、成员继续增多，继续不懈地发展以及逐步消除各国间的发展不平衡将是长期任务。据此可以认为，坚持发展原则就成为亚太构建安全秩序的重要基础以及其所追寻的长期目标。

第二章　亚太安全的“局”与“势”

近年来，亚太地区格局深度调整，中国持续崛起、美国相对衰落、日本致力“国家正常化”等加速地区力量对比变化，引发地区安全秩序演化。亚太主要力量中心因势推动新的战略布局，地缘政治博弈与安全困境同步加剧，中、美“二元”格局隐约浮现。值此亚太变局关键时期，理顺安全关系，重塑地区秩序，成为确保地区和平稳定的当务之急。

一、力量对比变化与旧秩序的瓦解

就国家实力强弱和影响力大小而言，亚太地区传统上主要包括以下力量：一个主导性力量（美国），两个地区性力量（中国、日本），其他次区域性力量（东盟十国、韩国、朝鲜）。这些主要力量中心及其之间的复杂互动关系，构成了亚太地区秩序的基本架构。

冷战结束之后，上述主要国家的实力发展态势迥异，时至今日力量对比发生明显变化，突出表现为中国国家实力与影响力的快速崛起，引发中美力量对比“部分质变”与中日“两强并立”的微妙变化。经济上，中国在较长时期内保持了高速增长，总体经济规模显著扩大，GDP 于 2010 年超越日本，跃居世界第二。中美 GDP 之比由 2000 年的约 1/8 跃升至 2015 年的 3/5。[①] 不断扩大的经济规模，与区内国家日益紧密的经济联系纽带，也使得中国逐渐成为引领亚太地区经济发展与合作的中心力量。军事上，中国持续加大国防投入，军费支出的年均增长率超过 10%，以航母、新一代主力战斗机和舰艇、重型运输机等为代表的常规军力和战略打击能力显著提升，军力水平快速增强。尽管中国总体军力与美国相比仍有差距，但已日益与美国、日本在西太平洋形成局部均势状态，成为可对地区安全发挥实质影响的力量。美国卡内基基金会的相关研究认为，到 2030 年，美日同盟在军事上仅仅可能对中国保持“十分微弱”的优势。[②] 与此同时，中国运用实力的意愿也更趋强烈，近年来推出了一系列地区性的经济倡议和安全政策设想，对地区秩序走向的影响力显著上升。

而在同一时期，作为亚太主导性力量的美国则因为“两场战争”和金融危机的冲击，对亚太战略关注与投入均受到制约。面对中国快速崛起，美国愈发感受到其在亚太经济与安全事务中的主导地位面临前所未有的冲击。正是出于对其亚太领导地位丧失的担忧，奥巴马政府上台之后不久便调整全球战略重心，提出并实施“亚太再平衡”战略。该战略作为美国对于亚太地区力量对比演化的回应，其基本构想是通过经济与安全领域的系列措施，强化美国在亚太地区的力量存在、重塑主导地位。美国前任国务

---

① 根据世界银行数据，2015 年中国 GDP 为 10.866 万亿美元，美国为 17.947 万亿美元。http：// date. worldbank. org/country.（上网时间：2016 年 7 月 16 日）

② China's Military & the U. S. – Japan Alliance In 2030：a strategic net assessment，Carnegie Endowment for International Peace，2013，pp. 235 – 238.

卿希拉里·克林顿在其著名的“美国的太平洋世纪”演讲中明确表示，“美国需要在21世纪的亚太地区架构中发挥核心作用”。[①] 毋庸置疑的是，尽管美国在军事和金融等方面仍然拥有较大优势，但其显然已经不再是亚太权力结构中唯一的中心力量，在亚太地区事务中也难以“说一不二”。

日本本是亚太地区秩序中的重要角色，但自20世纪90年代经济泡沫破灭之后，便陷入长期经济低迷，对亚太经济引领作用渐趋减弱，经济规模在2010年被中国超越，2015年经济总量仅为中国的38%。[②] 在安全领域，尽管日本多届政府不同程度上寻求摆脱战后体制制约，谋求政治和军事大国地位，但总体而言，日本仍难以从根本上摆脱对美国的依附态势，更多地只能在美日同盟框架下充当美国的“马前卒”。面对亚太地区力量对比的演化，日本纵使仍存雄厚实力根基，但已然显示出落伍态势。亚太地区首次出现中、日“两强并立”局面，并且两强截然不同的发展势头也使得力量对比愈发向有利于中国的方向发展。

在大国力量对比发生变化的同时，东盟、韩国等次区域性力量虽然发展前景看好，积聚了一定实力，并可在一些涉及自身的重要议题上发挥重要作用，对大国行为或多或少形成制约，但总体而言对地区力量对比尚难产生决定性影响。

上述力量对比变化的重要结果是，亚太地区日益呈现中、美两大力量的势均力敌状态。这意味着，美国居于地区秩序顶层、中国和日本居于次顶层的旧秩序架构发生了重大变化。中国依托快速崛起的国力，进阶为能够与美国并立的地区权力架构顶层位

① Hillary Clinton, “America's Pacific Century”, October 2011, http://foreignpolicy.com/2011/10/11/americas-pacific-century/（上网时间：2016年7月16日）

② 根据世界银行数据，2015年中国GDP为10.866万亿美元，日本为4.123万亿美元。http://date.worldbank.org/country.（上网时间：2016年7月16日）

置，中美互动关系成为决定亚太地区秩序的主要互动关系。可以说，这是二战结束以来，亚太地区秩序的最重大变化。

需要指出的是，亚太地区上述力量对比的演化仍然处于动态变化过程之中，基于力量对比的新的地区秩序尚未成型。一方面，亚太主要国家之间的力量对比演化尚未对地区秩序构成颠覆性冲击，美国仍然作为主导性力量发挥着不可或缺的作用，尤其是在安全领域。同时，美国显然不会坐视地区主导权旁落，维系以其为核心的地区秩序长期而言仍然会是美国亚太战略的根本目标，其对力量对比变化做出的战略回应，作用不可小觑。另一方面，中美在上述旧秩序转型中的互动模式远未确立，竞争与合作态势并存成为常态，并且在很多领域呈现竞争不断加剧的局面，甚而表现出霸权国与崛起国的危险关系模式。如同历史上历次全球或地区性秩序转型，在亚太地区秩序深刻转型的过程之中，地区形势可能变得更不稳定，分歧、对抗乃至冲突的一面可能更趋突出。

二、“多中心化”下的安全困境

尽管就力量对比而言，亚太地区秩序仍以大国主导为主，但由于东北亚、东南亚两大地缘板块各有矛盾和特点，形成多种力量中心并立、各种诉求并存、相互牵制的局面。各力量中心依托自身优势寻求发挥影响，合纵连横的外交互动在大国、次区域大国和小国之间交叉进行，国家之间的竞争与合作普遍趋向更加激烈和复杂，[①] 安全困境逐步显现。总体看，亚太地区的安全困境

① 崔立如：“国际格局演变与多极时代的秩序建构（下）”，《现代国际关系》，2016 年第 2 期，第 1 页。

呈现高度复杂性特征。亚太地区的安全困境既源自部分国家围绕具体安全问题的攻防守备，也来自因力量对比演化、地区秩序转型而产生的结构性困境；既有冷战遗留下的历史问题的影响，又掺杂重大现实利益冲突的因素。

东北亚地区长期难以摆脱冷战阴影，中、美、日、韩、朝五国互有尖锐矛盾，围绕朝核、领土及海洋权益、地区秩序等问题长期博弈，竞争与对抗的复杂程度超乎想象。该地区各类突发危机事件频频出现，擦枪走火导致的冲突风险始终存在，成为危及亚太和平与稳定的最大因素。同时，东北亚长期欠缺有效的地区性安全机制，集体安全、大国协调、军事同盟等常见的多边安全安排似乎均“水土不服”。六方会谈机制名存实亡，朝鲜半岛停和机制转换长期难以实现，成为导致东北亚地区安全困局的重大因素；大国协调时常裹挟于战略竞争与对抗之中，最终“协而不调”；美日、美韩同盟体系不仅难以破解安全困境，更加大了对抗风险，制约地区性安全机制的形成。事实上，美国出于自身利益考量，对东北亚地区安全机制建设表现出明显的抵制、阻碍态度，严重干扰了中日韩等多边协调进程的发展。

东南亚地区虽不存在严重的冷战“遗毒”，却日益因为现实利益的冲突而呈现新的安全困境。一方面，中国与越南、菲律宾等国近年来围绕领土主权与海洋权益问题矛盾日趋激化，美国、日本、澳大利亚、印度等域外力量争相介入意图谋利，主权问题与海权争夺相互混杂，进一步加剧了相关争端的复杂性。另一方面，东南亚地区看似繁多的安全机制远未成熟。东盟地区论坛、香格里拉对话等多边安排本身更多体现为“务虚”，而且这种以东盟为核心、充当地区力量互动中心平台的“小马拉大车”模式愈发难以为继，“心有余而力不足”态势愈发明显。加之，域外力量纷纷介入，竞相拉拢、利用，东盟就关键问题往往呈现分裂态势，更难以通过“意见一致”来牵动、制衡大国，既有安全机制反而往往成为大国争斗的平台。

综上所述，亚太地区现有安全困境产生的原因不同，症结各异，但总体而言，现有安全困境出现在地区秩序“多中心化”不断发展的大背景之下。“多中心化”的另一个重要特征是，亚太地区出现了经济领域的中心与安全领域的中心分离的局面。纵观冷战结束之后的亚太地区秩序演变，经济领域的秩序演变最为显著，而安全领域的秩序并未发生根本性的变化。一方面，随着中国经济持续、快速发展，以及以贸易为核心的经济辐射、引领能力的增强，中国与亚太国家的经贸联系和合作显著强化。中国是亚太多数国家的最大贸易伙伴，也是美国在亚太四个条约盟国的最大贸易伙伴，包括日本、韩国、澳大利亚和泰国。中国借此逐渐获得并稳固了亚太地区经济中心的地位。但另一方面，亚太地区的安全关系基本延续了冷战时期的态势，美国与亚太多数国家保持着同盟或者伙伴关系，并且近年来美国的同盟、伙伴关系体系仍在不断强化。未来一段时期，美国仍然是亚太安全秩序的稳定的主导力量。中国军事能力的提升尚无法对美国在亚太的军事优势和既有安全体系形成根本挑战。亚太许多国家的主要经贸伙伴（中国）与主要安全保障（美国）相互分离，成为亚太地区层面的一个普遍现象，意味着亚太地区在一定意义上出现了安全关系和经济关系明显分离的二元格局。①

上述二元格局的形成，许多国家采取“经济靠中、安全靠美”策略，是造成当前亚太地区安全困境的重要原因。其一，中、美作为两个体系的中心力量，不可避免地会出现竞争局面，

① 周方银：“中国崛起、东亚格局变迁与东亚秩序的发展方向”，《当代亚太》，2012 年第 5 期，第 9—10 页。

双方均希望维持并稳固各自所长，抵消对方既有优势。例如，中国推出基于自身利益的地区安全设想（如亚洲安全观），扩展以自身为核心的安全架构（如亚信会议）；经济上推进“一带一路”、“区域全面经济伙伴关系协定”等。美国则大力推动“跨太平洋伙伴关系协定”（TPP），同时对其安全同盟体系进行升级换代等。其二，中美竞争也更多地投射到涉及第三方的地区问题层面。两国均依托各自相对优势，拉拢第三方国家，避免其“加入”对方阵营。在此情形下，第三方国家普遍怀有借机获利的心理，既希望通过中、美获得经济利益和安全保障，也希望通过与一方互动，来调动、牵制另一方。由此，中、美以及第三方的复杂互动关系，往往也会导致安全困境的产生。需要指出的是，第三方虽然可以利用中美争夺而得利，但同时也对其具体政策操作形成了较大挑战，尤其在敏感问题上，试图保持灵活政策空间的余地反而缩小。

三、战略新抉择——中国、美国与日本

亚太地区形势的上述演变，客观上促使地区主要力量不同程度地重新规划各自亚太战略。尤其是中国、美国、日本三大力量对亚太地区秩序的设想与政策实施，将对亚太地区秩序的未来走向产生直接影响。

当前，中国的亚太战略既反映了中国外交总体布局的内在要求，延续了中国传统外交的既有思想，也体现了十分鲜明的时代特色和创新性，更加强调以我为主，主动塑造，发挥领导。

中国亚太战略的根本目标仍是塑造一个和平稳定、发展繁荣的周边环境，现阶段就是要为实现“两个一百年”目标、实现中

华民族复兴的伟大“中国梦”服务。理念上，中国近年来围绕上述目标，提出一系列新的战略思想，主要包括：以合作共赢为核心的“新型国际关系”；以平等、合作、安全、包容为基本支点的“命运共同体”；“共同、综合、合作、可持续的亚洲安全观”；义利并举、义重于利的“正确义利观”；以睦邻、安邻、富邻为要旨的“亲诚惠容”等。这些新理念的核心在于，要通过合作对话促进安全，以经济和安全并重实现持久安全，塑造合作共赢、共建共享的亚太地区安全理念，以有别于追求绝对安全、排他性的旧有安全思维。具体实施上，中国提出“一带一路”倡议、创建“亚投行”等重大举措，不断巩固自身地区经济中心的地位，促进亚太各国与中国的经济相互依赖；并以此为牵引，协同国内与国际两个大局，搭建在新时期推进中国亚太地缘战略布局的新平台。面对南海、朝核等亚太地区的敏感问题，既直面争议与分歧，有序维权，又注重加强合作和管控分歧的重要性，寻求维护国家核心利益和保持地区安定和平的平衡。目前看来，中国亚太战略的实施与演进，能在多大程度上对现有地区秩序构成影响尚不得而知，但毋庸置疑将是引领地区秩序转型的最大变量。

美国对亚太地区秩序的设想，集中体现于“亚太再平衡”战略的持续性实施和演进，其基本目标是维持美国在该地区的相对实力优势，确保在地区秩序中的核心主导地位。

发端于小布什政府后期、成型并贯穿于奥巴马任内八年的“亚太再平衡”战略，其最初动因是要弥补美国因反恐战争而在亚太地区的“失位”，宣示“美国回来了”，而后逐渐发展成为美国强化在该地区权力态势、重塑地区格局架构的核心战略。从其实施过程来看，“亚太再平衡”战略明显聚焦于安全与经济两大领域，塑造并强化美国对地区秩序的主导。安全方面，首先是强化既有同盟体系。利用朝鲜半岛危机、海洋权益争夺骤然升温等，美国不仅大幅提升与日本、澳大利亚、菲律宾同盟关系，重新拉紧离心倾向明显的美韩同盟，更在推动同盟网络化方面获得显著进展。强化军事布局也是美国推进“亚太再平衡”战略的持续性组成部分。于2012年提出的“两个60%”设想（即海军力量的60%、海外空军力量的60%在2020年之前部署到亚太地区），成为该战略兼具象征与实质意义的重要一环。与此同时，亚太地区也成为美国最新军事战略构想的试验田，诸多新一代作战平台的优先投入地区。这些举措都使得亚太地区在美国军事战略中的首要地位不断得以强化。此外，与此前对地区安全机制的忽视明显不同，美国在推进“亚太再平衡”战略的过程中更加重视参与、建设地区安全机制，例如东亚峰会、东盟地区论坛、东盟防长扩大会议机制、香格里拉对话会等。在经济领域，美国的核心举措是大力推动“跨太平洋伙伴关系协定”（TPP）。美国寄望于借此加强与亚太国家的经济联系，平衡中国经济发展的影响，同时以高标准、严规则的经济机制排挤中国，打压中国在亚太经济合作中的有利地位，建立由其主导的亚太经济合作模式。总体看，“亚太再平衡”战略具有明显的对华地缘竞争色彩，牵引各大力量相应作出战略调整，对亚太地区秩序影响巨大。目前，该战略处于深耕细作阶段，对地区秩序的更多切实影响将日益显现。作为奥巴马政府在外交政策领域的主要遗产，对美国下届政府的亚太战略产生何种影响值得关注。

美国“亚太再平衡”战略发生于日本寻求“全面国家正常化”启动之际，对日本外交战略的发展具有重要助推作用。而亚太地区成为日本推进“全面国家正常化”外交战略的主要着力点。当前，日本亚太战略的主要目标是借助美国推进“亚太再平衡”之机，强化美日同盟体系及其对亚太秩序的主导，应对中国崛起等地区格局演变，谋求政治与安全领域的突破。

一方面，日本竭尽挟美自重，通过全方位配合美国“亚太再平衡”战略，换取美国对其“国家正常化”的支持，打造以美日同盟为核心的亚太地区安全秩序。日本利用美国强化同盟体系的有利时机，重新修订《美日防卫合作指针》，进一步深化美日军事一体化合作，扩大日本在同盟中的军事角色，与美国共同强化多边安全合作；推出“安保法案”，实质性颠覆“专守防卫”，为其在国际冲突中动用武力、使用集体自卫权大开绿灯。日本孜孜以求的国防正常化与军事大国化取得重大突破。另一方面，以应对中国崛起为核心，拉拢中国周边邻国，打造针对中国的所谓“自由与繁荣之弧”。日本近年来在外交和安全领域针对中国色彩愈发强烈。日本积极推进“跨太平洋伙伴关系协定”谈判，谋求掌握规则制定权，防止形成以中国为中心的地区经贸体系。针对中国创建亚投行，日本宣布向亚洲国家提供1100亿美元的基础设施投资，与中国激烈竞争海外高铁项目等。同时，日本在“俯瞰地球仪”、“积极和平主义”外交方针指引下，参与亚太地区安全事务更显积极。例如，日本明显介入南海问题，扩大与菲律宾、越南等国海上安全合作；提升与印度、澳大利亚的“特殊”伙伴关系，酝酿美、日、澳、印“四国海上联盟”。通过这些举措，日本寻求扭转中日力量对比变化的不利态势，塑造在地区事务中的影响力。

四、合纵连横：“二元”格局开启？

伴随亚太主要国家力量对比的变化以及大国战略的演进，各大力量之间的关系态势同步调整。尽管亚太地区的国际关系仍然呈现以合作为基础的总体态势，但是各大力量战略博弈激烈加剧，安全困境明显上升。在此背景下，在亚太格局大体上向多极化演变的同时，该地区的“二元”格局特征也明显地愈发突出，中国和美国构成这一“二元”格局的主要对立面。

这种“二元”格局首先表现为中、美两国“朋友圈”的分野更加明显。作为推进“亚太再平衡”战略的重要内容，美国的亚太同盟体系在近年来明显升级、强化。一方面，美国与日、韩、澳、菲等主要盟国的关系均大幅升级。借助海洋争端，美国与日、菲牢牢捆绑在一起，而中日、中菲关系全面缓和的希望渺茫。韩国朴槿惠政府虽致力于在中美之间保持某种中立态势，但在朝核问题压力下，难以完全摆脱对美国的依附。美国在韩国部署“萨德”系统引发中韩龃龉，更可能对两国关系长期走向产生负面影响。另一方面，美国大力推动的同盟体系网络化也取得显著进展。这突出表现为：以应对朝核问题为契机，以反导合作为突破口，美日韩三边协作实现突破，三国首脑、防务部门会晤业已实现。美日澳协调明显强化，三边就海上安全、网络安全、太空等领域合作全面铺开。因应南海争端，美日菲、美日越三边合作初具雏形，美日澳印“四国海上联盟”也在酝酿之中。总体看来，以美国为主导，以美日同盟为核心，涵盖东北亚、东南亚两大地缘板块的“阵营”初具形态。这一“阵营”的组成国家或与中国存在领土、海洋权益争端，或与中国存在深刻结构性矛盾、历史恩怨。在中美关系步入“崛起国”与“霸权国”关系范式的大背景之下，美国同盟体系的强化并未带来安全困境的缓解，反而进一步凸显了“阵营化”对抗的危险趋势。

在地区安全分野日益明显的同时，中美在经济领域的互动关系也似乎显现渐行渐远之势。一方面，中美双边经济融合速度放慢，虽然双边贸易和投资的数量仍在增加，但经济关系的不平衡性与竞争性日益显现。以双边贸易为例，2015 年，中美经贸额超过6000亿美元，但中国对美国出口达5026亿美元，从美国进口仅1161亿美元。[①] 在反全球化与贸易保护主义抬头的背景之下，美国对于中美经济关系的价值判断倾向负面，认为美国从中受益有限的声音明显上升。加之，双边投资协定谈判迟迟未定，两国经济长期深度合作可能面临较大瓶颈，经济联系对于中美关系的“压舱石”作用趋向弱化。另一方面，在地区经济架构层面，“跨太平洋伙伴关系协定”、“区域全面经济伙伴关系协定”并存，中国提出“一带一路”倡议，创建亚洲基础设施投资银行，地区经济合作格局酝酿重大变化，竞争性愈发凸显。亚太地区经济相互依赖程度高，对于确保地区和平与稳定意义重大，未来各国经济合作设想若无法实现兼容并蓄、无缝对接，则很可能从经济上割裂整个地区。中美在经济领域“分割”的潜在态势，与两国在安全领域的壁垒分明共存，进一步加剧地区国家对于中美“二元”对立格局的担忧，更有可能从根本上固化安全领域的分野。

亚太地区安全机制建设长期滞后，难以有效延缓“二元”割裂趋势。受制于亚太仍然广泛存在的对抗性、零和性和不平等性的安全理念，地区安全机制远不能适应地区形势发展的需要。现有机制纷然杂陈，要么包容性不足，功能单一，要么行动力欠缺，缺乏约束力或保障性，乃至一些机制形成相互竞争关系，反而阻碍协商、释疑的既有功能，有时甚至使得安全风险进一步升级与固化。中美“二元”格局的发展，正是形成于地区安全机制的上述态势之下，反过来也导致创建新的地区安全架构的难度增大。

引人关注的是，中美“二元”格局并非新生事物，“经济靠

① 参见世界银行数据，wits. worldbank. org/countrysnapshot/en/USA.（上网时间：2016年7月16日）

中、安全靠美”的态势早已存在多年，而且这一态势在过去并未引发中美关系乃至地区层面的重大矛盾。甚至在某种程度上，这一态势存在互利性，即美国从以中国为中心的地区经济合作中分享经济红利，中国则依托美国主导下的地区安全架构专注于拓展经济合作。但是，随着地区力量对比的变化与大国战略调整，旧有二元格局相互对立的一面明显上升，排斥性开始超越互利性。究其原因，一是面对中国持续崛起，美国主导下的地区安全架构开始更多地呈现对华压制、排斥态势，经济合作的互利共赢性开始让位于地缘政治的竞争性考量。在此背景下，两国之间本就存在的结构性问题更加易于发酵。二是介于中美之间的第三方国家出现“选边站”或面临被要求“选边站”的压力。近年来，美国出于对华制衡考量，公开要求盟国在重大问题上选边。如反对盟国加入由中国创建的亚投行，要求盟国不要参加中国抗战胜利阅兵。其他非美国盟国的第三方国家维系对中美“平衡”策略，也面临更多挑战。中美“二元”态势下，两国矛盾更多地通过中—美—第三方之间的复杂互动暴露出来。上述发展态势无疑加剧了阵营化对抗的风险。

但需要指出的是，上述中美“二元”格局发展趋势与美苏冷战的两极格局仍然有着本质上的区别。一方面，中美实力对比差距仍然明显。美国经济规模仍是中国的约 1.6 倍，美国在军事、金融等核心实力要素方面优势更加明显，同盟体系、地缘控制等因素也无形中放大美国对华优势。同时，中美“二元”态势更多的表现为局部性特征（亚太地区），某种程度上建立在对中美实力变化的未来预期、而非现实依据的基础之上。这些都异于美苏势均力敌的两极态势。另一方面，中美在经济、社会等领域的深度融合，在诸多全球性问题上的广泛合作，以及 100 多个双边交流机制，都是冷战期间的美苏关系所不具备的。中美高度相互依赖局面，仍然是可以确保两国关系安全边界的根本因素，这也与美苏“你死我活”的关系态势有着本质区别。

面对上述亚太格局之变，如何充分发挥中美关系中的现有积极因素，超越具体分歧、管理战略竞争，避免“二元”格局进一步发展甚至滑向“阵营化”对抗局面，合作构建反映新的力量结构的亚太地区秩序，是中美处理两国关系、确保地区安定局面而急需解决的根本问题。

第三章 同盟与多边安全合作：亚太地区安全机制现状及其局限性

在冷战结束迄今的20余年，亚太安全机制建设仍处于“剪不断、理还乱”的复杂局面当中。其中美国主导的亚太盟友体系在奥巴马政府“亚太再平衡”战略背景下被进一步强化。其所代表的以对潜在敌手进行军事预防、威慑的排他性、封闭性的集体安全机制，与中国、东盟等所倡导的基于合作安全理念基础上的包容性多边安全合作之间始终存在张力，使现今的亚太安全机制仍存在某种程度上的分裂与对立。另一方面，鉴于后冷战时期全球化与地区一体化深入发展，各种形式的安全合作与对话蓬勃兴起，共同营造有利于地区繁荣与稳定的“安全公共产品”等理念广为传播，也影响和塑造着亚太相关国家的安全观与机制观。奥巴马政府上台后一改小布什时期对亚太安全机制不闻不问的冷淡态度，将地区多边机制作为“亚太再平衡”的重要支柱。由此，尽管美国的同盟体系仍独立于亚太安全机制建设之外，但美国及其亚太盟友均对现有亚太多边安全合作抱有积极参与态度，某种程度上化解了部分因封闭性军事集团所造成的地区安全困境。未来，亚太地区多边安全机制建设的核心问题是解决好美国亚太同盟体系与地区多边安全机制之间的矛盾，实现开放性、包容性的多边安全地区架构。

一、同盟及其对地区安全的双重影响：理论的视角

国际关系中的同盟在学界并没有一个公认定义，较有代表性的是阿诺德·沃尔弗斯（Amold Wolfers）提出的，认为同盟是“两个或多个主权国家之间作出的互相给予军事援助的承诺”。[①] 基辛格进一步提出同盟有三方面含义：以联合作战的方式增强自身力量；对联合使用武力抱有坚定不移的信心；以正式条文的形式表明相互援助的默契。[②] 更广泛意义上的同盟还包括非正式的安全保证关系，并不囿于纯军事援助和成文的盟约，因为安全的含义通常涉及客观上没有威胁且主观上“不虞恐惧”[③]，涉及到社会、心理等更多命题。如上尽管定义各有分歧，但也指出同盟的一些共同要素：

一是国际关系中同盟的参与者是主权国家，而不是各种非国家行为体。

二是同盟的中心内容是成员国在安全和军事领域内的合作与承诺。

三是同盟的针对对象通常是某一或某些外部特定国家，或外

① Arnold Wolfers, Alliances, In David L. Sills ed. , In Encyclopedia of Social Sciences, New York: Macmillan, 1968: 269 -269.

② Henry A. Kissinger, The Troubled Partnership (M), New York: Greenwood Press, 1982: 11.

③ Glenn H. Snyder, Alliance Politics, Ithaca: Cornell University Press, 1987: 14.

部不确定的威胁，具有一定封闭性，这使得同盟的性质与奉行普遍性的集体安全原则的国际组织相区别，也与形形色色的“伙伴关系”相区别。

四是在实际效用上，同盟成员国在面对威胁的时候能做出共同行动，具有协调行动的选择性激励或者惩罚措施[①]。

那么，同盟对地区安全究竟有何种影响？西方国际关系理论中的现实主义认为，国际政治的实质是为权力而斗争，权力斗争表现为一国企图控制他国的行为。国家的外交应为保持、扩大和显示国家权力服务。为使国家间的权力斗争不致发生战争，必须建立均势（balance of power），获得对自己有利的力量均衡状态，而结盟是建立均势最重要的方式。从这个意义上看，美国冷战后强化亚太同盟体系的目的是扩大美国权力，主宰东亚秩序，维护美国世界主导地位。具体看，一是通过维持在亚太数十万驻军[②]，特别是维护与加强美日同盟，作为保持其亚太主导地位的基石。二是建立美国主导下的力量均衡并保持地区稳定，这符合美国利益。在美看来，地区均势结构不稳定，特别是地区大国崛起可能会对力量平衡带来剧烈冲击，其所导致的潜在冲突与矛盾无疑会对美国亚太利益造成挑战。三是对盟友进行约束。美国作为世界最强大的国家与亚太国家结盟，不仅可以共同抗衡其他崛起大国，美也可借此控制盟友，将其政治军事影响力限制在美国允许的范围内。如美日同盟这一点就特别突出，所谓“瓶盖论”就指美国对日本的脱美倾向进行约束，防止其军国主义化再度对美构成威胁。从结果上看，美战后在东亚维持了60多年的同盟体系的确维护了东亚的和平与稳定，但“均势和平”本身是通过对敌国

① 赵可金：“军事同盟及其生命力问题”，《太平洋学报》，2005年第4期，第84页。

② 美目前在亚太驻军共36.8万，在国际日期变更线以西即西太地区共有9.7万。参见“Asia-Pacific Maritime Security Strategy”，http：//defense.gov/portals/documents/pubs/NDAA－P。

或潜在敌国的力量威慑实现的，这种“假想敌”式的政策宣示与结盟存在在冷战时期是以两大阵营达成的“冷和平”为标志，在后冷战时期则以对潜在敌国的军事威慑为目标，其实现的和平与稳定并非基于战略互信基础上，而是基于对峙与相互威胁。尽管在同盟内部“孕育或体现了以承诺和合作为基础的规范标准”[①]、有效地约束了盟友和潜在的“侵略者”，但总体而言不是一种高质量、可持续的和平，而是一种消极和平。

除了作为一种权力均势的存在，随着冷战后国际政治、经济态势发展，同盟在经济、制度、价值观、规范等维度上的功能也日益凸显。新自由主义对同盟有两个意义上的解读较为值得重视。第一种解读是民主和平论。即认为民主国家间有着相互尊重、合作与妥协的共同特点，拥有共同价值观和社会制度的民主国家之间不会发生战争。这成为冷战后美亚太同盟发展的重要理论基础。具体看，一是以共同价值观为基础，维持稳定的联盟关系。二是加强民主国家间合作，共同推动民主在全球的拓展。三是通过巩固与民主国家间的关系，促进美国的经济利益与国家安全。克林顿时期将安全、经济和民主当作美国安全战略的核心，力图使三者相互促进，互为手段。奥巴马“亚太再平衡”战略更以盟友体系为核心，经济、政治、军事、价值观多管齐下，强化美主导的亚太与全球秩序。如美日同盟新的防卫指针强调，两国关系将继续成为这个地区发展经济的强有力基础，这种同盟关系带来的和平与繁荣的利益，不仅得力于两国政府的保证，而且是日美两国国民为确保自由和民主而分担责任并作出贡献的结果。[②]

① ［美］詹姆斯·多尔蒂、小罗伯特·普法尔茨格拉夫著：《争论中的国际关系理论》，世界知识出版社，2003 年版，第 580 页。

② The Guidelines For US-Japan Defense Cooperation，April 27，2015，http：//us. emb-japan. go. jp.

另一方面，美大力推动的“跨太平洋伙伴关系协定”（TPP）也把日、澳纳入，并促使菲、韩等盟友加入，旨在以同盟及伙伴关系为基础逐步拓展，最终主导亚太经济规则与秩序。四是共同应对中国崛起的潜在威胁。在美及其同盟眼中，中国始终是一个崛起道路充满不确定性的国家，特别是随着中日在东海、中越菲在南海矛盾激化，使应对中国崛起成为美与其地区盟友强化合作的必然借口。除民主外，“和平解决国际争端”及“航行自由”等国际法原则成为美祭出的一张新牌，使其亚太同盟体系进一步强化。其为地区安全带来的结果是，中美全方位竞争更为突显，中美竞合并存态势使地区安全呈现更加复杂多变态势，美在地区主导权进一步增强。

新自由主义对同盟的另外一种解读是合作理论。在新自由主义的合作理论来看，合作产生于制度，只有当最低限度的制度结构支持合作的时候，合作的情景才会出现。[1] 制度使合作具有稳定性，因为制度一旦建立，对国家行为体就会产生重要而持久的制约和影响。稳定的国际合作必须通过有效的机制加以保证。从地区安全环境看，在美及其同盟看来，与欧洲安全环境不同，亚太地区在安全领域尚缺乏一套各国必须遵守的明文规定的制度，也不存在能让各国准确判断他国行为意图的约定准则。因此，美同盟体系成为这些国家赖以维护安全利益的基础。何况，从同盟本身看，长期合作所产生的同盟高度机制化以及类似于美日同盟在军事技术和生产领域所形成的复合型相互依存关系，反过来也成为维系同盟持续发展的一个内在的功能性因素。以美日同盟为例，随着东亚安全格局的变化，美日并不满足于维持旧的制度框

---

① Robert O. Keohane, The Demand for International Regimes, ed. by Stephen D. Krasner, Ithaca: Cornell University Press, 1983, p. 141.

架。为使同盟能够长期存在下去，更好地发挥其制度功能，两国都感到有必要对同盟本身进行制度创新，增加它在处理两国及地区安全关系方面的权威性，扩展在两国政治、经济关系方面的关联性。制度创新的方向就在于推动日本成为一个积极的合作伙伴，将日美安全条约从单纯保卫日本的防卫体制扩大为支持美在亚太乃至全球的军事行动。此外，美还积极致力于以美日同盟为基轴，带动美日澳、美日韩、美日印等小三边安全合作，共同为东南亚国家提供军事支持，加大其同盟体系制度建设力度。该同盟体系并不排斥现有地区多边安全合作，而是旨在将其纳入以美为主导的秩序建设，因而提出一个同盟体系如何与地区多边安全合作兼容的问题。总之，美同盟体系通过加强制度建设一方面增加了其安全结构的合法性与影响力，另方面作为一种制度安排也有其规范约束性，对地区安全而言也有一定整合作用。

最后，建构主义对诠释同盟对地区安全影响也有一定指导意义。该理论认为，国际政治中行为体所持有的独特身份认定（identity）是特定国家利益的主要源头。独特的身份认定在社会中具有三个基本功能：告诉自己我们是谁；告诉他人我们是谁；告诉自己他人是谁。在告诉自己我们是谁的过程中，独特的身份认定强烈地显示了一整套涉及特定的有关行为和有关行为者的利益抉择和偏好取向。[①] 身份决定利益，利益决定行为，这是建构主义关于身份与利益关系的重要结论。美亚太的同盟国除认同自身是美同盟体系的一员外，其身处亚太，也有着区别于美的利益考虑。如日本长期以来就经历了“脱美入亚”和“脱亚入美”的激烈争论，最终选择了“入美入亚”的对外战略。澳大利亚一方面

① Ted Hopf, “The Promise of Constructivism in International Theory”, International Security, 1998, pp. 174 - 176.

强调其与美“价值观同盟”的属性，另方面也越来越凸显其亚太国家身份，认为与亚太特别是中国的经贸联系难以割舍。韩国出于半岛分裂、朝核危机日趋严重等事实，与美拓展同盟关系的战略需求日益坚定，但也担心因此激怒中国而不得不有所节制。菲律宾出于南海争端考虑主动寻求加强与美同盟，但因国力、军力所限及对华经济需求使其新政府不得不回到对华合作道路。以上表明，美同盟体系下各国均有各自利益考虑，同盟结构永远不会铁板一块，这使地区安全有着众多缝隙与保留，为更大范围的多边合作提供了某种可能。

综上，现代同盟既是一种权力结构，也是一种制度存在，更是一种身份认同。它对地区安全造成双重影响，一方面通过军事威慑帮助维持了地区和平，另一方面也为潜在对手造成挑战，因而是一种消极和平；一方面结成价值观同盟并致力于制度建设，起到规范和约束同盟内成员的作用，另一方面也向同盟外昭示了某种潜在竞争的消极信息；一方面塑造了同盟共同的身份认同，加强了美主导作用，另方面因为其成员认知与利益的差距，导致其有别于同盟的其他身份认同，从而使地区安全更加复杂，也为多边安全合作提供了可能。

二、美亚太同盟体系发展趋势及对地区多边安全的影响

美将其亚太同盟体系、地区多边安全机制以及所谓规则与“法治”视为亚太秩序的组成部分[①]，因此在美眼中，维护并扩大

① “Remarks on ” Asia-Pacific’s Principled Security Network “ at 2016 IISS Shangri-la Dialogue”, June 4, 2016, US Dept. of Defense.

同盟体系、兼顾地区安全机制发展、“嵌入”美主张的规则与法治是其理想中亚太安全的应有之义，而同盟体系或更大范围的盟友体系是这一安全秩序的首要与核心。

1. 美亚太同盟体系是一种历史存在，但迄今其不仅没有解散，还有加强之势。二战后，美在东亚建立起正式的同盟体系。美日安全条约于1951年签订，目前美在日驻军有3.5万名，多数为空军、海军陆战队和海军。[①] 与此相对照，美韩《双边防御条约》最初的目的是“威慑朝鲜进攻”，为此美在韩部署的主要是陆军和空军。自20世纪90年代开始，随着朝鲜经济与军力下降，对韩威胁也在减少；同时美在海湾发动两次战争，从朝鲜半岛不断撤军到伊拉克，剩下2.85万驻军主要是陆军第二步兵师与航空战略分队。此后美韩签署阶段性撤军协议、重组美军并向韩南部转移。美同意把战时指挥权移交给韩军方，但韩出于朝核危机悬而未决而多次要求延迟移交，美韩同盟也在不断强化。[②]

在东南亚及大洋洲，美承诺对菲、澳、新（西兰）的安全义务。1951年签署《美澳新安全条约》。最初美在澳仅有几个军方代表，但至2012年奥巴马政府在“再平衡战略”下向澳派出2500名海军陆战队员。美菲于1952年签署同盟协定，美在菲基地在冷战中发挥了重要作用。至1991—1992年由于菲国内不满导致美被迫撤出在菲基地。但近年来随着南海问题发酵，美菲同盟再次振兴。此外，美台于1952年签订《互助防御条约》。中美建交后，美继续在《与台湾关系法》约定下支持两岸的“军事平衡”，美台关系“在功能上相当于一个防御协定”在美战略界已成为共识。

---

① “Overseas Basing of US Military Forces: An Assessment of Relative Costs and Benefits”, RAND Corporation, Santa Monica, Calif., 2012.

② “Ash Carter Assues South Korea On US support,” Wall Street Journal, November 1, 2015.

最后，美在亚太的领土也为其提供了前沿部署。美远程轰炸机从阿拉斯加起飞，与其在夏威夷的海军及海军陆战队连成一片。美在离东亚更近的关岛还拥有海空军基地，配有进攻性潜艇和B—2轰炸机。美计划未来将把驻冲绳的8000名海军部署至关岛，此外还将部署三叉戟潜艇、导弹部队以及F—22战机，并准备停泊航母。

2. 按照美学者的分析，美亚太同盟体系旨在实现如下目的。

（1）威慑对盟友的进攻并阻止战争。美认为威慑战争是美盟友体系的首要目标，如美韩同盟就防止了“第二次朝鲜战争”，帮助保护韩国免受朝鲜进攻。此外，随着中国与其邻国岛屿争端加剧，美盟友体系对中国也提供了军事威慑，使其不致“轻举妄动”。目前看，尽管朝有有限的低水平进攻行为，但未发动任何大规模进攻。美也成功地对两岸实施威慑，“一方面通过对台军事支持使大陆难以动武，另方面也压制台使其不致宣布独立”。[①] 美日、美菲同盟的存在也防止了中国在地区岛屿争端中“使用武力”。美指称，中国在改变地区现状方面更加进取，其轮船与潜艇经常出入争议性水域，干扰他国渔船、海岸警卫队及海军舰艇……中国利用“切香肠战略”逐步改变地区的现状，需要美同盟加以应对。[②]

（2）维护地区稳定。具体包括四层含义：一是阻止核扩散。认为核扩散对地区安全造成很大破坏是美政府长期以来的官方立场，由此美主张依据《核不扩散条约》减少扩散并逐步消除核武。美普遍认为其亚太同盟体系通过为日韩提供核保护伞而有效

---

① Nancy Bernkopf Tucker, “Strategic Ambiguity or Strategic Clarity?”, in Tucker ed., Dangerous Strait: the US-Taiwan-China Crisis (New York: Columbia University Press, 2005), Ch. 8.

② “Asia-Pacific Maritime Security Strategy”, http: //defense. gov/portals/documents/pubs/NDAA – P.

地降低了该地区核扩散的风险。二是阻止常规武器竞赛。美学者认为，东亚国家出于历史敌视、领土争端以及中国的快速发展，使其缺乏彼此信任并可能导致其发展常规军力，而既有的安全困境会使这种军备竞赛更加恶化。美希望通过向有关国家提供安全保证、并通过维护其强有力的军事存在降低军备竞赛风险。[①] 三是维护“自由、不中断的海上通道安全”。美强调其驻日的第七舰队乃“地区主导的海上力量”，亚太各国的繁荣有赖于这些水道的“航行安全”，为此应遵守《联合国海洋法》有关主权、通过权及经济区等相关规定。四是盟友之间的合作关系。美认为盟友间发展紧密关系将降低地区争端与危机的可能性，并可弥补因美实力下降造成的战略不足，如其特别鼓励日韩克服障碍、改善关系。

（3）寻求与这些国家“组队”，将其纳入在美国的政治轨道下（而非进入对手的政治轨道）。正如如上新自由主义与建构主义分析的，美盟友体系不仅提供安全保障，更是一种制度与规范保障。从美角度上需借此扩大其世界主导权，从盟友角度上则是通过结盟获取安全感与归属认同。美学者詹妮弗·林德（Jennifer Lind）定义道，一国要是与美关系友好且有重叠的国家利益，则就是在美国的“政治轨道”，而这些国家更有可能接受贸易协定、与美在外交及军事目标上合作。[②] 除正式盟友外，这样的国家可能并没有正式的条约协定，如以色列、沙特、新加坡、台湾、泰国、埃及。[③] 随着中国经济轨道的不断扩大，美担心这些国家会

① Adam Liff and G. John Ikenberry, “Racing Toward Tragedy: China's Rise, Military Competition in the Asia Pacific, and the Security Dilemma,” International Security, Vol. 39, No. 2, 2014, pp. 52 –91.

② Jennifer Lind, “Keep, Toss, or Fix? Assessing US Alliances in East Asia”, http: //papers. ssrn. com/so/3/papers. cfm? abstract_ id.

③ 同上。

转向中国。中国已成为澳大利亚、日本、马来西亚、菲律宾、新加坡、韩国、越南最大的贸易伙伴；中国的货币已成为世界上最有影响的货币之一，并加入 IMF 特别提款权；[①] 它还通过经济一体化与国际借贷（如新丝绸之路计划与亚投行）等加强影响力。美已预计到与中国之间会出现某种“秩序之争”，而巩固同盟体系在这种竞争中显得尤为重要。另一方面，美也认为现阶段中国仅是“修正”现体系而非“彻底推翻它”，[②] 美当务之急应是通过加强盟友体系塑造中国向秩序的“维护者”而非“颠覆者”演变。

（4）维护美在地区的军力与存在。随着亚洲经济发展及中国崛起引发世界重心的东移，使美对地区兴趣不断加大。而从这个意义上说，美军力投射与军事存在本身就成为一个目的，其目标不仅在于威慑与遏制，也在于确保和稳定。[③]

（5）鼓励民主扩散，促进传播美国的价值观。如上文指出，美强调与日、台的“民主”联系、鼓励缅甸和越南进行政治改革等均是其盟友政策的重要组成部分，但民主并非美亚太政策的首要目标，美在中国问题上一直持有务实态度，将稳定中美关系置于人权与政治制度考虑之外，因而民主不是美在东亚的首要安全目标。[④]

由上，美眼中亚太同盟体系的安全功能基本与本章在第一部

---

① John Wong, “A China-centric Economic Order in East Asia”, Asia Pacific Business Review, No. 2 (2013), pp. 286 – 296; “The World's Shifting Centre of Gravity”, The Economist, June 28, 2012.

② Jeffery Bader, “How XI Jinping Sees the World and Why”, http: //www. brookings. edu/research/papers/201602/bader.

③ Jennifer Lind, “Keep, Toss, or Fix? Assessing US Alliances in East Asia”, http: //papers. ssrn. com/so/3/papers. cfm? abstract. id.

④ “Clinton: Chinese Human Rights Can't Interfere with Other Crises,” CNN. com, February 22, 2009.

分的理论分析相对应，即主要是起威慑、预防作用，其中既防止潜在大国“改变秩序”，也起到控制地区发展核武与军备竞赛升级的作用。此外，通过军事、经济、价值观、规则一体化以及把所有可能国家吸纳到美“政治轨道”，加强美主导的地区秩序，对冲潜在大国对地区秩序的冲击与影响。

3. 美同盟体系对地区多边安全合作的影响：兼容还是排斥？

本章认为，美亚太同盟体系首先是一种权力政治的产物，但其出现有其特定的历史背景，是历史的产物。冷战后该体系不断转型，安全目标由对抗共产主义转为“维护地区稳定”。除试图将潜在崛起大国纳入美主导的地区秩序外，该体系还增强了地区维稳功能，将提供所谓地区“公共产品”作为重要目标之一。同时，该体系也不断挖掘其制度、规范上的合法性，从而使这一存在某种程度上部分消解了权力政治的烙印，增加了规范意义。实际上，西方学界所谓“善意霸权”、“制度霸权”目的就是美化包括同盟体系在内的“美国治下的和平”。

不过，尽管冷战结束至今美同盟体系仍在亚太非常活跃甚至有所强化，但与此同时基于合作安全理念基础上的地区多边安全合作也蓬勃发展，与美同盟体系形成既相互排斥又相互补充的复杂关系。所谓地区多边安全合作，主要是通过促进地区所有国家在安全事务上的合作，使参与国的安全得到共同保障。多边安全合作与同盟同样都是为保证安全，但二者有很大区别：（1）多边安全合作是指成员国共同面临潜在危险，这种危险可能来自外部，也可能来自内部，而同盟以面临共同的敌国或敌对的军事集团为合作基础。（2）同盟的主要战略目标是威慑敌人或赢得军事冲突，而多边安全合作则是避免军事冲突的发生。（3）同盟主要依靠加强军事机器来实现战略目标，如联合军事演习、军事支援、战争等，而多边安全合作则靠政治对话，增强军备透明度，建立相互信任措施，预防性外交等非军事手段。（4）同盟靠约束性条约保证成员国之间的合作，而多边安全合作则主要靠成员国的协商一致进行合作。[①] 另一方面，同盟与多边安全合作又并非截然对立，特别是冷战后迄今二者在安全理念、安全目标、安全手段上亦有趋同之处。尽管同盟传统上针对传统安全议题，但近年来反恐、救灾、防扩等非传统安全问题也成为美亚太同盟的重要议题；包括美在内的主导国家安全观均在改变，特别是奥巴马上台后，由小布什时期对亚太多边合作较为冷淡转而高度重视，将地区多边合作视为“亚太再平衡”的重要支柱之一，试图实现其与美盟友体系的相互补充与支持。此外，美同盟体系亦强调军备透明度与建立信任措施，这与多边安全合作在理念上亦有相通之处，区别在于前者更强调在同盟内部实现，而后者强调在所有国家间实现。

由上可知，不论是同盟体系，还是多边安全合作，在美眼中均是其实现亚太利益的工具，因而是可以兼容、相互促进的。但如果从亚太多边安全本身出发，则可认为美同盟体系对地区安全是一把双刃剑，这是由其矛盾的对华战略所决定的。一方面，美将华视为亚太最大竞争对手，通过同盟威慑中国，通过多边机制规制中国，另方面美也将中国视为可以解决全球问题的重要伙伴，对华合作始终是其对华战略的另一面，“发展建设性、合作的对华关系”是美亚太再平衡的重要支柱之一，在这一过程中美须防止同盟造成中国过于反弹。由此，美同盟体系及其对亚太多边安全合作的态度使亚太安全合作处于既整合也分裂的复杂微妙状态，其中中国所倡导的基于合作安全基础上的多边安全合作与美主导的亚太安全合作既相互冲突，也相互磨合，使亚太现有安全合作仍处于缺乏一致目标及共同愿景的困境之中。

① 阎学通：“亚太安全趋势”，《现代国际关系》1997 年第 7 期。

三、亚太多边安全合作：现状与出路

冷战时期，亚太地区并没有形成真正意义上的多边安全架构，亚太安全的主要形式是美领导的辐辏式双边同盟体系。对美国而言，一方面对其他国家、尤其是前苏联提出的多边安全倡议持怀疑和反对立场，如对前苏联倡议的亚洲集体安全体系坚决反对，认为苏联的真实意图是削弱美在亚太影响力。1990 年澳大利亚提出建立亚洲版的欧洲安全与合作会议，但美国务卿贝克（James A. Baker）要求澳撤回这项建议，指出这会给美造成麻烦。另一方面，美自身也提出了一些多边安全设想并付诸实践。1951 年签署的《澳、新、美安全条约》和 1954 年成立的东南亚集体防务条约组织是美亚太多边安全同盟计划妥协和让步的产物。[1]

冷战后，亚太安全出现显著变化。一是中、美、俄、日等大国之间的双边安全关系进行了重大调整，大国建立起竞争与合作并存的新型关系；二是地区多边安全合作进程获得了迅速发展，涌现出各种多边形式的安全对话、合作、论坛和组织，构成层次丰富、相互交织的地区多边安全网络。亚太多边安全合作倡导共识原则、自愿主义和渐进主义，主张通过接触、交流、对话与协商等方式解决地区安全问题。如下反映出当前亚太较为活跃的官方及民间多边安全合作的情况[2]。

---

① David Capie, "An Elite Anglo S axon Club: Race, Civilization and the Making of America's Asian Alliances", paper presented to the 45th annual meeting of the International Studies Association, Montreal, Quebec, March 2004.

② 此两个表格参考了余建军："亚太安全合作的方式"，《国际政治科学》2007 年第 5 期的部分内容。

第一轨道多边安全合作

名称与成立时间	发起方与成员	运作方式与议题	中国参与情况
亚洲相互协作与信任措施会议，简称亚信会议（CICA）（1993年3月）	现有26个成员国：中国、阿富汗、阿塞拜疆、埃及、印度、伊朗、以色列、哈萨克斯坦、吉尔吉斯斯坦、蒙古、巴基斯坦、巴勒斯坦、俄罗斯、塔吉克斯坦、土耳其、乌兹别克斯坦、泰国、韩国、约旦、阿联酋、越南、伊拉克、巴林、柬埔寨、卡塔尔和孟加拉国。 11个观察员（国家或国际组织）：印度尼西亚、斯里兰卡、菲律宾、日本、马来西亚、乌克兰、美国、突厥语国家议会大会、联合国、欧洲安全与合作组织和阿拉伯国家联盟。	亚洲相互协作与信任措施会议，简称亚信会议，是一个有关安全问题的多边论坛。峰会和外长会议均为每四年举行一次，两会交错举行，间隔两年。2010年6月前，亚信主席国一直由哈萨克斯坦担任，自第三次峰会起，土耳其接替哈萨克斯坦担任主席国。 亚信会议宗旨是通过制定多边信任措施，加强对话与合作，促进亚洲和平、安全与稳定。现已制定军事政治、新威胁新挑战、经济、生态、人文等五大领域信任措施。	第一次峰会2002年在哈萨克斯坦阿拉木图举行，中国、阿富汗等国政府首脑或代表与会，国家主席江泽民发表讲话。2006年第二次峰会在阿拉木图举行，国家主席胡锦涛出席并发表讲话。2010年第三次峰会在土耳其伊斯坦布尔举行，国务委员戴秉国出席会议。2014年，第四次峰会在上海举行，习近平主席主持并发表讲话，称亚洲应发展普遍、平等、包容的安全观，尊重彼此主权独立、领土完整，互不干涉彼此内政。“安全应是普遍的，不能一个国家安全而其他国家不安全，一部分国家安全而另一部分国家不安全，更不能牺牲别国安全谋求自身所谓‘绝对安全’。”中国还接任2014年至2016年亚信主席国。

续表

名称与成立时间	发起方与成员	运作方式与议题	中国参与情况
东盟地区论坛（ARF）（1994年7月）	现有27个成员，包括文莱、柬埔寨、印度尼西亚、老挝、马来西亚、缅甸、菲律宾、新加坡、泰国、越南、中国、日本、韩国、朝鲜、蒙古、印度、巴基斯坦、孟加拉国、斯里兰卡、俄罗斯、美国、加拿大、澳大利亚、新西兰、巴布亚新几内亚、东帝汶和欧盟，是本地区规模最大、影响最广的官方多边政治与安全对话，自成立以来已举行了21届外长会议。	每年轮流在东盟主席国举行外长会议。此外，每年还举行一次高官会、一次安全政策会议、两次建立信任措施与预防性外交会间辅助（ISG）会议、四次会间会（救灾会间会、反恐与打击跨国犯罪会间会、海上安全会间会、防扩散与裁军会间会）和三次国防官员对话会（DOD）。目的是就亚太政治安全问题开展建设性对话，在亚太地区建立信任措施、核不扩散、维和、交换非机密军事情报，海上安全和预防性外交六大领域开展合作。截至2014/2015年度，ARF实施了200多个建立信任措施项目。	中国积极参与ARF活动并提出建设性建议。2000年唐家璇外长阐述了对ARF发展方向的主张，肯定ARF应坚持论坛性质，以建立信任为核心。中方支持其探讨适合本地区实际的预防性外交。ARF框架下举办了常规武器转让、维和、预防性外交等一轨道研讨会和培训班，中国均派人参加。2014年8月，在第21届ARF外长上，外交部长王毅指出，中方倡导共同、综合、合作、可持续的亚洲安全观，ARF今后应突出信任，坚持以建立信任措施为核心，通过预防性外交凝聚共识；突出务实，深化救灾、反恐、打击跨国犯罪、维护海上安全、网络安全等非传统安全合作；突出包容，与时俱进，不断提高有效性和生命力。

续表

名称与成立时间	发起方与成员	运作方式与议题	中国参与情况
亚欧会议（ASEM）（1996年3月）	1996年3月，首届亚欧会议在泰国曼谷举行，参加的26个成员包括亚洲的泰国、马来西亚、菲律宾、印度尼西亚、文莱、新加坡、越南、中国、日本和韩国，欧盟的15个成员国以及欧盟委员会，至2014年10月在意大利米兰举行的第十届亚欧首脑会议决定接纳克罗地亚和哈萨克斯坦为新成员，亚欧会议成员增至53个。	会议活动机制包括首脑会议、外长会议以及其他部长级会议等，日常工作通过高官会进行沟通协调。首脑会议负责确定亚欧会议的指导原则和发展方向，隔年在亚洲和欧洲轮流举行，迄今已举办11届。外长会议负责亚欧会议活动的整体协调和政策规划，通过有关指导性文件并批准新倡议。外长会议每两年举行一次，与首脑会议错年举行，迄今已举办12届。第12届外长会于2015年11月在卢森堡举行。第13届外长会2017年在缅甸举行。	中国重视和支持亚欧会议进程，本着积极务实、求同存异、扩大共识、推动合作的方针，积极参与亚欧会议进程，充分利用这一对话和合作渠道，为中国的改革开放和经济建设服务。

续表

名称与成立时间	发起方与成员	运作方式与议题	中国参与情况
太平洋地区空军参谋长会议（PACC）（1996年）	参与者主要是来自澳大利亚、孟加拉国、柬埔寨、印尼、日本、蒙古、新西兰、巴基斯坦、新加坡和美国等国家的空军首长。	是美太平洋空军为了加强同太平洋地区其他国家空军之间联系而建立的一个论坛，会议讨论主题以太平洋地区的空军队伍建设为主。	
太平洋陆军参谋长会议（PACC）（1999年9月）	第一次会议的参加者有来自20国的陆军参谋长：澳大利亚、孟加拉国、文莱、加拿大、斐济、印尼、印度、日本、韩国、马来西亚、蒙古、尼泊尔、新西兰、菲律宾、俄罗斯、新加坡、斯里兰卡、泰国、汤加、美国。 最近一届于2015年9月在印尼举办，印太地区26国参加。	是美国陆军接触计划的一部分，被视为美陆军最重要的战区安全合作计划。会议通常由美陆军参谋长同另一国陆军参谋长共同主持，每两年举行一次。会议旨在为亚太地区国家的陆军参谋长提供交流观点的论坛，以建立和加强人员间关系和促进安全合作。近年来会议着重强调地区多边军事合作的重要性。	中国军方多次派代表参与该论坛，与相关国家共同探讨如何在21世纪发挥各国陆军在地区安全方面的作用。

续表

名称与成立时间	发起方与成员	运作方式与议题	中国参与情况
上海合作组织（SCO）（2001年6月）	哈萨克斯坦、中国、吉尔吉斯、俄罗斯、塔吉克斯坦、乌兹别克斯坦于2001年6月15日在上海宣布成立，前身是“上海五国”会晤机制。现成员国包括：中国、俄罗斯、哈萨克斯坦、吉尔吉斯斯坦、塔吉克斯坦、乌兹别克斯坦、巴基斯坦、印度。观察员国为伊朗、阿富汗、蒙古、白俄罗斯。对话伙伴国为斯里兰卡、土耳其、阿塞拜疆、亚美尼亚、柬埔寨和尼泊尔。美国、加拿大申请成为观察员但遭拒绝。	上合组织的宗旨是：加强成员国之间的互相信任与睦邻友好；鼓励成员国在政治、经济、科技、文化、教育、能源、交通、环保和其他领域的有效合作；联合致力于维护和保障地区的和平、安全与稳定；建立民主、公正、合理的国际政治经济新秩序。每年举行一次成员国国家元首正式会谈，定期举行政府首脑会谈，轮流在成员国举行。除已形成的部门领导人会谈机制外，可视情组建新会谈机制，建立常设和临时专家工作组研究开展合作方案。	中国是创始会员国及重要成员，在北京设有上合组织秘书处，并多次举办上合组织首脑峰会。2015年7月，在俄罗斯乌法举行的元首理事会上，中国国家主席习近平提出四点主张：一是弘扬互信、互利、平等、协商、尊重多样文明、谋求共同发展的“上海精神”；二是共同维护地区安全稳定；三是着力发展务实合作；四是加强人文交流和民间交往。

续表

名称与成立时间	发起方与成员	运作方式与议题	中国参与情况
六方会谈（2003年8月）	参与国：中国、美国、朝鲜、韩国、日本和俄罗斯	从2003年8月到2008年12月的5年多时间里，六方会谈机制围绕朝核问题共进行六轮正式会谈和多次团长会，虽尚未能实现朝核问题的真正解决，但在缓解紧张局势、促成达成共识、推动解决朝核问题上取得一定成效。2005年9月19日，六方会谈通过共同声明，朝愿意放弃一切核武器及核计划，美则确认无意以核武器或常规武器攻击朝鲜。2007年2月13，会谈通过《落实共同声明起步行动》文件，为朝核问题解决从口头“承诺”到落实“行动”的关键性转变规划了方向和步骤。同时，六方会谈作为东北亚多边主义架构，在机制构建上也产生积极效应。但囿于美朝矛盾，自2008年底六方会谈陷入停顿至今。	中国作为会谈东道主始终发挥积极而有效的作用。一是积极斡旋各方，构建会谈框架。二是提出合理建议，增强多方互信。三是做好各方工作，积极落实行动。六方会谈陷入停顿后，中国始终呼吁有关方停止敌对，尽快回到六方会谈谈判轨道。

续表

名称与成立时间	发起方与成员	运作方式与议题	中国参与情况
东亚峰会(EAS)(2005年12月)	现有18个参与国。其中,东盟10国(文莱、柬埔寨、印尼、老挝、马来西亚、缅甸、菲律宾、新加坡、泰国、越南)、中国、日本、韩国、印度、澳大利亚和新西兰是初始成员。	东亚峰会概念最早由马来西亚前总理马哈蒂尔于2000年提出。2002年第六次“10+3”领导人会议通过《东亚研究小组最终报告》,“推动10+3领导人会议向东亚峰会演变”是报告提出的九项中长期措施之一。在东盟推动下,首届东亚峰会于2005年12月在马来西亚吉隆坡举行。该会是与东盟峰会同期举行的年度领导人会议机制,由东盟轮值主席国主办,议程由所有参加国共同审议。是“开放的、包容的、透明的和具有前瞻性”的论坛,东盟在东亚峰会及东亚合作进程中发挥主导作用。	中国在东亚峰会创建过程起了积极推动作用。1997年亚洲金融危机后,东盟与中日韩领导人启动“10+3”合作机制,此后在2004年第八次会议上决定2005年召开首届东亚峰会。温家宝总理参加该峰会并发表题为《坚持开放包容实现互利共赢》讲话。2013年10月,李克强总理出席第八届东亚峰会,提出三项建议:一是加强战略合作,共同应对挑战;二是深化经济合作,促进地区融合;三是增进安全互信,维护地区和平稳定。

续表

名称与成立时间	发起方与成员	运作方式与议题	中国参与情况
		峰会尚未建立正式的各领域和各层级支撑机制，主要通过外长及高官会晤回顾合作，就未来发展方向交换意见。确定能源、金融、教育、公共卫生、灾害管理、东盟互联互通为重点合作领域，并初步形成经贸、能源、环境、教育部长的定期会晤机制。东盟提出参加东亚峰会的三个基本条件是：应是东盟的全面对话伙伴；已加入《东南亚友好合作条约》；与东盟组织有实质性的政治和经济关系。	李克强表示，峰会应保持和平发展势头，营造有利于和平发展的环境，妥善处理制约发展的重大问题。应支持东盟主导，坚持协商一致、照顾各方舒适度等原则，秉持开放包容、合作共赢理念，彻底摒弃冷战零和思维，积极推动东亚乃至亚太实现和睦相处、共同发展，更好地造福于各国人民。

续表

名称与成立时间	发起方与成员	运作方式与议题	中国参与情况
东盟防长扩大会（ADMM +8）（2010 年 10 月）	成员包括东盟 10 国及中、美、俄、日、韩、澳、新等 8 国防长，又称为“ADMM + 8”。会议每 3 年举办一次。参加条件：一是东盟对话伙伴国；二是与东盟防务部门密切合作；三是就地区能力建设进行务实合作。	在 2007 年东盟防长会议上东盟国家决定建立防长扩大会，为东盟及其 8 个对话伙伴国提供加强安全与防务合作的平台。2010 年在河内召开的首次东盟防长扩大会上，各方提出在五个领域进行务实合作：海上安全、反恐、人道主义救援与减灾、维和与军事医疗，并设立相应工作组。2013 年又增加矿物开采行动工作组。其宗旨是“帮助东盟促进能力建设应对安全挑战，促进对话与透明度，增加地区和平与稳定”。自 2013 年开始，在该框架下 18 国进行多次联合军演，增强务实合作。	中国积极支持该机制，希望其能成为促进东盟与亚太国家间共同应对非传统安全挑战、增强互信与合作的平台，并积极参加其在五个合作领域举办的多次联合军演。同时，中国也反对利用该平台有损中国利益。在 2015 年于吉隆坡召开的会议上，中国成功阻止该会通过强调“航行自由”的联合宣言。

第二轨道多边安全合作

名称与成立时间	发起方与成员	运作方式与议题	中国参与情况
东北亚合作对话（NEACD）（1993 年 10 月）	由美国加州大学圣地亚哥分校的全球冲突与合作研究所组织，得到美防扩散与能源部支持。成员国有：韩国、朝鲜、美国、日本、中国和俄罗斯。朝鲜是该机制创始成员，但仅于 2001 年、2016 年两次参会。但其对该会十分关注，一直希望得到每次会议的全部资料。	每国分别派遣一名外交部官员、国防部官员和两名由政府资助机构的学者和安全专家参与对话。多年来，理事会为东盟地区论坛提供了很多有建设性意见和建议，最有代表性的是为其提交了多份备忘录和编撰的海事资料。此外，其在建立信任措施和预防性外交等方面也作出巨大贡献。	2016 年 6 月，在北京举办了第 26 届对话会。中国朝鲜事务特别代表武大伟、朝鲜外务省美大局副局长崔善姬、日本外务省亚大局局长金杉宪治、韩国外交部半岛和平交涉本部朝核企划团长金健、俄罗斯外交部无任所大使达维多夫、美国国务院对朝政策特别代表金圣铬等近 90 名政府官员、驻华使节、专家学者等与会，就当前东北亚地区安全形势、构建地区多边安全对话平台、大国关系等议题进行研讨。中方希望借此对话就东北亚合作相关问题进行有益探讨，共同就维护东北亚地区和平稳定建言献策。

续表

名称与成立时间	发起方与成员	运作方式与议题	中国参与情况
亚太安全合作理事会（CSCAP）（1993年12月）	创始成员：澳大利亚国立大学战略与防务研究中心、加拿大多伦多约克大学亚太研究中心、印度尼西亚的战略与国际问题研究中心、日本国际事务研究所、韩国首尔国际事务论坛、马来西亚战略与国际问题研究所、美国的太平洋论坛。 成员委员会：澳大利亚、柬埔寨、加拿大、欧盟、印度、印度尼西亚、日本、马来西亚、蒙古、新西兰、朝鲜、中国、菲律宾、俄罗斯、新加坡、韩国、泰国、美国、越南、巴布亚新几内亚。 观察员：太平洋岛国论坛。	最高决策机构是指导委员会，两位主席分别来自东盟国家成员和非东盟国家，每两年举行一次会议。常设机构是秘书处，最初下设五个工作小组。2004年5月改为六个研究小组，分别涉及海事安全合作能力建设、防止大规模杀伤性武器扩散、北太平洋/东北亚多边安全框架、维和与和平建设、贩卖人口、反恐等领域。	2013年12月在京举办该理事会第九次大会，属首次在中国举办。外交部副部长刘振民在发言中阐释了中国的“新安全观”，即合作安全、共同安全与综合安全，强调推动地区经济一体化是维护亚洲安全的重要基础；大国良性互动是维护亚洲安全的根本保障；完善现有地区多边机制是维护亚洲安全的重要途径；培育亚洲安全新架构是维护亚洲安全的必要环节。

续表

名称与成立时间	发起方与成员	运作方式与议题	中国参与情况
香格里拉对话（SLD）（2002 年）	未对参会代表国籍进行明确限制，不同社会制度、意识形态、经济发展水平国家的代表均可参加；地缘上不属于亚太国家的代表也可参加；各国国防部、外交部的代表可参加，民间的亚太问题研究机构（如美国的太平洋论坛）的专家学者和商界人士也可参加。	香格里拉对话是由英国国际战略研究所（IISS）发起、在新加坡政府的支持下于 2002 年开始举办的亚洲安全会议，因首次会议在香格里拉饭店举行而得名。IISS 兼具国际智库性质和企业性质，其资金来源主要是美、英、加拿大的基金会和研究机构，也出售与军事、安全相关的书籍、主办论坛。会议主要形式是由各参与国国防部门高官展开对话，是亚太地区唯一能将各国防务部门高官聚集在一起讨论防务和区域安全问题的机制，其影响呈逐步扩大态势。议题既涉及传统安全，又涉及非传统安全；既涉及战略问题，又涉及具体问题。没有常设机构，不设固定秘书处，结构相当松散。会议形式多样，不仅包括全体参会代表大会和主题演讲，还有部长级双边和多边会谈。	过去中国曾认为香会是西方国家试图牵制中国在地区多边行为的一个工具，有 5 年没有参会。近年来随着该会影响力增大，各国政要云集，中国转而积极参与，并将其视为阐述观点的有力平台。在 2016 年 6 月举办的年度会议上，中央军委联合参谋部副参谋长、海军上将孙建国出席，首次在国际场合阐述中国军队改革的目的，称改革后的中国军队将提高自卫和防御能力，并为地区和国际和平作出更好贡献。在促进亚太安全治理方面，只有各国坚持走和平发展道路，世界和平发展的前途才能有保障。

自20世纪90年代以来，在推进亚太合作的进程中，第二轨道外交越来越活跃，成为多边安全合作的重要形式。其一，对于敏感、复杂性问题，官方渠道不仅制约因素多，且各方转圜余地小，非官方的二轨外交可在一定程度上化解困难，又能对相关问题施加正面建设性影响。其二，在特定领域，政府并不总是拥有足够的技术知识，必须依靠专家去探求可能方案，以为政府提供政策咨询与建议。例如，东亚思想库网络（NEAT）与东东盟"10+3"领导人会议和相关国家政府密切合作，提供有效的智力支持。其三，通过一轨、二轨交互合作，亚太合作中一些新的理念被建构出来并通过不同途径进行传播，成为本地区国家的共有知识。如建立信任措施、接触、透明性等，就是通过上述方式形成的。其四，有助于本地区国家知识精英、政治精英之间建立跨国社交网络，从而带动官方关系的改善。最后，一轨、二轨的频繁互动催生出新的"一轨半"外交形式，如东北亚安全合作对话、亚太安全合作理事会等就是明证。该机制即可使外交层次更加灵活，也弥补了二轨难以"落地实践"的不足。

如上各层次的亚太多边安全合作为各国解决安全问题提供了良好平台，它能包容各国不同的政策追求，尽管各国具体利益有较大差异，但这些机制为其利益交汇点的形成提供了机遇，因为这些安全机制着眼于一种更长远、更有深度的国家间合作，它要求一国克制，甚至放弃某些领域内的单边或双边的利益考虑，侧重于有互动关系并具多边共同利益的标准，因此有助于减少国家间摩擦与冲突，促进彼此关系的良性互动。如，朝鲜和韩国在ARF中开始直接会谈前是很少有机会彼此交换意见；CSCAP也为各国政府提供了良好机会，在各官方层面上采取正式提议之前，可在一个更注重于学术环境的背景下提出新政策和策略；东亚峰会、香格里拉会议上地区重要国家可以聚首共商安全大计；东盟防长扩大会议更为亚太国家防务领域务实合作提供平台，有助于消除误解、增进信任。亚信机制与上合组织为丰富地区安全治理提供新的理念和模式，六方会谈也为东北亚安全合作机制打造平台。最重要的是，这些机制将中国与地区有机的结合起来，使中国包容、开放、合作的新安全观与地区多边安全合作互为表里、相互促进，也为中美在更大范畴上消除误解、增进合作提供了条件和场所。

毋庸置疑，受制于地区安全的结构性冲突及各国不同利益考量，现阶段亚太多边安全合作也面临如下的瓶颈与障碍：

一是安全结构的分裂状态使地区难以形成目标与导向一致的多边安全合作机制。尽管中美已在多种层次上实现安全合作，但中美关系的实质依然是“非敌非友”的复杂状态，美国对中国崛起改写规则与秩序尤其敏感，对华战略依然奉行接触与对冲两手，另一方面最大程度寻求合作，一方面通过强化盟友体系增大威慑与对冲，目标是塑造中国崛起，迫使中国屈从于美国主导的国际秩序。从中国看，随着国力增大外交更趋积极活跃，坚持主权领土完整为国家核心利益，主张国家间相互尊重与平等对待，反对排他性的军事集团，并从经济、外交、人文等各个层面积极参与全球治理。面对美国的两手战略，中方也采取相应对策，一方面积极与美国在全球、地区、双边层面深化合作，一方面也坚持以自身利益为导向，对美军事压制进行反制，并对现有国际体系进行某种改良。中美这种既合作又博弈、既相互借重又相互警惕的复杂关系必然折射到地区多边安全合作中来，使其一方面呈现出多种合作面貌：如在 ARF、ADMM + 框架下包括中美在内的各方均态度积极、务实合作，产生较好成效，中国还几次参与美主导的“环太”军演，在更广泛的安全平台上与美深度互动；中美均积极参与东亚峰会及包括香格里拉会议在内的地区二轨对话，朝核问题更成为中美合作的典范；另一方面，每届东亚峰会及东盟系列会议上中美在南海问题上的明暗较量，美亚太同盟体系与中俄主导的上合组织与亚信机制的悄然竞争，以及东盟身处中美之间复杂纠结心态，均使亚太现有安全合作难以统一到一个共同目标与远景之中。

二是亚太地区安全形势的复杂性使现有多边机制难以解决。尽管冷战后亚太经济一路高歌猛进，地区一体化蓬勃发展，但亚太安全问题依然严峻。传统安全方面，台湾、朝鲜等冷战遗产问题不仅没有消除，还在不断发酵，特别是朝核问题引发美韩部署萨德系统，引发了地区更深层次的战略矛盾；东海、南海领海争端进一步激化，加上美国“亚太再平衡”背景下的积极介入，使地区始终存在失控风险。对于这些问题，现有多边机制“心有余而力不足”。一方面，中国虽积极参与多边对话与合作，但其多边外交仍属于战略性多边主义，十分强调主权与政策的灵活性，担心美国将多边机制作为实现利益的平台，坚持认为多边主义不适于解决领土纠纷，这使台湾与东海、南海问题难以在多边框架下解决。另一方面，既有实践表明，朝核问题的最终解决仍有赖于美朝之间双边的谅解，在这个意义上，六方会谈仅能提供一个沟通的桥梁。正是出于传统安全问题的复杂性，亚太现有多边合作多集中于非传统安全领域，这成为整合地区安全合作非常有益的着眼点，也部分消解了中美两大安全体系之间的矛盾。未来，亚太多边机制应进一步增强在传统安全问题上增信释疑、冲突管控的功能，同时持续拓展非传统安全合作的层级、领域与频度，使其能“外溢”至传统安全领域，从而根本消除现有安全困境。

三是价值观分裂是地区多边安全合作滞后的根本原因。国家间合作需要借助文化与价值观上的认同作为纽带，多边机制的最高境界就是形成认知共同体。[①] 这需要各国在安全价值观上形成共识。从目前亚太状况看，所有国家都认同和平与稳定的重要性，认可多边合作、构筑信任的价值，这也是这些年来形形色色多边安全合作不断开展的背景与原因，但在一些根本问题上，可以说价值观的分裂依然存在。第一，地区对中国崛起的前景普遍担忧和不信任。除美国及其盟国体系外，东盟国家、东北亚的蒙古乃至印度等国均自诩为“民主国家”，这使其对社会主义中国抱有“天然不信任”，加上近年来中国快速崛起加大美国主导的话语权，使这种焦虑被进一步放大，在固有偏见下，中国的解释很难被客观倾听。第二，规则与国际法成为地区国家的“不二法宝”。奥巴马政府高举规则旗帜，不断以规则为抓手凝聚亚太国家，主控地区机制。所谓“航行自由”与“和平解决国际争端”成为亚太国家应对中国海上“挑战”的有力工具。美防长卡特在2016年6月的香格里拉会议上，提出在亚太构筑“有规则的地区安全网络”，得到不少国家呼应，规则成为有关国家对华施压的一张新牌。第三，东盟自身认同仍有危机。中美均主张发挥东盟的领导作用，但东盟“小马拉大车”，也面临自身力量不足的问题。一方面，在中美之间有“选择困难症”，即不希望中美对抗，也不希望中国过近甚至成为G2，经济、安全二元困境依然存在；另一方面，囿于自身文化、宗教的多样性，在安全观上与中美既有重合、也有不同，这使其难以真正引领地区多边合作。

总之，当前亚太多边安全合作经过多年的发展与摸索，一方面为亚太和平、稳定、繁荣起到积极的促进作用，关键的是，在后冷战时代合作共赢已成为各国共识，因而才形成今天经济活

---

① John G. Ruggie, “International Organization, ‘I wouldn't start from here if I were you’”, in John G. Ruggie ed., Constructing World Polity: Essays on International Institutionalization, New York: Routledge, 1998, pp. 54-55.

跃、国家关系大体稳定的总体状态；另一方面，由于中美关系中的一些本质性分歧的存在，以及地区国家在安全认知上缺乏统一共识，使多边安全合作面临竞合并存的复杂态势，也为地区安全治理提出新需求。未来， 是中美本身要摒弃零和思维，构筑共同安全基础，以开放包容的地区多边安全架构抵消美同盟体系不利影响；二是传统安全与非传统安全共同推进。传统安全上，一方面建立完善危机管控与预防机制，防止意外冲突；继续寻求各方在朝核问题上的多边解决方案；加快南海行为准则多边谈判，和平解决争端并共同维护航行自由。非传统安全合作上仍应大书特书、全方位开展，并不断提高各国介入力度与实施层级，以务实合作解决具体问题，同时帮助改善战略互信、缓解安全困境。三是既要发挥善于协商、对话，形式灵活多样的“亚洲方式”的长处，也要避免其缺乏“牙齿”与实质性合作、易沦为“清谈”的弊病，以正视实质性问题与务实合作为导向、循序渐进地构建有利于各方共同安全的、开放性、包容性亚太多边安全合作架构。

中　篇

第四章 “修昔底德陷阱”与地区秩序的未来

当前亚太格局出现深刻调整，亚太秩序也处在历史性变迁之中。中美在亚太的博弈越来越被视为一场秩序之争。中美能否超越“修昔底德陷阱”，避免“大国政治的悲剧”，不仅成为中美两国高层及战略界关心的重大战略问题，也牵动着地区国家的神经。

一、中美在亚太：一场关乎秩序的竞争?

1993 年，当美国还沉浸在“单极时刻”[1] 和“历史终结”[2] 的喜悦中时，美国国际政治学者克里斯托弗·莱恩在著名刊物《国际安全》发表一篇文章，从结构现实主义的学理角度批评美

① Charles Krauthammer, “The Unipolar Moment,” *Foreign Affairs*, Vol. 70, No. 1 (Winter 1990/1991), pp. 23 - 33.

② Francis Fukuyama, *The End of History and the Last Man* (New York: The Free Press, 1992).

国的这种“单极幻觉”，并预言“新的强权终将崛起”。[①] 在他看来，“如果中国能保持国内凝聚力，将是强权地位的有力竞争者”。同年晚些时候，《纽约时报》驻北京首席记者纪思道（Nicholas D. Kristof）基于多年的近距离观察，也在《外交》杂志发表了一篇颇有影响的文章，非常深入而有预见性地洞见“中国崛起”的态势，向西方社会传递了“中国崛起”的强烈信号。[②] 在他看来，中国崛起“这回是真格的”，它可能是21世纪“全球最重要的趋势”；“中国正走在恢复昔日荣光的道路上”。他同时以极具历史感的笔触写道：“一百年之后，当历史学家撰写我们这个时代的历史时，很可能会这么总结：这个时代最重大的发展是在世界上人口最多的国度里，一个充满活力的市场经济和一支强大的军队崛起了。”

如今，二十多年过去了，中国崛起已然从基于学理和经验的预测变成活生生的国际政治现实。1993年克林顿上台时，中国的GDP仅是美国的1/16；2001年小布什上台时，中国的GDP也只是美国的1/8；到2009年奥巴马上台时，中国的GDP已接近美国的1/3。如今，中国的GDP已达美国的60%。[③] 不仅如此，中国的GDP还在短短的几年中连续超英（2006年：2.7万亿vs 2.6万亿）、超德（2007年：3.5万亿vs 3.4万亿）、超日（2010年：6万亿vs 5.5万亿），成为仅次于美国的世界第二大经济体。而相较于经济总量，中国的地缘经济影响力更令西方观察家震撼。2009年，中国超越美国成为非洲第一大贸易伙伴；2011年超越美

---

① Christopher Layne, “The Unipolar Illusion: Why New Great Powers Will Rise,” *International Security*, Vol. 17, No. 4 (Spring 1993), pp. 5–51.

② Nicholas D. Kristof, “The Rise of China,” *Foreign Affairs*, Vol. 72, No. 5 (November/December 1993), pp. 59–74.

③ 据世界银行最新统计数据，2015年中国的GDP是10.87万亿美元，美国的GDP是17.95万亿美元。

国成为中东第一大贸易伙伴；2012年又超越美国成为吸引外国直接投资最多的国家；中国还是自身几乎所有邻国最大的贸易伙伴。有别于20世纪70—90年代初的日本，中国不仅具有超强的经济实力，也拥有强大的军事实力和外交影响力。以至于美国国务院前负责东亚和太平洋事务的助理国务卿帮办、现普林斯顿大学教授柯庆生感叹，中国崛起“货真价实且令人震惊”[①]。

实力之变引发秩序之辩。在中国崛起的过程中，有关中国与美国主导的现存国际体系之间关系如何的争论未曾停歇。2008年全球金融危机爆发之后，这种争论愈演愈烈。中国是不是“修正主义”国家？能否做一个“负责任的利益攸关方”在现存国际体系内谋发展？会不会利用自身不断增长的综合国力，谋求改变地区秩序，挑战美国主导地位？中美亚太秩序之争是否不可避免？美国该如何塑造中国的战略选择？这些问题始终萦绕在美国学界和战略界心头，到2015年初终于催生出一场对华政策大辩论。[②]这场涉及体系、秩序等根本问题的对华政策大辩论尚未尘埃落定，但其已明显折射出美国学界和战略界对华疑虑与日俱增的事实。在悲观论者看来，中美亚太博弈已越来越具有秩序之争的色彩。即便是像前奥巴马国家安全事务特别助理杰弗里·贝德这样素以观点稳健著称的“中国通”，也对中美亚太秩序之争渐生疑虑。他在布鲁金斯学会发布的《习近平如何看世界……以及为什么》报告中总结道：“总体看，若问中国近期是否会在全球成为一个修正主义国家，答案很可能是不会；但若聚焦于西太平洋地

① Thomas J. Christensen, *The China Challenge: Shaping the Choices of a Rising Power* (New York: W. W. Norton & Company, 2015), p. 13.

② 有关这场辩论的相关情况参见：Aaron L. Friedberg, “The Debate Over US China Strategy,” *Survival*, Vol. 57, No. 3 (June-July 2015), pp. 89－110；Harry Harding, “Has U. S. China Policy Failed?” *The Washington Quarterly*, Vol. 38, No. 3 (Fall 2015), pp. 95－122；陶文钊：“美国对华政策大辩论”,《现代国际关系》2016年第1期，第19—28页。

区，答案可能就不一样了。”[①]

中美亚太秩序之争并非空穴来风：

其一，亚太秩序正在经历历史性变迁，新的亚太秩序正在形成之中。历史上，在亚太区域范围内曾出现过中国主导的东亚封贡体系、美国主导的华盛顿体系和日本主导的“大东亚共荣圈”。前者存在数百年，后两者仅是昙花一现。冷战结束之后，美国依靠超强的军事和经济实力，通过“轴心—轮辐”的双边同盟体系，在亚太建立起所谓“美国治下的和平”。在经历1997年亚洲金融风暴和2008年全球金融风暴两场危机之后，亚太秩序面临深刻的调整。前者削弱了美国对东亚国家的影响力，中国在区域内的影响力大幅提升；后者则削弱了西方发达国家的实力，“新亚洲半球”在全球政治经济格局中崛起，全球权力中心东移。[②]2010年，亚洲占世界经济的比重上升到27.4%，首次超过北美（25.8%）和欧盟（25.9%），成为全球最大的地区经济板块，[③]这是全球地缘经济版图的历史性变化；同年，中国GDP总量超过日本成为世界第二、亚洲第一，“这是1894年甲午战争以来亚太地区最具标志意义的历史事件”。[④]与亚洲在全球政治经济格局中的崛起同步，亚太内部的力量格局也出现了新的变化。除了中国的强势崛起外，韩国、印尼、越南等中等国家也在经历新一轮复兴；东盟一体化进程持续推进，地区影响力日增。

---

① Jeffrey A. Bader, “How Xi Jinping Sees the World…and Why?” Paper 2, Order from Chaos Project, Asia Working Group at Brookings, February 2016, p. 16.

② ［新加坡］马凯硕：《新亚洲半球：势不可挡的全球权力东移》（刘春波、丁兆国译），北京：当代中国出版社，2010年版。

③ 中国现代国际关系研究院课题组：“中国与亚洲：共同复兴之路”，《现代国际关系》2011年第9期，第1页。

④ 袁鹏：“寻求中美亚太良性互动”，《中美亚太共处之道：中国、美国与第三方》（中国现代国际关系研究院美国研究所编），北京：时事出版社，2013年版，第4页。

面对新的地缘经济和地缘政治现实，各大力量掀起新一轮战略调整，纷纷加大对亚太的战略投入。美国高调宣布“重返”，欲打造“美国的太平洋世纪”；俄罗斯“双头鹰”东顾南下，拓展利益；印度不仅“东顾”（Look East）、“东进”（Act East），还志在“东化”（Be East）；澳大利亚则心向北方，属意印太。欧盟作为域外势力，也加大对亚太事务的介入，这从亚投行和南海问题上可见一斑。日本身在亚太，却一度想“脱亚入欧”，如今则高呼“日本回来了”，并决意“不当二流国家”，欲重整旗鼓。[①] 大国云集亚太，势必对亚太原有的秩序构成挑战。再加上领土领海争端、核武器等老问题依然存在，更加剧了亚太发生冲突的风险。无怪乎美国前副总统切尼的国家安全事务副顾问、新美国世纪计划创始人阿伦·弗里德伯格说：“当民族主义情绪、领土争端、军备竞赛等已消失在欧洲大部分地区的历史记忆中时，亚洲却很可能看见传统的大国争霸死灰复燃。”[②] 一句话，亚太已不是昔日的亚太，变化中的亚太呼唤某种新的秩序安排。

其二，在亚太新的力量格局中，中美两强并立的态势愈发凸显。从经济总量看，中国与美国的差距在缩小，而与排名世界第三的日本差距在拉大。目前，中国的 GDP 已达美国的 60%，在可预见的将来，差距将继续缩小；而中国经济总量自 2010 年超过日本之后，持续扩大优势，到 2015 年已达日本的 2.6 倍，未来这种差距还将继续扩大。从军事实力看，亚太前三强应数美国、中国与俄罗斯。鉴于俄罗斯在亚太的军事投入有限，亚太事实上形成中美角力的局面。美国军力遥遥领先，按计划将在 2020 年前将

① 参见 2013 年 2 月 22 日，日本首相安倍晋三访美时在战略与国际问题研究中心（CSIS）发表的演讲。

② Aaron L. Friedberg, *A Contest for Supremacy: China, America, and the Struggle for Mastery in Asia* (New York: W. W. Norton & Company, 2011), Preface.

其60%的海军舰艇、海外60%的空军力量部署到亚太地区；中国多年来将“反介入/区域拒止（A2/AD）”作为军力建设主要方向，持续加大军费开支和研发投入，发展航母、核攻击潜艇、第五代隐形战机、先进的导弹系统等军事能力。在一些美方人士看来，中国军力的发展“已开始改变东亚地区的中美军力平衡”。[1]综合看，中美实力虽然还存在短期内难以逾越的差距，但随着中国综合国力的提升，冷战后亚太出现的“一超多强”（1+X）格局已日益被中美“两强并立”（1+1+X）的格局所取代。

在亚太新秩序将立未立之际，中美两强并立势必激化两国在秩序领域的竞争。美国作为亚太现存秩序的主导国，从其吹响“重返亚太”号角的那一刻起，便将构建“基于规则的秩序”作为其亚太战略的首要目标。时任美国国务卿希拉里在《外交政策》杂志2011年11月号发表的那篇著名的《美国的太平洋世纪》文章，率先提出要与亚太新兴伙伴一起“构建一套基于规则的地区及全球秩序”。时隔多年，在2016年6月第15届“香格里拉对话”召开之际，美国共和党联邦参议员麦凯恩在新加坡南洋理工大学拉惹勒南国际研究院发表题为“21世纪亚洲的选择”的演讲，依然大谈特谈“基于规则的秩序”；而美国防长卡特则在此次“香格里拉对话”的主旨演讲中，提出要在亚太构建“基于原则的安全网络”。此时的美国对于以其主导的规则和原则来重建亚太地区秩序，显得更为迫切。且民主、共和两党对这一战略目标深有共识。基于现实权力政治和历史镜像思维，美国将中国视为实现该战略目标的最大挑战，对中国的战略疑虑与日俱增。有三重镜像在影响着美国战略界对中国的看法：一是“大国权力转移”镜像，将历史上大国崛起的经验投射到中国身上，认为中

---

① Jeffrey A. Bader, “How Xi Jinping Sees the World…and Why?” p. 6.

国随着国力的增强，必将对现存秩序不满，从而谋求改变旧秩序，挑战美国主导地位；二是“中华帝国”镜像，将古代中国建立的朝贡体系投射到当今亚太，认为“中央之国”的文化情结将促使中国在实现中华民族伟大复兴的进程中，在亚洲建立一种以中国为中心的体系；三是“美国崛起”镜像，将美国自身的崛起历程投射到中国身上，担心中国搞“亚洲版门罗主义”，将美国排挤出亚洲。因此，美国战略界开始反思自尼克松政府以来对华实施的融合战略，其中一部分人认为，“美国把中国融入自由国际体系的努力现在导致美国在亚洲的主导地位受威胁，并最终可能对美国全球地位产生严重挑战”。[1] 这种声音在美国获得越来越多共鸣。贝德提出的“全球合作，区域制衡”日益成为美国的对华战略选择。

在亚太秩序面临深刻变革，美国对华战略压力不断加大的形势下，崛起的中国不得不严肃思考自身在地区秩序重塑中的角色及战略选择。理论上，中国可有三种选择：一是作为顺从者，在美国的压力下选择追随美国；二是作为共建者，在承认美国主导地位的前提下，与美国共同建设和维护亚太秩序；三是作为挑战者，挑战美国主导的地区秩序，甚至另起炉灶，另建一套规则和秩序。在中国国力日增，“道路自信、理论自信、制度自信、文化自信”日益凸显的背景下，第一种选择难以获得决策层及民众认同。而总体上，中国并不谋求挑战现行的秩序和规则，因为这成本巨大，而前景不明，与中国和平发展的战略南辕北辙。因此，中国最期待成为共建者，与美国共同建设和维护亚太秩序。而这又会面临两方面阻力：一是来自美方的阻力，与中国共建秩

① Robert D. Blackwill and Ashley J. Tellis, “Revising U. S. Grand Strategy Toward China,” *Council Special Report*, No. 72, Council on Foreign Relations, March 2015, p. 4.

序相当于为中国的亚太地位背书，美方心有不甘。再加上中美的秩序观有很多差异，美方也心存疑虑。二是来自第三方的阻力，其他国家不愿看到亚太出现“中美共治”局面，会千方百计破坏中美协调。基于此，中国所谋求的共建应是包含多方的共建。而这又难免被视为旨在稀释美国霸权，挑战美国主导地位。比如在“亚投行”问题上，中国并不谋求一票否决权，57 个创始成员国一半以上是亚洲以外的国家，除美国、日本以外的发达国家几乎都已参加进来。即便如此，中国仍被视为要在地区层面挑战美国金融霸权。从这个意义上说，中美亚太秩序之争将是长期而深刻的。

二、“修昔底德陷阱”：往日重现?

中美亚太博弈难免让人联想起历史上的大国争霸，而历史上大国争霸及其引起的大规模冲突又反过来照进现实，让人们对亚太的未来充满忧心。尤其是 2014 年前后，由于时值“一战”爆发百年，西方学界和舆论界在反思“一战”起因的同时，纷纷将目光投向亚洲，拿当前的亚洲与“一战”前的欧洲作对比，并认为当今的亚洲似乎在重演“一战”前欧洲的悲剧，今天的中国类似于“一战”前的德国，而美国则好比“一战”前的英国。哈佛大学肯尼迪政府学院贝尔福科学与国际事务研究中心主任格雷厄姆·阿利森则将历史的镜头拉得更远，他于 2012 年 8 月 21 日在英国《金融时报》发表一篇题为“修昔底德陷阱已在太平洋凸显”的文章，将今天的中国与美国比作古希腊时期的雅典与斯巴达，并将崛起国与既成国之间的结构性矛盾称之为“修昔底德陷阱”。[①] 在阿利森看来，所谓“修昔底德陷阱”是指大国在权力转移的过程中一再“陷入”的一种冲突状态：一国之崛起挑战了既有强国，引发既有强国恐惧和反制，双方摩擦和冲突不断升级，最终使战争不可避免。其引申自古希腊历史学家修昔底德对伯罗奔尼撒战争的著名论述：“这次战争的真正原因，在我看来，常常被争执的言辞掩盖了。使战争不可避免的真正原因是雅典势力的增长和由此引起的斯巴达的恐惧。”在阿利森此文发表之后，“修昔底德陷阱”这一具有强烈历史宿命论色彩的概念频频出现在学界有关中美关系的讨论中，甚至还进入中美两国的官方语汇。不管赞成者还是批判者，大家都不得不面对一个问题：今天的中国与美国会不会重蹈历史上大国冲突的覆辙？

阿利森领导的哈佛大学“修昔底德陷阱”研究项目有一个初步的研究结论：自 1500 年至今世界历史上共出现 16 次权力转移，其中 12 次爆发战争，仅有 4 次是和平转移。这 4 次和平转移包括：20 世纪初英美权力转移、20 世纪七八十年代苏联和日本在东北亚的权力转移、20 世纪 40—80 年代美苏争霸、20 世纪 90 年代至今德国与英法争夺欧洲主导权。[②] 这 4 次算不算得上是真正的权力和平转移还有待商榷。但从该研究结论中，我们至少可以解读出两方面信息：一是历史上当既成大国遭遇崛起大国时，爆发战争的可能性大于和平共处；二是仅有的 4 次和平转移都出现在 20 世纪以后，这或许说明随着时代的变迁，崛起大国与既成大国

① Graham Allison, “Thucydides's trap has been sprung in the Pacific,” Financial Times, August 21, 2012. http://www.ft.com/cms/s/0/5d695b5a-ead3-11e1-984b-00144feab49a.html#axzz3wufY34Y8.

② Graham Allison and Douglas Dillon, “Thucydides Trap Case File: 16 major cases of rise vs. rule,” http://belfercenter.ksg.harvard.edu/publication/24928/thucydides_trap_case_file.html.

间爆发战争的可能性在降低。一项统计研究显示，1816—1945 年大国间由冲突升级为战争的概率为 0.346，而 1946—1992 年这一概率骤降至 0.077。有学者将当今时代称作“大国无战争时代”。因为如果将 1950 年的中国和 1962 年的印度也视作大国的话，那么自 1945 年第二次世界大战结束至今，国际体系内至多也不过发生过两次大国间战争。[①] 由是观之，我们并不能简单作出“中美必有一战”的判断。

“修昔底德陷阱”的机理是一国之崛起引起既成国恐惧，导致崛起国和既成国矛盾不断升级，从而引发战争。在国际关系理论的谱系上，“修昔底德陷阱”与权力转移理论、霸权战争理论、“大国政治悲剧”（即进攻性现实主义理论）等一脉相承。比如权力转移理论就将大国实力的不均衡发展与霸权战争相联系，并认为崛起国对现有国际秩序的不满是霸权战争的根源。一面是崛起国的“不满”，一面是既成国的“恐惧”，若用这两个视角来审视当前的中美亚太博弈，事实上就要回答：中国对现存的秩序是否满意，是否满足于在现存的秩序内谋发展？美国对中国威胁的感知到达何种程度，中国崛起对秩序造成的挑战是否超越其他问题成为美国头号威胁？

从中国方面看，其对亚太现存秩序的支持多于不满。随着国力的增强，中国自然要求在地区秩序重塑中拥有更大的发言权，发挥更大的作用，但中国并无意与美国争夺地区霸权，而是重在追求“国际关系的民主化”。正如习近平总书记在庆祝中国共产党成立 95 周年大会上的讲话中所指出的：“什么样的国际秩序和全球治理体系对世界好、对世界各国人民好，要由各国人民商

① 杨原：“武力胁迫还是利益交换？——大国无战争时代大国提高国际影响力的核心路径”，《外交评论》2011 年第 4 期，第 96—97 页。

量，不能由一家说了算，不能由少数人说了算。”与国际关系民主化的诉求相一致，中国积极倡导“共同、综合、合作、可持续”的亚洲安全观，致力于走出一条“共建、共享、共赢”的亚洲安全之路。这并非一句口号，而是中国基于亚太格局和中美实力对比等地缘政治因素而做出的最符合中国利益的战略选择。一方面，中国实力与美国还存在很大差距，短期内难以逾越。评估中美实力对比除了要看各自具备的物质实力外，还需综合看同盟力、地缘力等其他实力。美国庞大的同盟体系为中国所不具备，美国对全球公域和国际战略通道的控制也远非中国所及。即便按当前轨迹发展，中国经济实力在不久的将来超越美国，中国也很难实质性挑战美国在亚太的主导地位。就好比国际货币基金组织（IMF）新一轮的改革，中国所占份额从3.996%升至6.394%，排名从第六位跃居第三，仅次于美国和日本，美国的投票权虽较之前的16.75%有所下降，但依旧保持超过15%的重大决策否决权。另一方面，中国大体认为在现存秩序中还有较大发展空间。改革开放30多年来，中国积极融入国际体系，在体系中实现了和平崛起。某种程度上，中国已对当前的国际体系和秩序产生“路径依赖”，对其总体支持，不谋求另起炉灶，重建秩序，而会选择继续在现存的秩序中谋发展。现存秩序也给中国的未来发展留有一定空间。美国虽千方百计对中国崛起进行战略挤压，比如军事上重整亚太同盟体系，强化亚太军事存在；经济上力推高标准的“跨太平洋伙伴关系协定”（TPP），削弱中国在地区经贸合作中的优势地位；政治上推销美式自由民主价值观，在中国周边培植亲美政权等等，但无法对中国进行全面遏制。因为在全球失序现象加剧的背景下，美国需要中国在气候变化、国际金融、反恐、防扩散等全球治理问题上加强合作，其他亚洲国家在发展过程中也有赖于中国在经贸领域的大力合作，对美国的遏华政策必有所保留。从这个意义上说，中国在现存秩序中还有较大发展空间，尤其是还面临着在秩序内引领改革、塑造秩序的重大机遇。

从美国方面看，中国崛起对亚太现存秩序造成的挑战仅是其面临的几大挑战之一，目前看来尚未达到成为其头号威胁的程度。在美国看来，中国崛起所造成的挑战虽然“重大”，但并非“迫在眉睫”。2015 年版《美国军事战略》将中国威胁列在俄罗斯、伊朗、朝鲜等国之后。美国近年来的其他国家安全文件也大体持相同的判断。而从美国领导人的讲话和实际外交活动以及军事部署和行动看，美国的一大部分精力依然用在应对中东动荡、极端势力、暴恐活动、俄罗斯挑战等威胁。美国 2016 年总统大选辩论也很能说明问题。受英国脱欧、欧洲恐袭、俄美矛盾等影响，辩论更关注全球化、反恐、中东、俄乌等问题，相较而言，中国议题处于第二层次。美国芝加哥大学政治学教授约翰·米尔斯海默和哈佛大学肯尼迪学院教授斯蒂芬·沃尔特等知名学者近来一再呼吁美国重拾“离岸平衡”战略，尽可能长时间保持“离岸”状态，只在必要情况下才“上岸”，也是基于美国在地缘政治方面面临多重挑战而提出的对策。[1] 在中国未成为美国头号威胁的背景下，中美博弈在亚太还存在很多空间。毫无疑问，美国对中国崛起及其所带来的挑战甚是担忧。“修昔底德陷阱”这个概念在美国学界再度热炒，就是这种担忧及危机感的缩影。事实上自冷战以来，随着美国实力地位的兴衰起伏，有关“修昔底德陷阱”的讨论也时隐时现。早在 1980 年，美国著名小说家赫尔曼·沃克（Herman Wouk）在美国海军战争学院的一次演讲中，就曾使用过“修昔底德陷阱”这个概念，以喻当时美苏争霸的状

① John J. Mearsheimer and Stephen M. Walt, “The Case for Offshore Balancing: A Superior U. S. Grand Strategy,” *Foreign Affairs*, July/August 2016, pp. 70 – 83.

态。只不过当时的雅典是美国，斯巴达是苏联。从这个意义上说，现在有关“修昔底德陷阱”的讨论很大程度上是美国战略界危机感的一种体现。然而，当前美国对华战略担忧或疑虑主要还是来自对中国未来走向的不托底、不确定。换句话说，更多是因为对中国未来走向不确定而产生担忧，而不是因为对中国确定的威胁而产生担忧。一方面，美国战略界对美国实力地位尤其是美国主导的国际体系还存在较大信心。这方面，美国普林斯顿大学教授艾肯伯里的观点最具代表性。艾肯伯里认为，“开放性”、“合作性”、“制度性”三大特点决定了现行国际体系是一种“推翻难而参与易”的秩序，“美国不能阻止中国崛起，但能保证中国的权力在美国及其伙伴于上世纪缔造的规则和制度之中施展”；“美国的全球地位可能下降，但其领导的国际体系将依然是 21 世纪的支配性秩序”。[①] 另一方面，中国在亚太扮演的角色对美国而言也并非完全是挑战，而是机遇与挑战并存。

基于以上分析可见，中美在亚太并不必然会掉入“修昔底德陷阱”。但它依然会成为横亘在中美两国面前的一道难关，因为中美两国存在很深的战略互疑。中美战略互疑也是“修昔底德陷阱”这一概念受到热炒的心理层面背景。这个概念的提出，决不仅仅停留在对历史事实的描述和历史规律的总结之上，而是具有很强的战略目的性的，意在提醒美国政府警惕和应对中国崛起。其负面作用是容易对号入座，自我实现。从“修昔底德陷阱”的角度来看待中美亚太博弈，很容易形成山雨欲来风满楼的印象，从而导致战略误判，矛盾激化。正如 2015 年 9 月 22 日习近平主席访美期间在西雅图发表演讲时指出的，世界上本无“修昔底德

---

① G. John Ikenberry, “The Rise of China and the Future of the West: Can the Liberal System Survive?” *Foreign Affairs*, Vol. 87, No. 1 (Jan. - Feb., 2008), pp. 23 - 37.

陷阱”，但大国之间一再发生战略误判，就可能自己给自己造成“修昔底德陷阱”。[①]

三、超越“修昔底德陷阱”：敢问路在何方？

如何超越“修昔底德陷阱”？这是中美两国高层及战略界都非常关心的一个重大战略问题。2013 年 11 月 1—3 日，由中国国家创新与发展战略研究会、中国人民外交学会与贝格鲁恩治理研究会（Berggruen Institute on Governance）联合主办的第一届“读懂中国”国际会议（原名“21 世纪理事会北京会议”）在北京举行。习近平国家主席在人民大会堂会见与会外方代表时指出，“我们都应该努力避免陷入‘修昔底德陷阱’，强国只能追求霸权的主张不适用于中国，中国没有实施这种行动的基因。”[②] 这是中国最高领导人首次在公开场合提及“修昔底德陷阱”并表达中美应努力规避“修昔底德陷阱”的愿望。2015 年 9 月，习近平主席对美展开首次国事访问。在与奥巴马总统“白宫秋叙”及会见美国参众两院领导人时，习主席又一再强调中美要防止跌入所谓大国冲突对抗的“修昔底德陷阱”；奥巴马也表示不认同守成大国和新兴大国必将发生冲突的“修昔底德陷阱”，相信中美两国有能力管控好分歧。[③]

---

① “习近平在华盛顿州当地政府和美国友好团体联合欢迎宴会上的演讲”，http：//news. xinhuanet. com/world/2015 －09/23/c_ 1116656143. htm。

② “How The World's Most Powerful Leader Thinks?” http：//www. huffingtonpost. com/2014/01/21/xi-jinping-davos_ n_ 4639929. html.

③ “习近平同美国总统奥巴马会晤强调增强中美战略互信，推动中美新型大国关系不断向前发展”，《人民日报》（2015 年 9 月 26 日 02 版）；“习近平会见美国国会参众两院领导人”，《人民日报》（2015 年 9 月 27 日 02 版）。

对于“修昔底德陷阱”，中方给出的破解之道是建立“不冲突、不对抗，相互尊重，合作共赢”的“中美新型大国关系”，坚信“宽广的太平洋有足够的空间容纳中美两个大国”，主张“宽广的太平洋不应该成为各国博弈的竞技场，而应该成为大家包容合作的大平台。”[①] 美方一些有识之士也提出各种建议。如基辛格博士提出，中美应致力构建“共同进化”的关系，即“两国都注重国内必须做的事情，在可能的领域开展合作，调整关系，减少冲突。任何一方都不完全赞同对方的目标，也不假定利益完全一致，但双方都努力寻找和发展相互补充的利益。”其具体措施包括：一是加强磋商；二是把对常态性危机的讨论提升为更全面的框架，消除紧张状态背后的原因；三是建立“太平洋共同体”。[②] 布热津斯基则倡导中美签署《太平洋宪章》，认为“为了增加中国成为全球主要伙伴的可能性，美国应该默许中国在亚洲大陆拥有突出的地缘政治地位，默许中国成为主导亚洲经济的大国”。[③] 美国前常务副国务卿斯坦伯格和布鲁金斯学会研究员奥汉隆提出中美有必要进行相互“战略再保证”，明确各自底线，防止战略误判。[④]

历史告诉我们，要实现崛起国与守成国和平共处甚至权力的和平转移，需要双方具备高度的政治智慧、战略远见和政治决

① 习近平：“为构建中美新型大国关系而不懈努力——在第八轮中美战略与经济对话和第七轮中美人文交流高层磋商联合开幕式上的讲话”，《人民日报》（2016 年 6 月 7 日 02 版）。

② ［美］亨利·基辛格著，胡利平等译：《论中国》，北京：中信出版社，2012 年版，第 515　517 页。

③ ［美］兹比格涅夫·布热津斯基著，洪漫等译：《战略远见——美国与全球权力危机》，北京：新华出版社，2012 年版，第 181 页；“Brzezinski：Why We Need a U. S. - China ‘Pacific Charter’ for Global Stability”，http：//www. huffintonpost. com/nathan-gardels/zbigniew-brzezinski-us-china-charter_ b_ 6133970. html.

④ James Steinberg and Michael E. O'Hanlon, *Strategic Reassurance and Resolve*, Princeton University Press, 2014.

心。“亚洲的未来将在很大程度上取决于中国和美国的远见，以及两国在多大程度上认同对方的地区历史角色。”基辛格在《论中国》一书的后记中如是说。在秩序问题上，崛起国的“不满”与守成国的“担忧”甚至“恐惧”都很正常。要超越“修昔底德陷阱”，首先要破除“修昔底德陷阱”的心魔，中美两国高层及战略界要加强沟通，以更开放、包容、互利、共赢的心态，共同构建一个既能容纳崛起国继续发展，又不突破守成国底线的秩序安排。

其次要继续厚植民意基础。当前，民族主义、民粹主义在全球勃兴，中美两国均不同程度受这股思潮影响。而在新的媒体环境下，信息碎片化、观点多元化、表达随意化已成为新现实，这又为这股思潮起推波助澜的作用。与此同时，媒体通常较关注中美关系的竞争面与消极面，而对合作面与积极面关注不够，导致中美关系进一步发展的舆论环境恶化，民意基础不足。中美两国应继续加强民间交流和人文交流，进一步增进相互理解。

最后要避免中美关系被第三方因素所绑架。不幸的是，当前中美关系受第三方因素严重影响，朝核、“萨德”等问题无不如此。如果“修昔底德陷阱”能给我们多点启示的话，那就是它提醒我们要注意联盟的坏影响。修昔底德在解释伯罗奔尼撒战争的时候，详细阐述了许多因素的重要作用，其中他认为战争之所以发生，与科西拉和科林斯之间的冲突牵扯到双方复杂的同盟关系有关。一方是以雅典为首的提洛同盟，一方是以斯巴达为首的伯罗奔尼撒同盟。当科西拉与科林斯之间的冲突爆发时，雅典支持科西拉，逼退科林斯，科林斯向斯巴达求助，斯巴达随后卷入。在亚太秩序经历历史性变迁的当下，错综复杂的矛盾会凸显，影响中美关系的第三方因素会增多。这些第三方因素多少与美国的亚太同盟体系有关，中美应尽力避免两国关系受第三方绑架。

第五章　地区安全秩序中的“日本问题”

二战结束终止了日本军国主义对于地区和平的破坏，而侵略战争的惨痛让东亚国家长期对日本心存戒心。再加上东亚地区现有安全秩序建立在二战后对日本的不完全战后处理基础之上，导致日本在未完全承担战争责任的前提下没有进行彻底的历史责任反省与清算，使围绕历史认识、领土等的争端成为历史遗留问题持续在日本与东亚邻国之间发酵，并不断发展为地区安全隐患。这是日本成为地区安全秩序中的“问题”的原因之一。另一方面，冷战背景下，美日结成军事同盟，美国单方面对日本提供安全保护，日本向美国提供军事基地。这意味着日本成为美国亚太军事部署的重要一环，日本在地区安全秩序中的地位和作用受制于美国的地区安全战略。尽管日本国内一直有着独立自主的意识和尝试，但在美国“重返亚太”及国内整体右倾化背景下，日本正借助美国对其不断上升的安全合作需求，发展自身军事力量并寻求更多地介入地区安全事务。但由于这种介入欲望并非来自东亚身份认同与自觉意识，而是基于追随域外超级大国与地区竞争对手抗衡，从而获得有利态势的现实算计，其不可避免地为地区安全带来新的课题与挑战。

一、帝国遗梦与“脱战后体制”

无条件投降使日本帝国梦碎，一部宣布“放弃战争”的和平宪法给了日本在国家发展道路上的全新选择。然而由于美国为了自身战略需要而对战前右翼势力网开一面，奉行国粹主义、怀念帝国荣耀的保守政治家重新回到政治舞台。于是在日本政坛上出现了长期的保、革对立，日本社会形成左、右之争。在冷战时期日本奉行“重经济、轻军事”的“吉田主义”时代，日本在安全领域对美国言听计从，或曰“闷声发大财”，以提供军事基地的方式换取美国的安全承诺，甘愿在同盟中处于从属地位。到冷战结束之时，日本早已是世界第二大经济体，在经济发展陷入停滞的情况下，出现了公开呼吁日本成为“政治大国”、“普通国家”的政治家，否认、美化侵略历史的历史修正主义思潮迅速在政界和社会蔓延。

不可否认，日本战后总体而言是在走和平发展道路，其现有的政治体制和社会环境都不适合军国主义复活。以正常逻辑判断，从塑造国家形象以及维护与邻国关系角度出发，日本政府应当主动与战前历史切割，表明对过去侵略行为的否定和反省，以此卸下历史包袱。但20世纪80年代以来，以领导人参拜供奉有甲级战犯牌位的靖国神社和修改历史教科书为代表的政府行为却在不断地将战后日本与战前相联系。这种不合常理的行为在蔑视邻国感情的同时也反映出日本保守政治家在国家主义的意识形态上与战前切割不断的联系。但与战前不同的是，当前的保守政治家基本是亲美保守，主流的保守舆论或曰右翼舆论也是如此。在这种亲美保守思想指导下，日本所谓的检讨战争责任实际是检讨“战败责任”，即并不质疑发起战争的目的，而是追究战争失败的原因，反省导致走向全面投降的错误决策，如不应该与美国交战等。①

对于保守政治家而言，要想恢复“大日本帝国”时期的强盛，就要摆脱“战后体制”的种种束缚，包括和平宪法、强调个人权利的教育体制等等。日本现任首相安倍晋三是其中的代表性人物。早在 2007 年安倍第一次成为日本首相时，就把“脱战后体制”作为自己的执政目标加以标榜，但这一过分露骨的做法却成为其政权短命的原因之一，实现目标更是无从谈起。于是在 2012 年第二次当上首相后，安倍没有像过去一样大张旗鼓地宣称要“摆脱战后体制”，而是把经济放在首位，先谋求长期执政，再实质上推动对“战后体制”的逐一突破。也正是在安倍第二次执政这几年，日本完成了战后历史上内外政策的重大突破，并且越走越远。

可以说，安倍上台执政使得历史修正主义和“脱战后体制”主张得以全面上升到国家政策层面。然而令安倍“不愉快”的是，大部分国民并不像他本人那样保守和右倾，而是支持以和平宪法为标志的战后和平主义。因此，自第二次上台以来，安倍一直致力于强化“首相官邸集权”，通过人事任命等全面加强对官僚、媒体的掌控力，使政策和舆论导向环境有利于其实施“脱战后体制”的各项措施。例如任命前外务省官僚担任内阁法制局局长，以修改政府的宪法解释，使行使集体自卫权“合宪”；任命同样奉行历史修正主义的人担任“日本广播协会”（NHK）会长和经营委员，在历史认识、核电政策等关键问题上控制媒体报

① 「検証戦争責任」中央公論新社 2005 年版。

道，操纵社会舆论。尤其是在制造外部威胁，主要是“中国威胁”和“朝鲜威胁”上不遗余力，而在安倍政府一度试图改善日朝关系以解决“绑架问题”的情况下，“中国威胁”成为其渲染重点。

2014年7月1日，安倍内阁通过内阁阁议决定，以修改宪法解释的方式允许日本在他国受到攻击时使用武力，实质上解禁行使集体自卫权。此前，1972年日本政府释宪称：“日本在国际法上拥有个体自卫权（保卫本国的权利）和集体自卫权（协防他国的权利），但行使集体自卫权超出‘保卫本国所需最小限度’，属违宪。”2014年7月1日安倍内阁修改这一解释称，“即便是对其他国家的武力攻击，也可能威胁到日本的生存”，故行使集体自卫权也包含在“必要最小限度”范围内，符合宪法。[①] 虽然和平宪法早在日本制定“周边事态法”时就已经被实质突破，但这一次的突破显然走得更远，已经严重背离和平宪法的精神，使和平宪法被进一步架空，成为安倍实施“脱战后体制”的重要一步。

在通过阁议“宣称”日本可以行使集体自卫权后，美日两国于2015年4月修订《美日防卫合作指针》。新“指针”在第一部分“防卫合作及指针的目的”中有如下表述：“为确保从平时到紧急事态的所有状况下日本的和平与安全，并促进太平洋及以外地区的稳定、和平与繁荣”；第四部分专设“日本以外的国家遭受武力攻击时的应对”一项，明确自卫队可以在“与日本有密切关系的国家遭受武力攻击时”，“为了保全日本生存、保护日本国民”行使武力，“实施作战”。[②] 这表明美日军事合作打破旧“指

① 中国现代国际关系研究院：《国际战略与安全形势评估（2015/2016）》，时事出版社，2016年版。

② 「日米防衛協力のための指針」，日本防卫省网站：http://www.mod.go.jp/j/approach/anpo/shishin/pdf/shishin_20150427j.pdf

针”所规定的“日本有事”和“周边事态”的限制，实现自卫队活动地理范围的大幅延伸。

为突破国内法制限制，使行使集体自卫权和实施美日新“指针”具有现实可行性，安倍政府不顾国内强烈反对，于2015年9月在国会强行表决通过安保相关法案。该法案包括《自卫队法》等10部法律修改版综合而成的《和平安全法制整备法》，以及新法《国际和平支援法》，据此日本可向海外派遣自卫队为别国军队提供后方支援。此前，美日同盟在日本之外的区域进行的军事合作十分有限，尚不及美澳、美英等盟国之间的合作，原因在于日本国内法制等限制了其对外军事合作。随着“指针”修订及日本国内法制修改，日本不但能够在全球范围提升与美国间的军事合作，还使得其加强与美国其他盟国以及所谓“伙伴国”之间的军事合作成为可能。实际上，安倍第二次执政后，已经强化了日美澳、日美印、日印、日澳、日欧等双边及三边安全合作。日澳《物品劳务相互提供协定》生效，日法、日英也已开始相关谈判。日本将更深地融入美全球作战体系，为未来参与美国主导的多边军事行动积累经验，扫清制度障碍。

除安全领域，安倍还对教育体制进行了有历史性突破的教育改革。包括安倍在内的保守政治家都把关注点放在教育上，实际上是对战后强调和平主义、个人主义的教育体系不满。例如前首相中曾根康弘就曾表示，就是因为战后教育体制的问题，所以当前的日本才无法产生像石原慎太郎等人那样敢于鲜明表达并实施个人信念的人，因此必须改革教育。[①] 安倍也持同样看法，尤其强调对学生灌输“由国家认可”的特定价值观。通过改革，从2015年起将“道德教育”提升为与语文、数学等同等重要的

① 中曾根康弘、「二十一世紀 日本の国家戦略」、PHP 研究所，2000 年。

"特别科目"，使用国家检定的教科书。[1] 这样做的结果将会使未来的日本社会进一步向战前回摆，更适合实施国家主义的全民动员。此外安倍政权还推动出台了"秘密保全法"以强化国家集权，削弱个人权利。

实际上，"战后体制"最重要的象征是和平宪法本身，因此，修改宪法也被视为"脱战后体制"的象征。在经过众、参两院选举，政治势力达到启动修宪要求后，修改宪法将被提上日本政治议程。由于直接修改规定"放弃战争手段"的第九条过于敏感，难以确保在全民投票中获得通过，预计安倍将通过"切香肠"的方式，从容易获得通过的内容做起，先打开修宪大门，再逐渐寻求更大突破。

二、被击碎的"东亚共同体"构想

尽管以安倍为代表的日本保守政治家把"脱战后体制"的焦点集中到了修宪和教育改革等问题上，但实际上"战后体制"对于日本而言最大的束缚，也即日本不能成为"普通国家"的最大障碍，乃是在美日同盟框架下美国驻军日本，以及由此带来的外交、安全领域的"美主日从"。正如有研究者指出的那样，在1951年美日结成同盟之时，美国就有两个目标：一个是对抗苏联阵营，另一个是控制日本未来可能的重新武装、外交政策及国内政治。[2] 尽管冷战后国际政治发生了巨大改变，但维持并强化美日同盟仍然是美国的核心利益，日本仍是美国维持对东亚的战略

① 中国现代国际关系研究院：《国际战略与安全形势评估（2014/2015）》，时事出版社，2015年版。

② Rechard J. Samual, Securing Japan, Cornell University Press, Ithaca, 2007, p. 39.

控制的关键所在。

但在2009年前后，美日同盟却经历了一段时期的“动摇”。一方面，在新的国际形势下，同盟本身面临重新定位，而普天间机场搬迁问题使同盟内部矛盾激化。日本国内对于美日同盟的存在意义一直有争论，支持者认为同盟确保了东亚力量均衡，同时使得日本得以专注于发展经济，而在安全上搭乘美国的“便车”。但反对者却认为日本为同盟付出的代价太大，除了每年为美国驻军支付的大量费用，还得为美国的海外军事行动买单，并且美军基地的存在本身就有损日本的尊严，甚至有反美保守主义者批评美日同盟使日本丧失了独立之精神。[①] 在这一背景下，日本国内以及美日之间围绕普天间机场搬迁问题的矛盾进一步激化。

普天间机场是美国海军陆战队在冲绳的机场之一，由于地处市中心，周围有密集的居民住宅和学校等，被称为“世界上最危险的机场”，美日两国和冲绳地方政府一直在协商搬迁。2006年，美日两国政府共同制定了机场搬迁路线图，拟将基地搬迁到冲绳县名护市的宜野湾。但冲绳当地反对这一搬迁计划的声音非常强烈，使这一问题逐渐成为国政选举的焦点之一。2009年日本民主党赢得众议院选举多数席位上台执政，其选举口号之一就是建立一个“紧密而对等”的美日同盟，其中的具体措施就包括修改现有的美日基地搬迁计划。党首鸠山由纪夫在选举之前甚至宣称“至少搬迁至冲绳县外”。鸠山成为首相后，美日关系因基地问题迅速恶化。由于日本坚持修改搬迁计划，美国逐渐失去耐心，美国官员公开批评鸠山，两国首脑关系变得紧张。2009年美国总统奥巴马访日，鸠山却在奥巴马人在东京的情况下离开日本出访他国，而2010年鸠山访美时两国首脑见面谈话的时间甚至只有10

① 西部邁、宮崎正弘「日米安保50年」，海竜社2010年1月版，第36頁。

分钟。

另一方面，东亚地区合作出现新进展，日本高调提出构建“东亚共同体”倡议。1997 年金融危机加速东亚地区合作以来，以“10 + 1”、“10 + 3”、东盟峰会等为代表的地区合作框架逐步形成，2008 年 9 月，首届中日韩领导人会议召开，中日韩合作机制开始形成。实际上，日本早在小泉执政时期就提出了建立“东亚共同体”的倡议，目的是以日本为主导实现东亚地区经济整合，并且这一框架不排除美国。而鸠山的民主党政权提出的“东亚共同体”走得更远，甚至提出了建立共同货币体系和永久的安保架构。该构想更多是出于加强与中、韩、东盟的关系，鸠山甚至在东盟峰会上宣称，提出“东亚共同体”的目的就是要实现日本与亚洲国家的“和解”。

实际上，民主党的“东亚共同体”构想与“对等的美日同盟”是一车之两轮。早在结党之初，民主党就明确表明，其目标是实现日本的自主安全防卫。为此，一方面要减少并最终结束美国驻军，另一方面要以新的地区机制构建替代日美同盟，保障日本安全。早前鸠山更是明确表示要让驻日美军基地逐渐整编、减少并最终完全撤出，使美日同盟成为“没有永久基地的同盟”。[①]“东亚共同体”正是民主党用以逐步替代美日同盟，并最终实现外交、安保自主的新构想。日本希望通过构建与东亚国家间的“共同体”关系，确保该地区的安全环境。因此，可以说“东亚共同体”构想提出的是日本外交、安全政策的新路径，是试图摆脱在外交、安全政策上对美绝对依赖、完全从属的状况，通过积极的东亚外交改善安全环境，从而降低对美需求。鸠山内阁幕后智囊寺岛实郎明确指出，“东亚共同体”与“紧密而对等的日美

① 鳩山由紀夫「民主党：私の政権構想」，『文藝春秋』，1996 年 11 月。

同盟”是一对“双胞胎”。事实上，鸠山在高扬“东亚共同体”大旗的同时，也对美国主导的市场理念和全球化进程提出了批评。[①] 正是由于“东亚共同体”与“脱美”的关联性，该构想提出之初，就遭到美国方面的反对。

2009 年 9 月，鸠山在联大提出该构想时，美国高官向日方明确表示强烈反对。尤其是日本外相冈田表示“不考虑美国成为东亚共同体正式加盟国”之后，美国的担忧进一步增强。尽管鸠山及其内阁高官多次出面澄清，表示不会排除美国，仍未能消除美国疑虑。除了直接向日方表示担忧和反对外，美国还通过其他盟友向日施压，新加坡、泰国、新西兰等国首脑均在不同场合向鸠山提出，构建“东亚共同体”不能排除美国。与此同时，美国开始加速重返亚洲步伐，加紧部署亚太新战略。2009 年 7 月，国务卿克林顿率庞大代表团参加第 16 届东盟地区论坛，并签署了《东南亚友好合作条约》，宣布美国“重返东南亚”。日本提出“东亚共同体”构想后，为防止东亚地区出现排他性一体化机制，美国一方面强化自己主导的亚太经合组织会议（APEC），另一方面加强与东盟国家间关系，不仅召开了首届美国－东盟首脑会议，还邀请东盟十国领导人次年访美。

尽管美国不喜欢甚至是高度警惕鸠山的“东亚共同体”构想，但鸠山带领的民主党能够上台执政，也反映了日本国内对于其想法的肯定和期待。在当时东亚形势相对稳定，中国经济持续高速增长的背景下，日本学术界、媒体、民间都有不少要求加强与亚洲邻国关系的呼声，希望日本在中美之间维持某种平衡，避免过分依赖美国。这种民意成为了支撑“东亚共同体”构想的国内政治基础。但基于对国际形势认识形成的民意也容易随着国际

① The New York Times, Aug. 27, 2009.

形势的变化而发生改变，尤其是在信息社会，突发事件经媒体反复渲染、炒作后，往往能改变大众对于特定问题的看法。从2009年开始，以《读卖新闻》为代表的日本媒体集中关注中国的海上行动，“中国威胁论”开始蔓延。2010年3月，发生“天安舰”事件，4月，由美国媒体率先报道，日本媒体迅速跟进，炒作中日舰机在东海“异常接近”。尽管上述事实真相难以辨清，媒体报道往往语焉不详或是充斥猜测暗示，但足以使日本国内对于包括朝鲜、中国在内的东北亚安全形势的担忧迅速上升，对美国的安全需求变得迫切。

在社会舆论的变化以及美国在基地问题上不断施压的背景下，鸠山不得不在基地搬迁问题上对美让步，也就违背了其选前对国民的承诺，因此黯然辞职。辞职前鸠山曾就基地搬迁一事解释称，鉴于当前朝鲜形势和东北亚安全环境，不得不考虑维护对于日本安全具有决定性作用的日美同盟。不难看出，紧张的东北亚形势成为美日同盟的黏合剂，使得同盟从“动摇”中逐步回复稳定。此后，中日因钓鱼岛海域的“撞船事件”导致关系紧张，“东亚共同体”这一构想也从日本外交话语体系中逐渐淡出。试图脱离美国、重构东亚安全体系的尝试宣告失败。之后，随着中日关系因领土问题进一步恶化，美日同盟关系朝着更加紧密的方向迅速发展。

究其原因，美日同盟是美国东亚战略乃至亚太战略的基石，美国“重返亚太”、实施“亚太再平衡”战略尤其需要日本的配合，美国不会放任同盟松动，更不可能放弃日本。因此，对于日本的“疏美”动向，美国绝不会坐视。而日本国内寻求自主和对美独立的力量尚不够强大，民主党内意见并不统一，高层中也有前原诚司这样的亲美保守派。再加上东亚地区尤其是东北亚地区一直缺乏稳定的安全机制，任何突发事件都有可能使安全形势骤然恶化，从而导致地区国家社会舆论对于本国安全环境的评估发生变化。从一定程度上说，地区安全秩序的脆弱性使社会舆论更具可操纵性，在美日关系问题上，这一特性显然是更有利于美国和日本国内保守势力的。

三、一山不容二虎?

稳定并能良性互动的中日关系是构建可靠的地区安全秩序的重要前提。但近年来中日关系却出现周期性恶化现象，许多研究者将之归结为中日结构性矛盾，认为中国实力上升使得中日力量对比发生变化，因而导致中日间不可避免的矛盾和冲突，甚至将这种基于现实主义的结构性矛盾用一句谚语概括为“一山不容二虎”。[①] 这种说法看似有理，但仔细探究中日关系恶化的原因和发展过程，却很难将之概括为力量对比导致的必然结果。

中日关系仍然没能走出的最近一轮恶化，始于2010年的“撞船事件”，由于日本方面在钓鱼岛附近海域抓扣中国渔船、逮捕船长，并坚持以国内法处理，直接引爆了中日之间长期搁置的领土问题。其后，日本政府开始否认中日就钓鱼岛问题存在搁置争议的共识，使两国无法就该问题直接对话协商。2012年，日本政府更是单方面对钓鱼岛实施所谓“国有化”，导致两国高层交流持续中断，经济关系也受到冲击，双方国民感情更是每况愈下，“中日冷战”、“钓鱼岛战争”等语汇频繁出现于大众传媒。而2013年底安倍作为日本首相参拜靖国神社又引爆了中日关系中

① Micheal Yahuda, Sino-Japanese Relations After the Cold War (Two Tigers Sharing A Mountain), London Routledge, 2014.

长期存在的历史问题，事实上摧毁了两国进行政治对话的民意基础。中日经历了邦交正常化以来持续时间最长的政治关系僵局。

回顾上述历史不难看出，导致中日关系恶化的原因一是领土问题，二是历史问题，两个都是中日关系中一直存在的固有问题，与中日之间的力量对比没有直接关系。问题的根本在于，中日于建交之时就战后处理达成了两项基本共识：一项是日本对侵略战争对中国人民造成的伤害的责任进行反省，鉴于这种反省，中国政府为了两国人民的友好放弃战争赔偿要求。另一项是搁置作为领土问题的钓鱼岛争议，留待以后解决。以这两项政治共识为基础，中日两国在相互尊重的前提下发展平等互利的双边关系。回顾中日建交四十余年以来的历史，在这两项共识得到基本遵守的时期，中日关系就能平稳发展，而一旦出现了这两项共识被破坏的情形，中日关系就必定出现波折和摩擦。2012 年以来中日关系之所以陷入了前所未有的僵局，正是因为先后出现了破坏中日之间两项共识的事态：日本政府将钓鱼岛“国有化”、为改变“无人岛”现状做准备，而后安倍又参拜了靖国神社。

日本反复打破两国间的政治共识导致中日政治互信严重受损，双方国内舆论的相互猜疑加深，对抗情绪加剧，使得外部因素更加容易从中干预，从而出现新的问题。例如备受关注的日本解禁行使集体自卫权和修订《美日防卫合作指针》，实际上就直接与中日关系有关联。

美国一直要求日本解禁集体自卫权，以便为美国在地区和全球安全事务中分担更多责任。2012 年出台的第三次“阿米蒂奇·奈”报告直接指出，日本对于行使集体自卫权的限制是美日同盟的“障碍”。对美国而言，只有解禁了集体自卫权，日本才有可能在地区、国际事务上更多地投入力量，更好地为美国的全球和地区战略服务。但对日本而言，虽然一直在口头上强调要“强化”美日同盟，直到对钓鱼岛实施所谓“国有化”前后，日本对于强化日美同盟的需求才陡然上升。日本国内开始讨论中国非军队的武装船只对钓鱼岛进行“攻占”的假想情形，认为在这种“灰色事态”下美国未必会军事介入支援日本，这是美日同盟存在的“间隙”。除了不断敦促美国就《日美安保条约》第五条适用于钓鱼岛进行表态外，日本更希望将美日“协防”钓鱼岛落实到文件中，因此，日本开始对修改“指针”和强化美日同盟变得积极。野田内阁时期担任副防相的长岛昭久透露，此次“指针”修订最早是应日方的要求，时机是在日本对钓鱼岛实施“国有化”前后，由当时的防卫相森本敏向美国防部长帕内塔提出要求，而长岛自己到华盛顿设定议题，开始“水面下”的工作。长岛透露日本希望修订指针的目的是在钓鱼岛等“有事”时美军早期介入。[①]

不难看出，在中日领土问题悬而未决并随时可能导致危机的情况下，日本选择强化军事同盟来对中国形成威慑，而不是寻求通过真正解决问题从而从根本上改善中日关系。不仅如此，日本还在美国授意下，在外交层面不断就南海问题在国际上做文章，使得中日关系增加新的变数。这也反映出当前日本国内精英决策层的对华认识和对国际形势的判断。

日本政策精英普遍认识到国际政治未来角逐的主要舞台在亚太，其中中美博弈是关键。在对华认识上，尽管日本各界极力渲染中国实力尤其是军力增长，但决策层对未来中国的发展前景却并不十分看好。例如国际问题专家北冈伸一认为，无论从国土、军力、科技等“能力”方面看，还是从国际影响力看，未来20年美国的发展趋势均优于中国。日本国家安保局局长谷内正太郎

① （日）《朝日新闻》电子版2014年10月29日。

曾表示，“中国不具备领导世界的条件，原因除了中国本身面临的问题和不确定性外，最重要的是中国欠缺领导世界所需要的普适价值或理念，即中国所提供的国家模式对其他国家没有吸引力，因此中国无法取代美国引领世界。”基于这样的判断，日本认为中美之间所谓的“权力转移”并不会发生。按照日本保守势力一贯遵循的站在强者一边谋求利益最大化的逻辑，安倍政府选择了通过强化与美国的同盟关系来与美共同主导未来亚太秩序，而不是寻求于中国等亚洲国家实现真正和解从而一起谋划地区发展愿景。

由此可见，中日关系的问题并不是两国的力量对比变化引起的，如果说中日关系存在着结构性矛盾，那么这一矛盾主要源自美日同盟：同盟的存在和强化阻碍了中日解决两国间固有问题的努力，使两国关系变得更加复杂。而日本当权者基于追随美国与中国相抗衡的现实算计，寻求与己有利的战略态势，这将不可避免地为中日关系增添新的不稳定因素，从而也给地区安全带来新的课题与挑战。

第六章　地区安全秩序中的“俄罗斯因素”

近年来，在亚太秩序重构的大背景下，各大力量积极推进自己新的亚太战略筹划与布局，地区内大国博弈与竞争态势持续加剧，亚太权力格局的多元化趋势日益明显。面对亚太地区新态势，俄罗斯作为横跨欧亚大陆的大国，正适时调整自己的亚太战略认识和外交政策，以更加积极的姿态参与亚太地区事务，力图在未来的亚太格局中占据更加有利的战略地位。特别是在乌克兰危机以后，俄罗斯战略“东移”步伐加快，其亚太战略承载着更多新的“使命”。“新机遇、新挑战、新认知、新任务”正推动俄罗斯校正一直失衡的“双头鹰”外交政策，曾经“掉队”的地区玩家能否迎头赶上亚太发展大潮，值得关注。

一、对亚太的战略认知：从漠视到重视

俄国历经300余年完成了1300多万平方千米领土的东扩，打开了面向太平洋的机遇之窗，真正成为具有欧亚双重属性的海陆

帝国。然而，俄罗斯影响力和实力的扩张并未与东部边界的推进同步，俄国内传统的欧洲国家身份定位更是制约着俄精英和民众对亚太地区的心理认同，也决定了亚太地区长期以来始终难以成为俄外交的主线和优先方向。

从彼得大帝开始，持续的、大规模学习和赶超西方的改革构成了此后200多年俄国历史的主要内容，融入西方也因此成为俄罗斯决策者们的理想。因此，数百年来，融入西方，首先是融入欧洲始终是俄罗斯对外政策中最主要的和决定性的方面。俄罗斯独立以来，无论是叶利钦还是普京都怀着对西方国家的期待和热情，在执政期间都曾实施了主动融入西方的外交策略。俄罗斯之所以一心想融入西方，最主要的因素之一是宗教、文化上的同质。相当一部分俄罗斯人认为，无论是从血缘上，还是文化传承、宗教信仰上，或者是从地域划分上，俄罗斯始终是“欧洲国家”，属于西方文明。叶利钦认为，从历史传统、文化背景和价值取向看，俄罗斯从来都是欧洲的一部分，只是蒙古人入侵和布尔什维克革命割裂了它，俄罗斯应回归欧洲，向欧洲文明国家靠拢。普京曾在回答记者提出的“俄罗斯的国家属性是亚洲的还是欧洲的”这一问题时，明确表示：“俄罗斯无论是在地理上还是在精神上当然是欧洲国家。什么是欧洲？这是古罗马文化，是古希腊文化，是拜占廷文化，也就是东正教文化。这三种属性融入了俄罗斯的所有方面，不能想象没有欧洲俄罗斯如何发展。”[①] 此外，从国家安全角度看，俄罗斯的战略安全利益在欧美，同时俄罗斯的主要战略压力和挑战也来自欧美。俄罗斯独立以来，安全环境的不断恶化无不是美国及西方策动的结果，因此融入西方将

---

① Сергей Морозов, Дипломатия В. В. Путина: внешняя политика России 1999—2004гг., Москва: Измайловский, 2004г., с. 64.

会明显改善俄罗斯的外部安全环境。从经济利益角度看，融入西方可以获取俄罗斯发展所需要的资金、技术与市场。乌克兰危机后，在俄欧大打制裁战、双边关系最紧张之际，普京仍称欧洲为最重要贸易伙伴，将竭力修复俄欧关系，消除贸易壁垒，提升能源合作，并促进欧亚经济联盟与欧盟的实质性对话，“转向东方”并非意味“与欧洲断交”。[①] 可以说，融入西方是俄罗斯决策者发自内心的行为，是俄罗斯决策者的最重要选项，而且痴心不改，甚至是“屡败屡战”、“前赴后继”，这也就决定了与西方关系过去是、现在是、未来也将是俄罗斯外交的最主要方向。

可以说，在俄罗斯的外交理念与外交实践中，其亚太战略一直是欧洲战略的配角，是俄在发展与西方关系难以如愿情况下的一张“战略牌”，而这种局面短期内恐怕难以得到根本改变。但是，俄罗斯终究有2/3的领土在亚洲，俄罗斯与亚太地区在地缘上联系密切，能否处理好与亚太地区的关系影响着俄罗斯的国家命运，更何况俄罗斯是一个有着浓厚地缘政治传统的国家，布热津斯基曾说过，“俄国横跨欧亚大陆的地理位置，早就预先决定了其精英从地缘政治的角度来考虑问题”。[②] 同时，大国地位是俄罗斯的不懈追求，也是俄罗斯历代统治者的“天定使命”，而横跨欧亚两大洲和邻近太平洋与大西洋的独特地缘优势是其成为世界大国的有利条件，这也要求俄罗斯必须进入亚太地区并发挥其影响力。

因此，在俄外交布局中，亚太方向虽不能与欧洲方向并驾齐驱，但出于俄罗斯人一贯的地缘政治考虑，以及俄自身内外形势

① Совещание послов и постоянных представителей России，http：//www. kremlin. ru/news/46131.（上网时间：2014 年 7 月 1 日）

② 兹比格纽·布热津斯基著，中国国际问题研究所译：《大棋局——美国的首要地位及其地缘战略》，上海人民出版社 1998 年版，第 129 页。

与亚太地区的发展变化，俄在苏联解体后对亚太地区重要性的认知也在不断调整，经历了由模糊到清晰，由抽象到具体，由局部到全面的认识过程，俄亚太战略大致历经三个阶段渐趋明朗：第一阶段，从“弃子到战略筹码”，俄罗斯在亚太地区鲜有作为的十年。20 世纪 90 年代初，俄罗斯刚独立时，叶利钦总统奉行“一边倒”的亲西方政策，对亚太地区几乎视而不见，更无暇顾及。90 年代中后期，俄罗斯开始调整自己的外交政策，以“多极化”战略指导确立全方位的独立大国外交方针。在这一背景下，俄重启“东方外交”序幕，在重视对西方外交的同时，也重视并加强对亚太外交。时任俄外长普里马科夫说得很明确：“从地缘政治利益以及加强俄罗斯在新的多极世界中作用的角度来看，发展同日本及亚洲其他国家的关系对于俄罗斯具有特别重要的意义。”[①] 但观念和原则的变化并没有或没有完全体现在具体执行过程中，而且执行的力度不够。因此，俄罗斯尽管在形式上开始重视亚太地区，但并未改变其亲西方外交的实质，俄罗斯的行动更多是想与西方讨价还价或是对西方不接纳它感到不满。第二阶段，重新认识亚太地区，明晰的亚太战略浮出水面。普京上台执政后认为，“把东西方这两个在俄罗斯对外政策中似乎互不相容的因素人为地对立起来有悖于国家利益”，亚太地区不仅是经济蓬勃发展的地区，而且体现出全球化的积极成果之一：世界不同地区的社会经济发展水平逐渐拉平，而且亚太地区的一体化进程迅猛发展，对形成更公正的新的世界体系产生着积极影响。因此，他提出“俄罗斯只有最积极地参与地区一体化，才能够顺利发展”，“建设性地加入这一进程是俄罗斯的战略选择，是今后一

① 《普里马科夫外长谈俄日关系》，俄通社—塔斯社莫斯科 1997 年 8 月 4 日电。

段时间的重要任务”。[①] 2000 年版《俄罗斯联邦对外政策构想》明确指出，俄罗斯作为一个欧亚大国的地缘政治地位决定了其“外交政策平衡性”的特点，也决定了俄罗斯外交必须“最合理地分配各个方面的努力”，展开全方位合作，首次提出为了发展俄罗斯远东地区，俄将“把积极参与亚太地区包括 APEC、东盟等一体化机构作为面向该方向的外交政策基础”。2008 年版《外交政策构想》更是明确强调，“要把东西伯利亚和远东的发展与亚太地区快速增长的经济和日益增强的一体化进程相结合，以此带动俄这一地区乃至整个国家经济的发展”。[②] 2009 年 11 月，总统梅德韦杰夫表示，俄罗斯参与亚太地区一体化是一种双向互动行为：一方面，俄罗斯可从亚太地区吸取必要的商品、投资和技术，管理经验以及人才；另一方面，俄罗斯也不是空着手参与，而是向亚太伙伴们提供石油、天然气、木材等原料产品和直升机等其他技术产品。俄罗斯希望这种双向互动能给俄和亚太伙伴带来共同繁荣。[③] 第三阶段，抓住机遇积极进取，全面挖掘亚太方向潜力。亚太地区迅速变化的形势使俄罗斯意识到必须抓住机遇融入亚太地区发展进程，才能更好地保证其东部地区的经济发展和领土安全，俄罗斯适时并及时调整战略和政策加以适应。2012 年，普京再次出任总统后不久即颁布《关于实施俄罗斯联邦外交方针的措施》，提出“参与亚太地区的一体化进程”加速远东和东西伯利亚的社会经济发展。[④] 2012 年 9 月 5 日，亚太经合组织

① 《普京：俄罗斯—APEC：合作空间广阔》，《国际先驱导报》2005 年 11 月 17 日。

② Концепция внешнй политики Ро ссийской федерации. Утверждена Президентом Российской Федерации Д. А. Медведевым 12июля 2008 г. http：//www. mid. ru/ns-osndoc. nsf/.

③ Медведев Д. “АТЭС：на пути к стабильному，безопасному ипроцветающему сообществу.” 13. 11. 2009，http：//www. kremlin. ru/.

④ Интеграция России в Азиатско-Тихоокеанский регион. Перспективы 2020. http：//russiancouncil. ru/inner/？id_ 4 = 1641#top.

符拉迪沃斯托克峰会召开前夕，普京撰文指出："俄罗斯不会对亚洲事务坐视不管，不论是从历史还是从地缘角度来看，俄罗斯都是亚太地区不可分割的组成部分……全面走向亚太地区是俄罗斯辉煌未来和西伯利亚与远东地区发展的最重要砝码"，"与亚太邻国的广泛合作是俄罗斯对外政策方针的优先方向之一，愿意积极参与亚太地区的经济一体化进程。[①] 2013 年初，俄罗斯推出新版《对外政策构想》，亚太地区被称作"发展最快的地缘政治空间"，发展同中国、印度的"友好关系"被确定为俄罗斯外交政策的"最重要"方向之一。[②] 乌克兰危机后，普京也反复强调亚太地区早已是俄罗斯外交重点，"转向东方"与制裁无关，也并非意味"与欧洲断交"，俄罗斯必须发挥自身欧亚属性的优势，"全面利用该地区的巨大发展潜力"，搭上亚太腾飞的列车。[③]

在上述战略思想的指导下，俄罗斯明确了自己新时期的亚太战略目标：一是战略布局层面，亚太地区将不仅是俄罗斯在欧洲方向以及中亚方向安全形势严重恶化之际，缓解西部战略压力的"战略后方"，而且要成为重振俄罗斯全球大国地位有所作为的"战略前沿"；二是地缘政治层面，全力维护俄罗斯地缘政治安全，营造安全稳定的东部周边环境，同时利用亚太地区的复杂局势，拓展更大的安全战略空间，提升俄罗斯的地缘政治地位；三是经济层面，加快俄罗斯融入亚太经济一体化进程，搭乘亚太经济快车，带动远东地区发展，进而促进国家经济整体发展以及全面现代化目标的实现；四是能源层面，开拓亚太能源市场，获取经济和战略双重收益，到 2035 年，俄罗斯对亚太地区能源出口要

---

① 《普京：俄罗斯——APEC：合作空间广阔》，《国际先驱导报》2005 年 11 月 17 日。

② 《俄罗斯制定新的外交政策构想》，http：//tsrus. cn/guoji/2012/12/27/19921. html。

③ Послание Президента Федеральному Собранию, http：//www. kremlin. ru/news/47173.（上网时间：2014 年 12 月 4 日）

增加23%，32%的原油产量及31%的天然气产量将出口至亚太市场。[1]

二、参与地区安全秩序构建：从被动到主动

俄罗斯的历史、地理、文化国情及外部威胁决定了其极度缺乏安全感，对外部潜在威胁敏感度高，这导致其地缘政治安全观念浓厚，在国家安全战略思想中特别强调地缘政治安全。苏联解体后，俄罗斯西部与南部地缘安全局势持续恶化：在西部，北约与欧盟双东扩不断蚕食俄罗斯“势力范围”；在南部，国际恐怖主义泛滥，美国和北约在中亚的驻军，以及西方势力积极推进“颜色革命”和其他形式的所谓“政治民主化”进程。这导致俄罗斯长期以来都把国家安全的注意力聚焦于这两个方向上，而东部亚太方向的安全威胁相对较轻，一直被俄罗斯视为一个相对安全、稳定的“战略后方”。因此，俄罗斯在亚太地区投入精力不多，鲜有作为。

但近年来亚太地区安全形势的新变化，使俄罗斯在该地区的安全环境面临着前所未有的挑战与机遇，俄罗斯对亚太地区的战略重视和实际参与也达到前所未有的程度。

首先，美国“亚太再平衡”战略对俄罗斯构成战略挤压。2010年起奥巴马政府着力推动“亚太再平衡”战略，通过“重返亚太”加快其全球战略重心的东移，以此来重构亚太地区格局，塑造有利于美国霸权的亚太地缘新秩序。美国“亚太再平

① Основные положения проекта Энергетической стратегии России на период до 2035 года. http：//www. minenergo. gov. ru/documents/razrabotka/17481. html.

衡”战略用战略猜疑和战略对冲理论在亚太各国间突出军事安全因素，拉帮结派搞围堵，造成新的战略冲突态势，致使冷战后相对和平发展的亚太地区有可能陷入新的集团对抗，[①] 特别是美国借朝核问题不断强化美日、美韩同盟，力图主导亚太安全事务。对俄罗斯来说，尽管美国的亚太战略主要在于遏制中国的发展，但不可忽视的是，美国的举动亦有遏制俄在亚太地区发展的战略考量，将不可避免地冲击俄在该地区的战略利益，恶化俄东部地区的战略安全环境，甚至可能使俄罗斯陷入“东西两线”同时应对西方战略围堵的战略窘境。

其次，亚太地区安全形势恶化威胁俄东部安全稳定。中国与美国在亚太地区的战略竞争已近乎白热化，朝鲜半岛紧张局势短期难平，中国与邻国领土、边界和历史问题不断涌现，地区主要国家军力持续增长、军备竞赛加剧等因素都可能导致冲突爆发。与此同时，该地区恐怖主义、贩毒、海盗、自然灾害和气候变化等非传统安全威胁也在不断上升。[②] 俄外交部官员曾表示，亚太地区虽不存在直接威胁俄国家安全利益的因素，但上述地区热点问题都有可能导致大规模灾难，甚至迫使俄卷入其中，因此“必须密切关注该地区局势发展”。

第三，亚太安全秩序重构是俄发展成为“世界独立一极”的重要机遇。2013 年版《对外政策构想》指出，当前地缘政治格局深度变革；国际关系正处于过渡期，多极化国际体系正在构建；2014 年版《军事学说》进一步认为，各力量中心“正在逐步重新划分势力范围”。鉴此，俄要抓住机会成为与美、欧、中、印

① 杨洁勉：《俄的亚太战略互动：动因、特点和理论建构》，《国际观察》2014 年第 4 期，第 8 页。

② Интеграция России в Азиатско-Тихоокеанский регион. Перспективы 2020. http：//russiancouncil. ru/inner/？ id_ 4 = 1641#top.

等平起平坐的“世界独立一极”。当前，亚太地缘秩序和权力结构正处重新洗牌的关键阶段，积极全面参与亚太地区的事务，扩大在亚太地区的存在和影响力，在亚太地缘政治格局重构中赢得一定战略优势，将有利于俄罗斯维护大国形象及其大国地位，在一定程度上关乎俄在未来全球体系中的地位。

在一系列国内外重要因素的推动下，俄罗斯对亚太地区安全事务由“半介入”向“全方位介入”转变，其基本战略布局渐趋成型。

首先，强化与地区国家的双边关系，打造参与地区事务的战略支点。2014 年 12 月普京在年度国情咨文中指出：“近十年来，亚太地区迅速发展，俄罗斯在这一地区有不少真诚的朋友和战略伙伴，俄将全面挖掘作为一个太平洋大国的巨大潜力。”[①] 俄罗斯外长拉夫罗夫指出：“我们特别注重发展同中国和印度的战略伙伴关系，加强同日本、韩国、东盟和其他亚太国家的多边合作。”俄在 2015 年底新版《国家安全战略》中大幅提升对中国和亚太的重视程度，在外交优先排序中，中国、印度和亚太取代了西方。中俄关系目前处于历史最好时期，中俄战略协作伙伴关系全面深化，战略互信进一步加深，经贸务实合作实现新突破，军事安全互信与合作不断加强和深入，人文合作全面发展，国际战略协作不断强化。在亚太地区，双方在包括 APEC、东盟和朝鲜半岛六方会谈在内的各多边机制框架内开展了卓有成效的合作。2015 年底新版《国家安全战略》称，俄中全方位战略协作伙伴关系是“维护全球和地区稳定的关键因素”。与此同时，俄力推“亚太外交”多元化，与日本、东盟、印度合作持续升温。在东

① 《普京：用强权与俄罗斯对话行不通》，新华网，2014 年 12 月 4 日。http://www.news.xinhuanet.com/world/2014-12/04/c_1113525975.htm。

北亚，积极重启俄日关系，高层互动频繁，经贸合作升温；主动修复对朝关系，在朝陷全面外交孤立之际，俄经济上向朝供粮、免其债务并助其铁路现代化，以俄朝互动展示俄罗斯在朝鲜半岛事务上的独特作用。在东南亚，全面深化俄越关系，在能源和军事两个轮子的驱动下，双方的政治经济关系齐头并进，在战略上相互借重，越南成为俄罗斯在东南亚的战略依托。在南亚，俄与印度关系持续深化，政治上双方夯实“特惠战略伙伴关系”，军事上售印航母、战机，授印苏－30MKI战机、T90主战坦克等20项生产许可，与印共制“布拉莫斯”超音速巡航导弹和“五代机”，能源上为印建库丹库拉姆核电站，拉印参与俄境内油气合作项目。俄罗斯力图通过与亚太主要国家发展友好合作关系，一方面主动出击摆脱乌克兰危机后的外交孤立困境，另一方面也加速在亚太地区谋篇布局。

其次，增强亚太军事存在，夯实挺进亚太地区的战略前哨。加大对东部军区特别是太平洋舰队的军事投入是俄罗斯参与亚太地区事务的基础。俄罗斯在远东正按计划部署“北风之神”级战略核潜艇、“西北风”登陆舰、“沃罗涅日”战略雷达及S－400、S－500反导系统等先进武器装备，提高其防御能力和威慑能力。俄罗斯加强东部地区的军力在一定程度上可以说是俄罗斯版的亚太军事再平衡，其主要目的在于维护俄罗斯在亚太地区的战略利益，显示俄罗斯在亚太地区的存在。2012年5月7日，普京在就职总统的当天就签发总统令，将加强在远东太平洋海域的军事力量放在俄海军建设的首要位置，以维护俄在亚太地区的战略利益。此外，俄积极增加军火出口，开拓亚太武器装备市场。近年来，俄武器装备出口近一半销往亚太国家，俄制武器装备的主要买家为中国、印度、越南、韩国、马来西亚、菲律宾等国。未来一个时期，亚太将是军事力量增长最快的地区。根据《简式防务》预测，未来8年，亚太地区国家将增加35%的开支用于购买约510亿美元的武器装备，俄希望在此进一步提升自己的市场份额。俄此举在保持和发展国内军工产业优势的同时，也进一步增强了亚太地区武器进口国对俄罗斯的军事安全依赖。[①]

第三，借重多边机制平台，积极参与亚太地区的安全活动。在亚太地区，俄罗斯在政治经济领域的脆弱性非常明显，因此先行启动参与安保领域合作是弥补其政治经济存在感薄弱的捷径。近年来，俄罗斯日益重视并积极参加上海合作组织、亚太经合组织、东亚峰会、东盟、东盟地区安全论坛、东盟与对话伙伴国国防部长会议等多边组织或平台的活动，通过地区多边机制平台积极阐释俄罗斯对亚太安全问题的立场。俄罗斯致力于推动上海合作组织的安全合作进程，欲将其打造成为提升影响力，巩固亚太地区安全机制的重要支点；积极促进中—俄—印（度）三边会晤，视其为协调地区问题立场和充实务实合作的有效平台；同时与中国、印度、巴西等国共同启动“金砖国家”合作机制。2015年7月金砖国家领导人第七次会晤和上合组织成员国元首理事会第十五次会议在俄乌法市先后召开，“双峰会”上，主要非西方国家齐聚一堂，“谴责单边军事干预和经济制裁”，[②] 壮大了俄声势，俄地位凸显，俄外长拉夫罗夫称，国际政治中出现了“新的多中心体系”，世界有了“新的权力中心”。[③] 此外，俄罗斯努力发挥在朝鲜核问题上的作用，力促重启六方会谈，在朝韩之间积极斡旋，旨在提升在东北亚的影响力。发展与东盟的关系也是俄

① 季志业、冯玉军：《俄罗斯发展前景与中俄关系走向》，时事出版社，2016年版，第12页。

② “金砖国家领导人第七次会晤乌法宣言”（全文），http：//news. xinhuanet. com/world/2015－07/11/c_ 1115889581. htm。（上网时间：2015年11月23日）

③ “普京打造新的权力中心”，http：//www. cankaoxiaoxi. com/topnews/all/20150709/。（上网时间：2015年11月23日）

罗斯布局亚太的重要步骤。继2005年、2010年俄罗斯—东盟两届峰会后，2016年5月俄罗斯邀东盟各国领导人赴俄召开第三届峰会，双方探讨建立“互利的战略伙伴关系”，双方在构建亚太地区安全与合作结构方面有原则共识，并相互支持对方在这一结构的构建中发挥重要作用。

第四，主动抛出“俄版”亚太地区安全治理结构设计，提升俄参与亚太安全事务话语权。普京执政以来，特别强调“俄罗斯要想在自己目前的边界范围内继续生存下去，就必须成为一个有活力的世界大国，必须在量力而行的基础上就迫切的国际问题所涉及的各个方面采取主动政策”，“俄罗斯的积极参与不仅仅局限在落实国际社会的发展日程方面，而且还表现在制订和形成这一日程的过程当中。”[①] 因此，近年来俄在国际政治生活中，不仅要成为“全球议事日程”的“参与者”，更要成为“制定者”。在亚太地区，俄认为该地区目前没有统一的集体安全体系，亟需“在公开、透明、公平、不结盟的基础上，建立遵循国际法，最大限度满足该地区所有国家利益的灵活、多层次安全结构”。[②] 为此，俄自参加东亚峰会后，一直致力于通过地区双边和多边安全对话，有意将东亚峰会“塑造成21世纪亚太地区安全的基本架构”。[③] 俄罗斯科学院世界经济与国际关系研究所完成的《跨太平洋安全与共同发展新架构》报告认为，跨太平洋问题在未来发展

---

① Обзор внешней политики РФ, http：//www. mid. ru/ 2007/03/27.

② Выступление Министра иностранных дел Российской Федерации С. В. Лаврова на пленарном заседании 6-го Восточноазиатского саммита, о. Бали, Индонезия, 19 ноября 2011 года. 19 – 11 – 2011. http：//www. mid. ru/brp _ 4. nsf/0/53124FE2A43FAEAD4425794D00328E92.（上网时间：2011年12月1日）

③ Выступление Министра иностранных дел Российской Федерации С. В. Лаврова на пленарном заседании 6-го Восточноазиатского саммита, о. Бали, Индонезия, 19 ноября 2011 года. 19 – 11 – 2011. http：//www. mid. ru/brp _ 4. nsf/0/53124FE2A43FAEAD4425794D00328E92.（上网时间：2011年12月1日）

规划方面比较薄弱，“冷战”时期的旧机制仍起主导作用，现有机制或过时或存重大缺陷，对从领土争端到经济社会一体化的地区问题不能做出有效反应，因此建立一个类似欧安组织的、涵盖亚太到北美的“跨太平洋地区安全与共同发展新架构”，符合区内所有主要国家的利益。俄罗斯积极寻求扩大对亚太安全事务的影响，参与构筑亚太安全合作机制，意在形成平衡杠杆来对冲美国“重返亚太”给俄罗斯带来的战略压力，建构一个有利于俄罗斯地缘政治利益的亚太安全环境。

三、未来的地区角色定位：相对超脱的中立者

未来一段时期，亚太地区仍将是各方力量角逐最为活跃的地区。新形势下，俄罗斯适时调整亚太战略认识和外交政策，积极参与亚太地区事务，既最大程度地维护了俄罗斯的国家利益，也使其在亚太地区的地位与影响力呈渐进提升之势。目前，俄罗斯已经成为亚太地缘权力格局演变的重要参与者和推动力量，随着全球化和亚太地区一体化进程的不断发展，俄罗斯融入亚太区域合作的意愿会进一步增强，必会将更多注意力投向亚太地区，其对亚太地区格局的影响也将扩大。

但理想与现实总有落差，意愿与能力亦难匹配。因此，尽管俄罗斯亚太战略实施的决心很大，战略目标也比较明确，但要落到实处，取得令人满意的外交成绩绝非易事，俄罗斯推进亚太战略的“短板”明显，掣肘因素不少。

从内部因素而言：其一，亚太战略难成俄外交战略布局主角。正如本章前面所述，俄官方和普京本人有着强烈的欧洲认同，俄民众“欧洲观念”根深蒂固，往往认为西方意味着先进，

东方象征着落后。当前俄外交战略“东移”是对抗西方的筹码还是自身发展的需要，是对美欧的彻底失望还是暂时冷淡，是规避地缘政治风险的权宜之计还是立足于俄未来稳定发展的长远之策，还需进一步观察。但有一点可以肯定，亚太作为俄欧洲战略配角的地位不会变。《全球政治中的俄罗斯》杂志主编卢基扬诺夫也公开表示：“在意识形态上从西方转向东方并不成功，更何况在充当非西方社会领袖方面，我们并未取得突破。”[①] 其二，远东难担俄罗斯挺进亚太“桥头堡”重任。俄高层多次表示，远东将是俄“未来恢复超级大国地位”的关键，也是俄 21 世纪的重要工作方向，欲以非常规手段提速远东开发。尽管俄政府雄心勃勃，但远东发展的长期性和艰巨性难以回避，基础设施落后、官僚机构工作效率低下、投资环境欠佳、市场开放程度低、人口资源短缺等诸多困境导致多年来俄远东开发计划大多流于形式，可操作性不高，落实程度更低。其三，经济实力不足成俄罗斯拓展亚太外交的软肋。当前，在西方制裁和油价暴跌的背景下，俄罗斯国内经济发展困境重重，因此俄参与亚太一体化的主要目标之一是谋取经济利益，甚至在与地区小国合作时也要“争利”，而无法像其他大国那样在适当时候主动“让利”，更何谈借经济合作与发展模式塑造自己的凝聚力与吸引力。俄亚太安全合作理事会俄国家委员会主席尼科诺夫表示，俄罗斯一方面被视为可影响地区进程的超级政治大国，另一方面又被看做“经济侏儒”。

从外部因素而言：首先，中美博弈是亚太地区大国竞争的主旋律。亚太地区拥有 G20 的半数成员，聚集美、中、日三大世界经济体，由美国“重返亚太”而形成的中美亚太地区博弈是影响

---

① Фёдор Лукьянов：Внутренняя империя，www. kommersant. ru/doc/2634034.（上网时间：2014 年 12 月 22 日）

亚太地区安全、政治、经济形势发展的最主要因素，中美关系构成21世纪地区发展的主轴，并引发地区力量格局的调整变化。在亚太地区处于半边缘化的俄罗斯想要成为影响地区力量格局的独立一极尚为时过早，俄专家更认为，当前甚至在中美间面临“选边站”的风险。其次，亚太各国对俄认同感不强，视俄罗斯为欧洲国家。在讨论亚太事务时，亚太各国往往是“顺便、捎带”谈及俄罗斯，在解决朝鲜核问题、领土争端、军备竞赛等地区热点问题上，俄罗斯影响力有限，更不会发挥主导作用。第三，美国难容俄罗斯在亚太地区扩大影响力。苏联解体后，俄罗斯一直都是美国遏制、防范的重点对象。在亚太地区，美国会利用以美日同盟为中心的联盟体系及其他手段防止俄罗斯影响的扩大，乌克兰危机后，俄罗斯与美国关系恶化客观上已经对俄日、俄韩关系的发展造成了一定压力。

综上所述，未来俄罗斯的经济、外交、军事重心仍在欧亚地区而非亚太地区，俄罗斯在亚太地区的综合能力也使其难以发挥主导性影响。对俄罗斯而言，大国心态又使其不甘心成为地区的二流角色。正如《全球事务中的俄罗斯》主编奥多尔·卢基扬诺夫认为，“俄罗斯一直以来都不是亚洲政策链条上的强势环节，俄罗斯也从未被亚洲国家认为是‘自己人’。但随着亚洲越来越有可能成为本世纪主要的经济、政治和军事战略平台，如果俄罗斯无法扩大自己在亚洲的存在，那么将面临的威胁或者是被全球化边缘化，或者处境更为危险，在亚太地区两个最强的国家中国和美国的可能对峙中扮演‘副牌’的角色。俄罗斯领导层明白这种潜在的危险，因此正在积极寻找在亚洲发挥有效作用的方式”。[1]

---

① Фёдор Лукьянов：Внутренняя империя，www. kommersant. ru/doc/2634034.（上网时间：2014年12月22日）

未来俄罗斯最现实的选择与发展路径就是努力塑造相对超脱的“中立者”形象。在中美关系中，俄总体上会实行“平衡外交”，利用中美关系矛盾在中美之间搞平衡，在中美对抗的条件下极力避免加入中、美任何一方面与另一方发生冲突的可能，保持选择和行动自由，谋求重大地缘政治和经济利益。俄罗斯学者建议，俄罗斯应该效仿当年的中国，20 世纪 70—80 年代在美苏之间游刃有余，通过软平衡和临时外交同盟等手段，发挥“四两拨千斤”的作用。[①] 在发展与地区中小国家关系中，俄可能会有意推动亚太地区国家形成“太平洋安全与合作公约”，提升东盟国家和该地区其他中小国家在地区安全方面的发言权，改变它们长期被中美地缘政治博弈所“钳制”的局面。在这种安排下，俄罗斯可以起到独立的第三方玩家的作用，既可平衡中美在该地区的博弈，又可帮助该地区中小国家摆脱中国与美、日关系的“钳制”，并可在此基础上提升俄与这些国家的相互关系。

① PIR Center and ASEAN Center in MGIM O University, “Sino-American Rivalry in Asia: Conclusions for Russia”, p. 58.

第七章　朝鲜半岛无核化进程与东北亚安全秩序

自20世纪90年代朝鲜半岛核问题出现以来，重在推动朝鲜放弃核武开发、重塑东北亚安全秩序的朝鲜半岛无核化进程随之展开。然而过程并不尽如人意，局面反倒呈现下行、恶化之势。朝鲜政府公开宣称自己是拥核国，美韩日进一步强化三边准同盟体系，半岛无核化进程濒临夭折，地区形势的不稳定性和走向的不确定性陡然增加。为破解难题——核问题，摆脱安全困境，进而确保东北亚和平稳定与共同繁荣，眼下已到了“为解决老问题寻找新答案，为应对新问题寻找好答案”[①] 的关键时间节点，地区国家应当齐心协力、互相补台、集思广益、开拓思路，努力推动半岛无核化进程，构筑东北亚新安全秩序。

① 习近平：“携手合作，共同维护世界和平与安全——在‘世界和平论坛’开幕式上的致辞”，《光明日报》，2012年7月8日，第4版。

一、朝鲜半岛无核化进程的演进及新挑战

围绕朝鲜半岛核问题，自20世纪90年代以来共发生过三次危机。90年代的头二次都经过美朝双边接触与谈判，短期内得以和平落幕，但是问题的根子还在，所以21世纪再度爆发第三次核危机也就在所难免了。危机爆发后，解决问题的参与方由美朝双方增至中美俄朝韩日六国，问题解决平台由双边会谈演变成六方会谈，但是矛盾更多、更大了，且难以调和，导致第三次核危机旷日持久，愈演愈烈，甚至呈现难以收场之势。朝鲜半岛无核化进程面临夭折之巨大危险。

回顾历史，朝鲜半岛核问题由来已久。1990年，美国怀疑朝鲜正在开发核武器，而且到1995年就可能拥有核武。1992年，国际原子机构（IAEA）称朝鲜申报的钚数量与其从乏燃料棒中提取的实际数量不符，要求对朝鲜宁边核设施进行特别检查。围绕核查问题，朝美剑拔弩张。1993年，朝鲜宣布半岛进入准战争状态，并退出《不扩散核武器条约》（NPT）。美国克林顿政府着手制定对朝核设施的先发制人打击计划，后因韩国金泳三政府阻拦而作罢。1994年6月，美国前总统卡特赴朝斡旋，方使朝美两家坐下来谈判。经过4个月的日内瓦谈判，1994年10月21日美朝签署《核框架协议》，朝方同意冻结核设施，美方牵头成立朝鲜半岛能源开发组织，为朝建造轻水反应堆并提供重油，以弥补朝方停止核能计划造成的电力损失。由此，第一次核危机暂告段落，但协议并未最终落实。如，美方本该负责在2003年前为朝鲜建造2座1000兆瓦的轻水反应堆，但时至2003年连轻水堆的地基都未建好。

另外，20 世纪 90 年代下半期还有过一次不大不小的“金仓里核危机”。1998 年 1 月，美国认为朝鲜在金仓里搞地下核开发，违反了 1994 年美朝签署的《核框架协议》，要求进行特别核查。后经谈判，朝鲜同意美方“有偿参观”金仓里。1999 年 5 月检查发现，该地只有空荡荡的地下坑道，别无他物。据采样分析，美方结论是，“金仓里地区没有钚生产反应堆或再处理工厂，朝鲜没有违反《核框架协议》”。作为补偿，美向朝提供了 50 万吨粮食援助。

进入 21 世纪，2002 年 10 月美国总统特使、助理国务卿吉姆·凯利访问朝鲜后宣布，朝方已承认铀浓缩计划，朝方正在开发核武器。同年 12 月，美国中止向朝提供重油，朝鲜半岛能源开发组织暂停轻水反应堆建设。2003 年 1 月，朝鲜宣布退出 NPT。第三次核危机爆发。

为和平解决核危机，在中国外交努力之下，经美朝双方同意，于 2003 年 4 月举行了中美朝三方会谈。而后，2003 年 8 月启动首轮中美俄朝韩日六方会谈。截至 2008 年 12 月，共举行了六轮六方会谈。其间，会谈通过了 2005 年的《9·19 共同声明》以及 2007 年的旨在落实该共同声明的《2·13 共同文件》和《10·3 共同文件》，指出了半岛无核化不仅包括朝鲜放弃一切核武器及现有核计划，还包括实现朝美、朝日关系正常化和建立半岛和平机制等重要内容。同时，无核化进程也取得重大进展。如，根据“承诺对承诺、行动对行动”原则，2008 年朝向美递交了多达 1.8 万页的朝核计划文件并炸毁宁边冷却塔，美则将朝从“支持恐怖主义”国家名单中除名等。但总体看，朝鲜核武开发并未得到有效遏阻，2006 年、2009 年、2013 年、2016 年朝鲜先后搞了 5 次地下核试验，核能力不断提升。朝美、日朝、朝韩之间的互不信任与敌对状态非但无丝毫改善，反而进一步加重。特别是，

2016年朝鲜第四次核试后，中方的对话建议遭到冷遇，地区对峙加剧，半岛无核化进程完全陷入停滞状态。

具体来看，中方为继续推动朝鲜半岛无核化进程、营造和平稳定的东北亚安全环境，提出“朝鲜半岛无核化与停和机制转换谈判并行推进”的思路，但相关各方不接招。美方认为中方提议虽然不错，但推进时机不成熟。韩方则认为中方提议“十分危险”，有利朝鲜钻空子、瓦解国际社会对朝的压力。美韩一致强调当下对朝政策的焦点是严厉制裁和共同施压，中方是否真正制裁朝鲜是决定朝能否改变态度与政策的关键。除非朝鲜态度发生重大改变，否则美韩是不会响应中国提议的。

从朝鲜方面看，金正恩时代的核抱负要远超金日成时代。当时，金日成主席指出，“我们既没有意图也没有能力开发核武器”。[①] 朝方认为，“使用武器的挑战，会招致朝鲜半岛的毁灭。因此朝鲜的战略是：无论如何要把武器和军事力量变成政治及外交王牌，迫使美国走向和平道路。这个战略大显神通，使美国像陷进蚂蚁神洞或被蜘蛛网缠住的大象一样不能动弹。当然，蚂蚁神和蜘蛛不能吃掉大象，但它们能驱使大象朝着它们所希望的方向走……朝鲜没有必要拥有‘威胁用武器’，只是显示一下开发这种武器的能力就行了”。[②] 但是时至金正恩政府，拥核成了朝鲜基本国策，而且不断展示其具备中远程核打击能力。2016年5月召开的劳动党第七次党代表大会则把“加强核攻击能力”作为金正恩委员长的首要政绩，正式宣称本国“已是拥有氢弹的天下无敌的军事强国、核强国、宇宙强国”，并表示“将不首先使用核

① ［朝］全哲男：《朝美智力较量——核·导弹·人造卫星》，朝鲜外文出版社，2000年版，第78页。

② ［朝］全哲男：《朝美智力较量——核·导弹·人造卫星》，朝鲜外文出版社，2000年版，第77页。

武器、履行防扩散义务、为实现世界无核化而努力”，将“并行推进经济与核武建设路线”作为“永久战略”。由此，朝固守拥核政策、坚决不弃核的意志可见一斑。短期内，期望朝鲜自行弃核几乎不现实。

从韩国看，在朝鲜接连搞核、导试验后，朴槿惠政府深感绝望，认为只有统一才是解决包括核问题在内的所有半岛问题的钥匙。朝鲜第四次核试后，朴槿惠政府主导统一进程的意志进一步上升。朴槿惠总统认为，当前是黎明（实现半岛和平与统一）前的黑暗，要将此次危机作为变化之契机来创造新的朝鲜半岛；要动用一切强有力、有效的措施让朝鲜明白“不弃核将自取灭亡”；能否实现半岛无核化是意志之战，一定要中止“挑衅—对话—补偿—再挑衅”这一恶性循环。为此，韩政府动用了全面中断开城工业园区运转等一切可动用手段对朝施压，展示了在对朝政策上不留退路的决绝意志。即使朝方在劳动党七大报告及七大之后多次呼吁与韩对话，韩方均拒绝了。韩方认为朝若在无核化方面不采取任何实质行动，其对话提议就显得毫无诚意，只不过是为谋求局面转圜的欺骗行径，是为借对话谋求国际社会承认其拥核国地位的伪和平攻势。

从美国方面看，朝鲜第四次核试后，美国在与朝鲜对话的态度上更为消极，对朝鲜从“战略忍耐”转向“战略制裁”，实施全面围堵。经济方面，美国支持韩国全面关停开城工业园区，认为有助遏制朝鲜获取用于开发核导的资金。联合国安理会通过涉朝第 2270 号决议后，美又对朝鲜追加了单边经济制裁。美国财政部继 6 月 1 日宣布认定朝鲜为“首要洗钱关注对象”后，7 月 6 日又以“严重侵犯人权”为由首次对朝鲜领导人金正恩进行制裁。同时，美国会正在推动重新指定朝鲜为“支持恐怖主义国家”。军事方面，美国不但与韩国合搞了 1976 年以来规模最大的

“关键决断”和“秃鹫”年度军演，囊括“先发制人”、“占领平壤”、“斩首行动”等极具刺激性的内容，并不断加强与韩日的三边军事合作，还于7月8日、13日相继宣布在韩部署“萨德”系统及其部署地——韩国庆尚北道星州郡。

二、朝鲜半岛无核化进程的实质

回顾整个半岛无核化的曲折进程，可以发现四大博弈贯穿始终。

一是“突破”与“维护”防扩散体制的较量。根据NPT，一方面，“每个有核武器的缔约国承诺不直接或间接向任何接受国转让核武器或其他核爆炸装置、或对这种武器或爆炸装置的控制权；并不以任何方式协助、鼓励或引导任何无核武器国家制造、或以其他方式取得核武器或其他核爆炸装置、或对这种武器或爆炸装置的控制权”。另一方面，“每个无核武器的缔约国承诺不直接或间接从任何让与国接受核武器或其他核爆炸装置、或对这种武器或爆炸装置的控制权的转让；不制造或以其他方式取得核武器或其他核爆炸装置；也不寻求或接受在制造核武器或其他核爆炸装置方面的任何协助”。可见，该条约不仅约束有核国家，同时也约束无核国家。反对核武器扩散已是国际社会的广泛共识。但是，朝以NPT第十条第一款为依据，[①] 强调IAEA的“特别调查”和韩美联合军演等对其“用鲜血换来的国家独立与主权和社会主义制度”构成“严重威胁”，为维护本国的“最高利益”而

① 每个缔约国如果断定与本条约主题有关的非常事件已危及其国家的最高利益，为行使其国家主权，应有权退出本条约。该国应在退出前三个月将此事通知所有其他缔约国和联合国安全理事会。这项通知应包括关于该国认为已危及其最高利益的非常事件的说明。

宣布退出 NPT，并且不顾国际社会的反对与劝告执意开发核武器。这在其他地区国家看来是不容允许的，原因在于：第一是朝方在人口密集区接连搞核试，其危害之大不言而喻；第二是朝方行为对现行国际核不扩散体制及核秩序构成重大挑战，很可能令一些国家效仿，引发核多米诺骨牌效应，对地区乃至国际共同安全有百害而无一利。

二是美国与朝鲜的较量。美朝敌视根深蒂固，难以调和。美国视朝鲜为“邪恶轴心”、“暴政前哨”、“流氓国家”，认为无法与之打交道，甚至威胁对朝方实施“先发制人核打击”；并认为一个核武装的独裁政权在可预见的未来将是美国家安全的主要威胁，[①] 急欲除之而后快。朝鲜作为一个小国，更是处处提防美国及其盟国，其认为“保卫社会主义祖国的斗争是与帝国主义联合势力最尖锐的对决，是史无前例的严峻斗争”。[②] 这种相互敌视的心态显然难以根除。

围绕“无核化”概念，美国坚持“半岛无核化”即“朝鲜无核化”，就是朝鲜应“以完全、可核查和不可逆的方式”放弃所有的核武器和现有核计划（completely，verifiable，irreversible dismantlement，CVID）；在解决顺序上，只有朝鲜先弃核，才能谈经济补偿、安全保障及关系正常化。朝鲜第四次核试后，美方表示朝应停止核试验和导弹发射、冻结核活动并接受核查，只有这样，美国才能与朝鲜举行会谈来协商能否找到解决问题的办

---

① Bruce Klingner，“Power Struggle in Pyongyang”，ISSUE BRIEF，No. 3671，July17，2012，http：//www. heritage. org/research/reports/2010/07/power-struggle-in-pyongyang.（上网时间：2012 年 8 月 1 日）。

② ［朝］金正恩：《加快富强祖国建设，体现金正日爱国主义》，［朝］《民主朝鲜》，2012 年 8 月 3 日。

法。[1] 而朝方则强调“无核化”是“朝鲜半岛全域的无核化”，包括公开驻韩美军核武器、撤销在韩国所有核武器和核武器基地、确保不再将核打击手段运入朝鲜半岛和周边地区等；“无核化”的“核”是指核武器，朝鲜有和平利用核能的权力。在2016年朝鲜劳动党第七次代表大会上，金正恩委员长首次提出将搞核电站建设以解决电力紧缺问题；在解决顺序上，朝鲜强调“同步走”原则，但不能将核武器包含在有关核物质申报内容中，朝方认为“怎么能向敌国——美国申报武器情况呢?”[2] 围绕这些分歧，美朝在双边与多边场合经过多轮会谈，但都无济于事。

三是推进无核化进程的手段之争。随着在不扩散领域的对话与合作的增多，中美在该领域的共识也在逐渐增多，朝鲜半岛核问题成了2005年8月开始的副部长级中美战略对话以及此后的中美战略与经济对话的主要议题。在实现朝鲜半岛无核化问题上，中美一致认为，“半岛无核化对维护东北亚地区和平与稳定至关重要”，“有必要采取切实有效步骤实现无核化目标”。中美都希望半岛局势维持和平与稳定，都希望实现半岛无核化。但不同之处在于，中国认为半岛无核化与半岛和平稳定相互关联，相辅相成；没有半岛无核化，半岛就难以实现持久的和平稳定；只有以维护半岛和平稳定为基础的半岛无核化才是真正有意义的无核化。中国主张应充分考虑朝方的合理安全关切，认为只有在彼此信任、平等友好的基础上方能解决问题；应通过谈判解决核问题，反对推翻朝鲜现政权，反对动用武力解决核问题。比如，安理会在针对朝鲜2006年第一次核试通过第1718号决议时，在中

---

① ［韩］朴成贤、朴智贤：“朝鲜必须停止核试验并回到无核化谈判桌”，［韩］《月刊中央》2016年6月刊，第71页。

② ［韩］赵甲济：“美国眼中的朝核20年”，［韩］《月刊朝鲜》，2016年2月刊，第356页。

国坚持之下，决议称“根据《联合国宪章》第七章采取行动，并根据第四十一条采取措施”。第四十一条规定：“安全理事会得决定所应采武力以外之办法，以实施其决议，并得促请联合国会员国执行此项办法。此项办法得包括经济关系，铁道、海运、航空、邮、电、无线电及其他交通工具之局部或全部停止，以及外交关系之断绝。”[①] 关键在于“应采武力以外之办法，以实施其决议”，确保消除了对朝鲜动武的风险。

而美方则优先考虑如何压迫朝鲜弃核。美国前副总统切尼在其2011年出版的著作——《我的岁月：个人及政治回忆录》中猛烈攻击前国务卿赖斯和六方会谈美国代表希尔不仅被朝鲜的六方会谈代表金桂冠所骗，甚至起到了金的代言人的作用，导致2007年美朝协商宣告失败。美方经历第一次、第三次半岛核危机后，不愿意再重复1994年与朝鲜签署《核框架协议》这样的“失误”。奥巴马政府就更不愿意与朝鲜就宁边核设施做第三次买卖。奥巴马政府认为，不能指望与朝达成任何可保护美国利益的协议，必须改变朝鲜现政权，只有改变朝政权，才能让朝弃核。为了改变或颠覆朝鲜政权，美国不断强化与韩日的同盟关系，以及制裁和渗透朝鲜的力度。

中美之所以主张采取不同的解决手段，其主要原因如下：首先，中朝关系与美朝关系存在本质差别。中朝互为友好邻邦，有着正常的外交关系，而且中朝之间有《中朝友好合作互助条约》。但朝美关系不同，仍属敌对关系。从法理上讲，只要朝鲜半岛的《停战协定》没有转换为《和平协定》，朝美就始终处于交战状态。鉴此，中方不可能支持美方采用动武等极端手段解决问题，只能就事论事。其次，中美在如何维护地区和平稳定的认识与做

① 《联合国宪章（英汉对照）》，中外出版社，1950年版，第37页。

法上截然不同。美国主张的和平稳定是有利确保美地区主导权的和平稳定，通过保留驻军、强化同盟体系乃至构建亚洲版“北约”来维护和平与稳定。中方则坚持与邻为善、以邻为伴，践行“亲诚惠容”的外交理念，积极构建睦邻、安邻、富邻关系，通过对话与合作而非军事手段来维护并保障周边和平、稳定与发展。因此，这种差别势必使中美在如何实现半岛无核化上产生分歧。

四是朝鲜与韩国围绕半岛事务主导权之争夺。自朝鲜半岛分裂为朝鲜和韩国两个国家后，双方围绕“谁是半岛真正的主人”展开了殊死较量，不惜兵戎相见。实现以各自为主导的半岛统一是朝韩历届政府的最高国策目标。韩国从李承晚政府的“北进统一”、朴正熙政府的“胜共统一”，再到后来的“北方政策”、“包容政策”、“无核、开放、3000”，直至朴槿惠政府的“韩半岛信赖进程”、“德雷斯顿宣言”等等，均围绕该战略目标展开，区别只是每届政府顺应当时国内外形势变化做出政策调整而已。朝鲜方面则提出了走“民族自主、民族大团结、保障和平、实现联邦制”的统一之路。朝韩双方在半岛统一前景设计上交集甚小，仅在2000年6月朝鲜金正日国防委员长和韩国金大中总统发表的《朝韩联合宣言》中提及，“为实现统一的北方初级阶段的联邦制方案和南方联合制方案具有共同之处，同意今后按此方向促进统一”。

随着分裂的持续，韩国和朝鲜在政治、经济、社会、文化层面上的差异与差距愈加扩大。在经济全球化的大背景下，韩国经济实力已遥遥领先于朝鲜，韩国内生产总值已跃居世界第11位。据韩国统计厅统计，2014年韩国名义国民生产总值是朝鲜的43.7倍，人均则是朝鲜的21倍，韩为2968万韩元，朝为139万韩元。在经济实力远落后于南方的情况下，为弥补与韩国的国力对比、保持南北力量平衡、防止被韩吸收统一，执意核武开发就成了朝鲜的战略选择。在劳动党第七次代表大会上，朝鲜宣称“经济与核武建设并行推进路线不是应对剧变形势的权宜之策，是从朝鲜革命的最高利益出发、需要永久坚持的战略路线，是把以核武力为核心的国家防卫力打造成铜墙铁壁，同时加快经济建设，早日实现繁荣的社会主义强国的最正当与革命的路线”。同时，朝方坚持核问题不是朝鲜和韩国之间的问题，而是和美国的问题，不在任何层级的朝韩会谈中与韩方谈核问题。朴槿惠政府则为了主导南北关系的发展，在朝鲜第四次核试后，把发展南北关系与解决核问题紧紧挂钩。

三、朝鲜半岛无核化进程呼唤新的解决之道

为实现地区的和平稳定与繁荣发展，新形势呼唤新的解决之道。目前来看，美韩日在推动半岛无核化进程中以围困朝鲜为主。他们主张，该用的法子都用过了，虽然不知道对朝全面围堵的最终结果是什么，但也要试一试。这似乎印证了“开始很艰难，而人们恰好无法在懂得如何结束之前开始”。[①] 但笔者认为事实并非如此，美韩日很清楚这样做可以达到进一步敦促中国加大对朝施压、搞坏中朝关系，进而搞乱甚至搞垮朝鲜的目的。显然，这不符合地区国家维护本地区和平稳定的初衷，同时也凸显出地区和平稳定并非相关国家的共同愿望。

半岛无核化问题错综复杂，牵涉各方利益。为推进半岛无核

① ［丹麦］基尔克果著，阎嘉译：《或此或彼（下部）》，华夏出版社，2007 年版，第 1083 页。

化进程，笔者认为可从以下几方面入手。

首先，必须从重塑东北亚地区安全秩序着手，这既有利于问题的解决，也有利于地区的长久和平稳定。从宏观层次看，朝鲜核问题久拖不决，危机不断升级，半岛无核化似乎遥不可及，其根源在于东北亚战略格局的失衡。冷战期间，朝鲜与中国、苏联保持着同盟关系，朝中苏三方与韩美日三方形成大致平衡的两极格局，即所谓的“北三角”对“南三角”。其间，朝鲜有拥核考虑，但意志与决心有限。进入20世纪90年代，随着苏联、中国相继与韩国建交，以及此后苏联解体及俄罗斯在半岛实施战略收缩、废除《苏朝友好合作互助条约》，朝战略依托塌陷，战略后方陷入空虚；加上美国、日本未能与朝建立正常外交关系，依然敌视朝鲜，朝在外交与战略两方面都陷入前所未有的孤立，安全环境恶化，危机感与不安全感空前强烈。而且可以说，在朝鲜看来，这种地区战略格局至今未变。因此，为“谋生存、求发展”，朝鲜走上了开发核武、拥核自保的道路。若冷静并理性地思考问题，就能发现任何置身朝鲜安全环境的国家恐怕都难以抵挡核诱惑。

另外，从半岛无核化进程看，各方在进程路径设计当中，均涉及重塑东北亚安全秩序。这足见半岛无核化问题与东北亚安全秩序的密切关联性，也充分说明该问题的重要性为各方所意识，只可惜旨在解决问题的相关协议并未得到充分、有效的履行与落实。

比如，关于美朝关系问题，1994年美朝《核框架协议》明示，“美国将向朝鲜正式保证美国不对朝鲜进行核威胁或使用核武器。双方将走向政治和经济关系完全正常化”，具体措施有“自本文件签字之日起的3个月内，双方将减少贸易和投资的壁垒，包括在电信服务和金融交易方面的限制；在通过专家会谈解决领事和其他技术问题后，双方将在对方首都开设联络处；随着在双方关心的问题上取得进展，美国和朝鲜将把双边关系升至大使级”。2005 年的《9·19 共同声明》明示，“美方确认，美国在朝鲜半岛没有核武器，无意以核武器或常规武器攻击或入侵朝鲜。朝方和美方承诺，相互尊重主权，和平共存，根据各自双边政策，采取步骤实现关系正常化”。

关于朝日关系问题，在 2002 年的《朝日平壤宣言》当中，两国确认“将遵守国际法，互不采取威胁对方安全的行动。双方决定，为尽快实现两国邦交正常化而竭尽一切努力”。在《9·19 共同声明》中，“朝方和日方承诺，根据《朝日平壤宣言》，在清算不幸历史和妥善处理有关悬案基础上，采取步骤实现关系正常化”。

关于东北亚安全问题，在 2002 年的《朝日平壤宣言》中，朝方表示“将暂停导弹发射的时限继续延长至 2003 年后”，双方还一致认为，“本地区相关国家应以相互信赖为基础建立合作关系。随着本地区有关国家之间关系正常化的实现，应当准备构筑旨在谋求确立地区信赖的框架”。《9·19 共同声明》称，“六方同意探讨加强东北亚安全合作的途径。直接有关方将另行谈判建立朝鲜半岛永久和平机制”。

但现实总是差强人意，朝美、朝日关系毫无改善，敌对依旧，半岛事务的主要当事方朝鲜和韩国之间的紧张关系也未因时间的推移而缓和。这种紧张对峙若长期持续，实现半岛无核化就是天方夜谭，因为这只能让朝鲜更加紧紧地拥抱核武器。这恰好是金大中前总统倡导的对朝“阳光政策”的对立面，即风刮得越猛烈，路人反而把大衣裹得更紧。同时，在朝方看来，若朝美关系不实现正常化，美国所谓的“不侵犯”则毫无信用可言。所以从这个角度看，半岛无核化谈判必须同半岛停和机制转换联系起来，否则可能无解。这也恰恰说明了中方有关“朝鲜半岛无核化与停和机制转换谈判并行推进”提议的正确性。

其次，在明确解决半岛核问题必须从重塑地区安全秩序着手之后，核问题的关键方朝鲜和美国需要做出改变。经历二次核危机后，朝方应该很清楚，要想成为举世公认的拥核国在东北亚是不可能的，因为这是逆势而为。继续执意核开发，只能招致愈加严厉的国际制裁和严重的外交孤立。要想成为国际社会的重要成员国，并发展经济，让百姓过上美满生活，不弃核是不可能实现的。另外，朝也不要以为拥有了“两弹一星”或更厉害的东西，美国就会服软，就会和朝鲜对话。“一个小国要同超级大国平起平坐，就不是用武器即军事力量，而要发挥言力即智力，别无他法……美国只承认强者，而对弱者连理都不理。要在这场战争中取胜，就必须具有超越对方的智慧和胆略。”①

美国也一样，需要改变基本判断和做法，不要以为“战略忍耐”或“战略制裁”即可一劳永逸地解决问题，不要因厌恶朝鲜政权、对推进半岛无核化产生疲劳感而一味向中国转嫁责任。因为按照美国当下的做法，把责任推给中国，让中国对朝鲜施加更大压力和实施更严厉的制裁，倘若朝鲜政权没顶住压力，垮了，这正好遂了美国的心愿，美国求之不得；朝鲜政权若顶住了，没垮台，中朝关系就会因此冷淡甚至恶化，中韩战略互信将受到严重损害，美韩日三边准同盟体系却可乘机进一步加强。这恰好又是美国“亚太再平衡”战略想要的东西。总之，无论哪种结果都符合美国的战略利益，只赢不输、稳赚不赔。不过，这显然无助最终实现朝鲜半岛无核化。所以，在促进朝鲜半岛无核化进程

① ［朝］全哲男：《朝美智力较量——核·导弹·人造卫星》，朝鲜外文出版社，2000年版，第78页。

中，美国不能私心太重。

第三，只有有了上述共识，推进朝鲜半岛无核化进程才有望成功。那么，通过重启六方会谈来解决问题则是最佳选择。虽然六方会谈缺乏制度约束，无法惩戒相关国家不履行协议的行为，以致会谈达成的协议很难全面落实。但在笔者看来，六方会谈是本地区国家共同参与、通过对话协商解决地区安全问题的一大创举，是地区国家智慧的结晶，也是历史的选择。回首会谈的曲折历程，可以发现，每当各方积极致力于对话协商，半岛形势就能保持基本稳定；每当六方会谈陷入僵持停滞，半岛形势就会面临紧张甚至失控的危险。

特别是，六方会谈的重大意义在于，不仅在推进朝鲜半岛无核化进程中发挥了巨大功效，而且体现了人类的历史是一个从征服到说服的历史。“柏拉图曾说过，世界的创建过程便是说服战胜征服的过程。人的价值就在于他有听从说服的倾向。展示出各种好坏的选择，他便能说服人或被人说服。文明便是对社会秩序的维持，而维持社会秩序靠的便是通过展示更佳选择去说服别人。诉诸武力诚然是不可避免的事，然而这恰好表明了文明的失败。”[①] 今后，如何完善六方会谈的机制建设，“通过展示更佳选择”来增强会谈的约束力和有效性，使之照顾各方合理关切、更好发挥作用，并进而成为维护东北亚地区和平稳定、现实可行的多边安全合作机制则是摆在地区国家面前现实而紧迫的问题。

① ［美］A. N. 怀特海著，周邦宪译：《观念的冒险》，2007 年 8 月第 2 版，第 73 页。

第八章　大国博弈与地区海洋秩序构建

近年来，随着南海局势的持续升温，南海问题[①]引起日益广泛的关注，对其根源及影响的探讨也在增多。毋庸置疑，南海问题的本质是中国与东南亚少数声索国的主权与海洋权益之争，但如果从历史和战略的维度来审视的话，不难发现南海问题发展演变的背后还有着地区秩序的逻辑，是地区海洋秩序解构与重构的过程。特别是随着中国海洋强国建设的推进，对地区海洋秩序的塑造力和影响力不断上升，引起美国的强烈反制，成为推动南海问题演变的重要变量。展望未来，南海问题短期内难以根本解决，秩序重构的过程不会停滞，这也是中国参与地区海洋秩序构建、诠释新型海洋安全观的契机。

① 南海主权争端涉及“五国六方”，即中国、越南、菲律宾、马来西亚、文莱，以及台湾地区。中国与印尼在岛礁主权上不存在任何争议，但两国在海域划界上存在分歧。

一、地区海洋秩序的历史演变

中国是最早发现、命名和开发经营南沙群岛的国家，也是最早并持续对南沙群岛行使主权管辖的国家。南海问题有其复杂的历史经纬，最早可追溯至20世纪初殖民列强对西沙群岛和南沙群岛的侵占。此后由于战后秩序安排、油气资源战略价值提升、《联合国海洋法公约》（下称《公约》）出台等原因，南海问题不断演变、发酵，由最初的岛礁主权“扩展”为主权和海洋权利兼而有之，且与国内政治、地区秩序及大国关系的关联日益加深。南海问题从产生到发展，是有关秩序安排不完善或受到部分国家挑战的后果。

1. 战后国际秩序未得到有效遵守和维护，是导致中国在南海的主权和海洋权利受侵损的根本原因。中国对南沙群岛的主权在20世纪30年代以前未曾引起他国争议。20世纪30年代至二战结束，法国、日本侵占了部分南沙岛礁，但遭到了当时中国政府的强烈抗议，中国政府也从未放弃对南沙群岛的主权。① 第二次世界大战改变了世界格局，也使中国在付出巨大代价后得以收复南沙群岛。1943年11月，中国、美国和英国三国首脑发布《开罗宣言》，明确提及“三国之宗旨在于剥夺日本自1914年第一次世

① 与中国从未放弃南沙主权相比，日本、法国即使通过侵略行为宣称对部分岛礁的所谓主权（当然是非法的），二战后也已放弃。越南所谓的从法国继承领土管辖权的说法站不住脚。台湾地区文献记载，“日军战败，自南沙群岛撤出，嗣并旧金山和约及中日和约中声明放弃南沙，是已在事实上及法理上放弃对该地之领土主权”，“法国势力已自远东方面退出，该国似已不再积极争取南沙之领土主权……法国外交部亚洲司司长亦面告，法国并未将南沙之主权转让与越南”。参见傅崑成：《南（中国）海法律地位之研究》，一二三资讯有限公司1995年版，第24—25页。

界大战开始以后在太平洋所得或占领之一切岛屿，在使日本所窃取于中国之领土，例如满洲、台湾、澎湖列岛等，归还中华民国”。1945 年 7 月 26 日发表的《波茨坦公告》也规定，“《开罗宣言》之条件必将实施，而且日本之主权必将限于本州、北海道、九州、四国及吾人所决定其他小岛之内”。上述文件对战后国际秩序和领土安排进行了确定，南海诸岛作为“日本所窃取于中国之领土”，显然要归还中国。当时的中国政府乘坐美国援助的军舰，收回南海诸岛的主权，太平岛、中业岛的名称即是美方援助军舰的名称。中国政府于 1947 年绘制了标有南海断续线[①]的《南海诸岛位置图》，1948 年公布包括《南海诸岛位置图》的《中华民国行政区域图》，1949 年新中国成立并继承了对南海诸岛的主权。

但是，随着冷战的爆发和美苏两大阵营的对立，美国政府在南海问题上的立场出现了策略性松动，为后来南海问题的产生埋下了祸根。1951 年美国主导签署的《旧金山对日和平条约》声明，“日本放弃台湾、澎湖、千岛群岛、库页岛、南沙群岛、西沙群岛等岛屿的主权”，“日方放弃对南沙群岛与西沙群岛之所有权利、名器与请求权”，但并未明确指出南沙群岛和西沙群岛的归属方，这种刻意为之的模糊策略显然是对《开罗宣言》和《波茨坦公告》的背叛。此后在整个冷战期间，美国基于冷战大格局和对华关系的变化，在南海问题上保持相对中立。“美国的政策困境是，虽然基于道义和国际法理应承认中国对这些岛礁的主权，但另一方面由于反共和推进亚太战略的考虑，美国又不情愿

---

① 最初公布的是十一条线。1953 年，中国政府出于中越友好关系的考虑，去掉了北部湾内的两条，因此也有不少人称之为“九段线”。为了避免此种混淆，中国政府现在称之为“断续线”，台湾当局一般称为“U 型线”。

让中国大陆占有这些岛礁，更不愿因此损害与菲律宾等盟友的关系”。[①] 美国作为亚太地区主导国家的这种模糊策略，客观上鼓励和纵容了越南、菲律宾等国的侵权行为。无论是菲律宾民间人士克洛马鼓噪的“自由王国”，还是越南方面宣称的“对法国领土管辖权的继承”，都是对战后国际秩序的破坏。海峡两岸同属一个中国，都坚决反对越南、菲律宾等国家的非法武力侵占，无奈当时军力有限、鞭长莫及，给越、菲等国的武力侵占提供了可乘之机。菲律宾方面，抓住 1971 年 10 月台湾当局被逐出联合国的机会，侵占了中业、西月等岛礁；越南方面，自 20 世纪 50 年代起先后侵占 20 余座岛礁，1974 年的西沙海战、1988 年的赤瓜礁海战，都是中方对越南侵权行为的反击。马来西亚也在 20 世纪 70 年代以后侵占了 5 座南沙岛礁。目前，南沙岛礁控制情况反而是中方处于弱势（加上太平岛才 8 座），越南则优势明显（29 座）。依据事态发展脉络可以看出，无论是基于历史事实，还是基于战后相关领土安排，南海诸岛主权均归属中国，“南沙群岛回归中国，是战后国际秩序和相关领土安排的一部分”。[②] 但现实的困境是，战后秩序并未得到大国的维护，甚至未得到小国应有的尊重，由此导致了南沙群岛的岛屿归属问题。

2.《公约》作为“海洋宪章”在确立海洋秩序方面作用突出，但在处理南海问题时也暴露出不少局限。1982 年《公约》是人类历史上篇幅最大的国际法典，与 1994 年《第十一部分协议》和 1995 年《鱼类种群协议》一起构成联合国有关海洋法的三个

---

① 傅莹、吴士存：“南海局势历史演进与现实思考”，首刊于《中国新闻周刊》总第 755 期，转载自 news. xinhuanet. com/world/2016 -05/12/c_ 128977192. htm。（上网时间：2016 年 6 月 6 日）

② 戴秉国：“在中美智库南海问题对话会上的讲话”，2016 年 7 月 5 日，http：//www. fmprc. gov. cn/web/zyxw/t1377746. shtml。（上网时间：2016 年 7 月 15 日）

公约，其中尤以《公约》最为重要。《公约》是广大发展中国家抗衡旧有国际海洋秩序的成果，是发展中国家尤其是沿海国家维护自身海洋权利和建立国际海洋新秩序的产物，其宗旨是，“妥为顾及所有国家主权的情形下，为海洋建立一种法律秩序……巩固各国间符合正义和权利平等原则的和平、安全、合作和友好关系”。[①] 中国作为发展中国家的代表，积极参与《公约》谈判并较早加入；美国则为了维护其旧有的海洋秩序利益，迄今未能加入《公约》。总体上看，《公约》被誉为“海洋宪章”，对建立和维护国际海洋新秩序发挥了正面作用。但具体到有复杂历史经纬的南海问题上，《公约》的一些有待完善之处就暴露得比较明显。有学者曾指出，“在很大程度上说，越、菲、马、文诸国滥用1958年的四项海洋公约以及1982年的《联合国海洋法公约》的有关规定，肆意挑战中国南沙主权、对中国进行恶意抗辩”。[②]

其一，《公约》未能有效理顺与传统国际法和历史事实的关系。比如，《公约》虽有提到“历史性所有权”、“历史性海湾”，但对“历史性水域”、“历史性权利”没有进行明确的规定；《公约》解决的是海洋权利的问题，但基于“陆地统治海洋”的原则，海洋权利的明晰首先要解决主权归属问题，而主权归属属于传统国际法管辖范围，不在《公约》解释和适用范畴。其二，《公约》对海洋权利的规定加剧了争端的复杂性。《公约》生效前，南沙群岛内的岛礁沙洲无论是何种法律地位，其价值主要体现在主权方面，经济利益不明显；《公约》生效后，各种海洋地物的不同法律地位决定了不同的海洋权利，地缘经济价值凸显，特别是20世纪60年代以来对南海油气资源的乐观评估，刺激了

① 傅崑成编校：《海洋法相关公约及中英文索引》，厦门大学出版社，2005年版。

② 吴士存：《南沙争端的起源与发展（修订版）》，中国经济出版社，2013年版，第14页。

部分声索国侵占岛礁、非法主张管辖海域、非法进行油气资源开采的行为。由于不少岛礁处于沿海国依本土划设的200海里专属经济区内，由此产生了海域划界争端。此外，联合国大陆架界限委员会要求2009年5月13日之前提交200海里外大陆架界限信息，越南、马来西亚、菲律宾纷纷提交相关方案，成为当年加剧南海局势的重要变量。其三，《公约》的模糊性为后续分歧留下空间。围绕《公约》的谈判异常艰难，从1973—1982年历经9年、15次会议才达成。在此过程中，《公约》对一些问题保持模糊或者弹性，对一些问题刻意回避，以便实现“最大公约数”。这种模糊、弹性或者回避，使得不同国家对同一问题可能存在分歧。比如，对岛礁地位的确定、对非群岛国群岛基线的划设等，都有不同看法。其四，《公约》的争端解决机制也有不完善之处。《公约》非常重视争端解决机制，相关内容占《公约》总篇幅约1/5。而且，为了克服此前国际法争端解决机制，《公约》引入了“有强制拘束力裁判的强制程序”，虽然作为妥协设立了“任择性例外”条款，将海洋边界划定、涉及历史性海湾或所有权的争端、军事执法活动等排除在强制争端解决机制之外，但强制争端解决机制存在被滥用的可能，为南海问题的“司法化”埋下祸根。

3. 缺乏合理有效的涉及南海问题的经济与安全合作机制，使得南海问题引发的矛盾冲突未能得到有效抑制。东南亚地区有不少各种各样的机制，大致有以下几种类型：一是美国主导的同盟机制或经济合作倡议，如美菲、美泰同盟、跨太平洋伙伴关系协定；二是东盟驱动的地区机制，如东盟地区论坛、东亚峰会等；三是中国倡导的经济合作机制，如澜沧江—湄公河合作机制、亚洲基础设施投资银行等。上述机制各有有其存在的历史必然性和特殊性，但都不能切实有效处理南海问题，这种机制缺失既反映在经济层面，也体现在安全层面。

经济层面是指未能就共同开发达成共识，也未能有效遏止相关国家在争议区的油气开采活动。1968 年，联合国亚洲暨远东经济委员会所属的“亚洲外岛海域矿产资源联合勘探协调委员会”发布勘探报告，称南海地区蕴藏大量油气资源，诱发了南海周边国家的开采潮。中国政府自 20 世纪 70 年代就提出“搁置争议、共同开发”的政策，在南海争议海域的油气勘探开发活动非常克制，迄今未在南沙争议海域实施油气开采。但是，中方的呼吁并未得到有关国家的积极响应。有专家称，“截至 2009 年底，南海周边国家在南沙附近海域钻探油气井达 1000 多口，探得 97 个油田及含油构造、75 个气田及含气构造，其中位于中国南海断续线内的油田有近 30 个、气田有 25 个”。[①] 除了油气资源外，各国围绕“渔权”的竞争也长期存在。与开发难度大、投入成本高的深海油气开采相比，渔业问题关系到渔民日常生计，关系到各国政府的执政合法性，其对各国政府南海政策的影响也很大。双边或多边共同开发机制的缺失，使得单边开发成为马来西亚、越南等声索国的政策首选。

安全层面就是缺乏有效的危机管控机制，未能有效阻止相关国家的武力侵占岛礁行为，且安全合作的缺失为外部势力的介入提供了可乘之机。20 世纪 70 年代以来，越南、菲律宾和马来西亚先后开始武力侵占部分南沙岛礁，甚至在 90 年代越南还侵占了 5 座岛礁，使其所占南沙岛礁多达 29 座。中国政府对有关国家的侵权行为进行严正交涉，必要时予以武力反击，如 1988 年的赤瓜礁海战。但总体来看，由于中国的南海政策服务并服从于对东南

① 吴士存、朱华友主编：《聚焦南海——地缘政治、资源、航道》，中国经济出版社，2009 年版，第 5 页。

亚友好合作大局，特别是冷战后迫切需要打开对东南亚外交局面，加上自身能力与资源的限制，中国对其他国家武力侵占南沙部分岛礁的情况主观上"大局出发"，客观上"束手无策"，地区层面也没有处理相关冲突的机制。部分声索国试图推动南海问题"东盟化"，但在此过程中将南海主权争端与地区和平稳定相混淆，使问题更加复杂。2000 年，中国与东盟举行非正式磋商，交换各自起草的"南海行为准则"（下称"准则"）文本，后因难度太大转而于 2002 年签署《南海各方行为宣言》（下称《宣言》），展示了各方和平解决争端的良好意愿。近年来，在有关各方的共同努力下，各方承诺全面有效完整落实《宣言》，积极推进"准则"谈判磋商，中方还提出了将主权争端与地区稳定相切割的"双轨思路"，应该说是朝着正确方向的努力。

二、地区秩序博弈的交织共振

2009 年美国推出"亚太再平衡"战略以来，南沙争端迎来新一轮升温期。虽然美国宣称其在南海岛礁主权问题上不持立场，但这并不意味着其没有将南海问题纳入"亚太再平衡"战略下思考；虽然美国并非导致此轮南海问题升温的唯一因素，但从时间与空间的"巧合"及后续事态发展来看，美国的战略调整无疑起到了重要的推波助澜作用。此外，由于中国自身维权意志与能力的增强，有关国家在南海问题上又有对华政策两面性，尤其尽量避免发生擦枪走火的事情，因此有关国家虽然都积极推进南海地区军力存在，但主要策略仍是外交、舆论和规则，以"准则"、南海仲裁案等抓手给中国"建章立制"，而中国也积极以推进 21 世纪海上丝绸之路、主动抛出"双轨思路"等予以回应，双方围绕地区海洋规则展开博弈。南海问题与大国博弈相互交织，地区海洋秩序的解构与重构，是当前南海问题的主要特征。

1. 美国、日本等域外大国加大介入南海力度，南海问题背后的大国较量在增强。如果说冷战时期出于美苏对抗大格局，美国还不时对中国“有所求”，从而在南海问题上相对超脱，冷战结束之后，美国正逐步将中国视为其全球霸权的挑战者。特别是21世纪头十年，与美国深陷反恐泥潭、受制伊拉克与阿富汗两场战争相比，中国对东盟全方位合作如火如荼，在南海问题上签署《宣言》以稳定局势，双边关系迎来“黄金十年”。在此背景下，奥巴马上台后，急切地推出“亚太再平衡”战略，这既是对美国战略重心的“再平衡”，也是对中国地区影响力的“再平衡”，而南海问题则是美国“再平衡”战略的重要抓手。近年来，美国对南海问题的介入大致经历了“相对中立—暗中操盘—公然操刀”的演变。军事上，美国与菲律宾签署《加强防卫合作协议》，强化在菲律宾军事存在；全面解除对越南武器禁运，剑指中国的意图昭然若揭；通过“东南亚海上安全倡议”、“东南亚海上执法倡议”，强化地区国家的军事和海上执法能力。2015年10月以来，美国通过在部分南海岛礁开展“航行自由行动”，来挑战中国的主权和海洋权利，同时强化符合其意志的海洋秩序。外交上，美国国内对华强硬派走强，不少人将南海问题视为中美关系的“试金石”，将中国的南海政策视做检验是否和平崛起的“石蕊试纸”，通过官员表态、听证会、发言人谈话等形式，在双边以及多边场合（如香格里拉对话会等），批评指责中国的海上维权，鼓动日本、澳大利亚乃至欧盟、东盟共同对华施压。规则上，美国批评中国的“断续线”主张“不合法”，指责中国的岛礁建设“改变现状”，敦促中国加快“准则”谈判，并以威胁航行自由、军事化等为借口批评中方的维权举措。美国还大力支持菲律宾单方面提起南海仲裁案，强调仲裁结果的“约束力”，敦促中方遵守仲裁结果，试图将中国抹黑成“不遵守国际法”。作为美国亚太同盟体系的重要支柱，日本对美国的南海政策亦步亦趋，在外交、法理、军事等多层面不断加强对南海的介入力度。特别是2015年以来，日本对南海问题的炒作和关注“异乎寻常”，在国际场合上大肆抹黑中国，指责中国“威胁南海和平稳定与航行自由”，批评中国“破坏海洋法治”。2016年5月的七国集团（G7）峰会上，日本滥用主办国的便利将“海洋法治三原则”塞入联合声明，并明确提及“应通过包括仲裁在内的法律程序等和平方式解决争端”，[1] 显然是为南海仲裁案埋下伏笔；7月12日南海仲裁案结果出炉后，日本外相岸田文雄第一时间表态欢迎，施压中国接受仲裁结果。

南海问题本是地区性领土主权争端，但南海在国际能源和贸易往来中重要而独特的作用，使之或多或少具备“国际化”特征。更重要的是，美国、日本基于自身利益和地缘政治考量，加大插手南海问题的力度，尤其是在国际场合大肆渲染、炒作“中国海上威胁”，使南海问题逐渐演变成大国战略角力。美国、日本介入南海问题的背后动因，折射的是对中国战略意图的担忧和对地区海洋秩序主导权的争夺。从美国方面看，美国自建国以来就非常重视“自由运用海洋”的权力，后来又将海洋霸权作为霸权体系的重要支柱，强调对国际重要海域和咽喉要道的控制。南海地缘位置重要，是连接太平洋和印度洋的枢纽，是经济活力较强的地区，也是中国海上丝绸之路建设首先要经过的地区，自然受到美国格外的战略关注。在美国看来，南海问题不仅是中国

---

① “G7 Ise-Shima Leaders’ Declaration”, May 27, 2016, http://www.mofa.go.jp/files/000160266.pdf, p. 25.

与部分声索国的主权和海洋划界问题，更是中国实力崛起撬动地区秩序的结果。如果中国在南海地区实现战略优势，将极大改变地区海洋秩序，极大挑战美国的地区影响力。美国海军作战部长约翰·理查森（John Richardson）认为，“中国、俄罗斯这样的国家，正在利用他们新获得的海上力量，不仅推进他们的国家目标，还挑战二战后许多国家发展所依赖的行为准则和规范。我们应该将这种对国际规则和秩序的挑战，视为对我们安全与繁荣的挑战，对所有支持开放、公平架构的国家的安全与繁荣的挑战”。[①] 国务院负责多边事务的助理国务卿帮办科林·威利特（Colin Willett）也强调，“美国将继续扮演积极和建设性的角色，维护和促进南海地区基于规则的海上秩序”，并高度赞赏菲律宾单方面所提南海仲裁案。[②] 美方认为，“中国选择性地遵守国际法，或者延伸对国际法的解释来适应其狭隘的国家利益”。[③]

从日本方面看，其更多地是从东海、南海两海联动的框架下审视南海问题，希望通过插手南海问题、挑起南海争端来配合其在东海方向的对华牵制。中日在地区事务中的主导权之争由来已久，日本在2010年国内生产总值被中国反超之后心理不适增加，也希望通过一些规则来约束中国，南海争端的激化为日本提供了

① Statement of Admiral John M. Richardson, U. S. Navy Chief of Naval Operations Before the Senate Committee on Armed Services on the Fiscal Year 2017 Navy Budget, March 15, 2016, http: // www. armed-services. senate. gov/imo/media/doc/Richardson_ 03 – 15 – 16. pdf.（上网时间：2016年5月12日）

② Colin Willett, Deputy Assistant Secretary of State for Multilateral Affairs, Bureau of East Asian and Pacific Affairs, U. S. Department of State, Statement on “South China Sea Maritime Disputes” Before the House Armed Services Committee Seapower and Projection Forces Subcommittee and House Foreign Affairs Committee Subcommittee on Asia and the Pacific, July 7, 2016, HHRG – 114 – FA05 – Wstate – WillettC – 20160707. pdf.（上网时间：2016年7月15日）

③ Travis Tanner, Wang Dong, “U. S. – China Relations in Strategic Domains”, *The National Bureau of Asian Research Special Report*, No. 57, April 2016, p. 5.

可乘之机。日本介入南海问题很大程度上基于对华博弈或中美日三边关系，一方面通过挑起南海争端、离间中国与东南亚国家关系，来缓解其在东海方向上的压力，甚至呼应其在台海方向上的动作；另一方面通过在南海问题上帮助美国承担更多的安全压力，来换取美国在东海方向上对日本的更大安全保障。

2. 围绕地区海洋规则的争夺在加剧，南海地区“建章立制”的压力在增大。如前所述，南海地区在经济和安全层面都缺乏有效的合作机制，各方围绕相关机制和秩序安排的博弈在增强。一是共同开发机制方面。目前，南海争端各方围绕共同开发的分歧较大，对油气资源共同开发的区块及合作模式都有不同看法，对渔业资源的共同开发也是矛盾重重。为了促进与地区国家的海上合作，中国政府于2013年提出了建设21世纪海上丝绸之路的倡议，强调“东南亚地区自古以来就是海上丝绸之路的重要枢纽，中国愿同东盟国家加强海上合作，使用好中国政府设立的中国—东盟海上合作基金，发展好海洋合作伙伴关系，共同建设21世纪海上丝绸之路”。[①] 海上丝绸之路的本质是强调发展合作，题中应有之意是缓解南海问题对地区经济合作的冲击。但是，由于南海争端的存在，不少东南亚国家对海上丝绸之路存有疑虑，甚至将之与南海问题相挂钩。有越南舆论指责中国“正利用郑和15世纪初的海上丝绸之路航线，作为其对黄沙（即中国的西沙群岛，下同）和长沙（即中国的南沙群岛，下同）两个群岛‘开辟、确立并行使’的‘主权’的立论基础……中国的21世纪海上丝绸之路倡议带有多种政治内涵，经济内容只是个‘帽子’，掩盖其深层次的政治算计，其目的是实现使中国成为海上超强国家的目

① 习近平：“携手建设中国—东盟命运共同体”，《人民日报》2013年10月4日，第1版。

标，挑战美国的‘独尊’地位”。[①] 越南于2012年通过《越南海洋法》，公然把西沙和南沙群岛纳入其“主权”和“管辖”范围，对发展海洋经济、加强海洋管理和保护等做出全面规定；2014年公布《至2020年海洋资源可持续开发利用和海洋环境保护战略及2030年展望》，强调海洋资源的开发利用。菲律宾、马来西亚、文莱也根据自身国内法和自身利益开发南海资源。与油气资源共同开发相比，各方围绕渔业资源和捕鱼权的竞争更加激烈，近年来也出现诸多案例。2012年中菲黄岩岛对峙事件，起因就是菲律宾军舰暴力逮捕中方渔民；2014年1月正式实施修订后的《海南省实施〈中华人民共和国渔业法〉办法》，遭到了不少国家莫须有的指责；而2015年以来印度尼西亚炸毁数十艘邻近国家的渔船，甚至单方面废止中—印尼渔业协议，也加剧了地区渔权之争。此外，共同开发的区域划设问题，与断续线性质和历史性权利内涵密切相关，菲律宾单方面提请的南海仲裁案，目的之一就是试图通过贬低南沙岛礁法律地位、缩减中方在南沙海域的海洋权利，进而使其能够从本土划设200海里专属经济区，扩大其单边开发的海域。

二是争端解决方式方面。领土主权和海洋权益争端有三种解决方法：军事、法律和政治。对所有南海周边国家来说，军事手段都是迫不得已的最后选择，虽然不能完全排除偶发的低烈度冲突，但包括中国在内的所有国家都强调以和平方式解决争端。国际上和平解决海洋争端的办法是政治手段为主、法律手段为辅，但近年来南海争端各方围绕政治解决还是法律解决方面的分歧在扩大，尤以菲律宾单方面提起仲裁为甚。中方基于自身经验和南

---

① “Be Keenly Alert to China’s ‘21st Century’s Maritime Silk Road’ Initiative”, June 9, 2014, http://www.southchinasea.com/analysis/746-be-keenly-alert-to-chinas-21st-centurys-maritime-silk-road-initiative.html.（上网时间：2014年9月25日）

海争端复杂情势，始终坚持通过谈判协商和平解决争端，强调“在领土和海洋划界问题上，中国不接受任何强加于中国的争端解决方案，不接受任何诉诸第三方的争端解决方式”。[①] 在相当长时间内，中方在与有关国家的双边声明中不断重申此主张，且得到了其他争端方的认同。2002 年 11 月，中国同东盟 10 国共同签署《宣言》，各方承诺“根据公认的国际法原则，包括 1982 年《公约》，由直接有关的主权国家通过友好磋商和谈判，以和平方式解决它们的领土和管辖权争议，而不诉诸武力或以武力相威胁。”但菲律宾阿基诺政府罔顾双边和多边文件中有关谈判磋商解决南海争端的声明，于 2013 年 1 月单方面就中菲在南海的有关争议提起仲裁，[②] 并获得美国、日本的大力支持。事实上，美国国内也有不少学者认识到仲裁案根本解决不了南海问题。[③]

2016 年 7 月 12 日，南海仲裁案最终结果公布，其对历史性权利的否定、对南沙群岛岛礁性质的裁定、对南沙群岛整体地位的否定，都明显涉及到主权和海洋划界问题，超出了仲裁庭的管辖权，且无论是程序还是实体审理都存在严重的不公正性。仲裁

---

① 中华人民共和国国务院新闻办公室，《中国坚持通过谈判解决中国与菲律宾在南海的有关争议》，2016 年 7 月 13 日，http：//www. scio. gov. cn/zfbps/gfbps/Document/1483619/1483619. htm。（上网时间：2016 年 7 月 14 日）

② 虽然菲律宾方面绞尽脑汁，精心包装，试图将所述事项包装成与主权和海洋划界不相关的事项，但 1992 年 7 月在马尼拉举行的第 25 届东盟外长会议发表的《东盟关于南海问题的宣言》表示，“南海问题涉及直接相关各方之间主权和管辖权的敏感问题”，任何将南海问题与主权和海洋划界蓄意切割的行为都违背了此精神。“1992 ASEAN Declaration on the South China Sea”, Adopted by the Foreign Ministers at the 25th ASEAN Ministerial Meeting in Manila, Philippines, July 22, 1992, http：//www. aseansec. org/1196. htm。（上网时间：2016 年 7 月 20 日）

③ Paul Gewirtz, Limits of Law in the South China Sea, Center for East Asian Policy Studies at Brookings, *East Asian Policy Paper*, 8, May 2016; Mira Rapp-Hooper, Harry Krejsa, *Reefs*, *Rocks*, *And the Rule of Law*: *After the Arbitration in the South China Sea*, Center for a New American Security, April 4, 2016.

结果甚至对美国、日本的海洋权利也造成了冲击，前者如金曼礁、后者如冲之鸟礁。仲裁结果公布后，虽然美国、日本、澳大利亚等极少数国家出现了不和谐杂音，但国际社会及有关各方总体保持克制。2016年7月13日，中国重申“愿继续与直接有关当事国在尊重历史事实的基础上，根据国际法，通过谈判协商和平解决南海有关争议”，菲方也表示保持克制、以和平方式解决冲突，表达了“翻篇”意愿；7月25日，中国—东盟外长会发表《关于全面有效落实〈南海各方行为宣言〉》的联合声明，重申“由直接有关的主权国家通过友好磋商和谈判，以和平方式解决它们的领土和管辖权争议，而不诉诸武力或以武力相威胁”；[①] 7月28日，东盟地区论坛主席声明未提南海仲裁案。至此，虽然菲律宾阿基诺政府仲裁闹剧的后续影响仍会存在，但争端各方重新确认了谈判磋商解决争端的承诺。

三是争端解决行为体及进程方面。2014年8月，王毅外长在当年的中国东盟外长会上提出了“双轨思路”，即有关具体争议由直接当事国在尊重历史事实和国际法基础上，通过谈判协商和平解决；南海和平稳定由中国和东盟国家共同加以维护。“双轨思路”既聚焦南海争端本质，又回应地区和平稳定的关切，反对外部力量介入，应该是解决南海争端的可行办法。与之相对，越南、菲律宾等国竭力将南海争端多边化、国际化，加强与美国、日本的海上安全合作，并获得美日大量军事和海上执法援助，同时在外交上也主张国际社会更多关注南海问题。台湾当局不甘落寞，历届政府都鼓吹多边磋商，要求参与多边解决机制，欲借此提升其在南海问题上的能见度和话语权。此外，虽然中国和东盟

① “中国和东盟国家外交部长关于全面有效落实《南海各方行为宣言》的联合声明”，《人民日报》，2016年7月26日，第21版。

均承诺落实《宣言》，进一步推进“准则”磋商，且“准则”已进入“重要和复杂问题的磋商”阶段，争取在协商一致基础上早日达成“准则”，但各方对“准则”的内容与进度存有分歧。中方认为“准则”磋商应该坚持“合理预期、协商一致、排除干扰、循序渐进”原则，但不少东盟国家怀疑中国是“以拖待变”，故意提高“准则”磋商难度来延缓进度。近年来，美国不断就“准则”进程向中方施压，欲打破中方主动磋商进程的局面。东盟国家出于对中国岛礁建设、海上执法等行动的担忧，签订“准则”的紧迫心理更强，在双边和多边场合不断呼吁加快“准则”磋商进程。

三、新海洋秩序观与地区秩序构建

在可预见的未来，南海问题难以得到根本解决，大国围绕海洋秩序的博弈不会消失，各方围绕地区海洋秩序建构的博弈不会停止。但南海局势的恶化对所有相关方都不利，即使是试图挑起地区矛盾的域外国家，最终也将是“搬起石头砸自己的脚”。各方需要认真评估现有地区秩序的不足与有待完善之处，相互合作，建构更加公正、适应地区形势的海洋秩序，把南海建设成和平之海、友谊之海和合作之海。

首先，增强战略互信，宣扬新型海洋安全观。南海争端的长期存在，反映了中美、中日、中国—南海声索国乃至中国—东盟之间战略互信的不足，背后是个别国家奉行的传统地缘政治理念和马汉式海权思想在作祟。根据马汉的海权思想，海洋权力（Sea Power）是国家权力的重要组成部分，“获得海权或控制了海上要冲的国家，就掌握了历史的主动权”，[①] 此理念是很多国家海洋战略的逻辑起点，迄今仍有相当市场。具体到南海争端上，无论是美日还是地区声索国，很大程度上以此视角审视中方维权举措，催生了“中国海上威胁论”。在中国稳健崛起且提出建设海洋强国目标的大背景下，其他国家的担忧与质疑是难以避免的。与其说战略互信的缺失来自于实力上的差距，不如说来自于意图上的误判，南海相关各方应跳出南海看全局，秉持新的海洋安全观，深化地区海上安全合作。正如习近平总书记强调的，要“持用和平方式、谈判方式解决争端，努力维护和平稳定”；[②] 李克强总理在 2014 年 6 月访问希腊时也提到，“努力建设和平、合作、和谐之海”，呼吁“塑造根植传统、面向未来的现代海洋文明”，[③] 应该说阐述了中方的海洋安全观。中方希望通过增强海上合作、构筑海上命运共同体，为南海争端降温去热。中方应积极倡导和平、合作、和谐的新型海洋观，加强在海洋法、海洋环境保护、海上力量运用等诸多海洋秩序治理领域的研究与参与，为建立更加公正合理的海洋秩序贡献力量。

其次，妥善处理《公约》与习惯法和国际实践的关系。领土主权属于传统国际法管辖范围，不属于《公约》解释与管辖范围之内，但《公约》作为“海洋宪章”在维护海洋秩序方面也有着不可替代的地位。2013 年菲律宾单方面提起的南海仲裁案历经 3 年，其非法、不公的裁决结果（特别是对管辖权的扩权）对现存国际海洋法秩序造成了冲击，同时也暴露了《公约》存在的有待

---

① ［美］艾·塞·马汉著，蔡鸿幹、田常吉译：《海军战略》，商务印书馆，1996 年版，第 vii 页。

② 习近平：“进一步关心海洋认识海洋经略海洋 推动海洋强国建设不断取得新成就”，《人民日报》2013 年 8 月 1 日，第 1 版。

③ 李克强：“努力建设和平合作和谐之海——在中希海洋合作论坛上的讲话”，《人民日报》2014 年 6 月 21 日，第 3 版。

完善之处。中国需要加强对《公约》的阐释和完善，对一些模糊的地方提出自己的合理解释，并寻求国际社会的支持。当然，前提是加强国内的海洋法人才建设，做好相关论证工作。作为世界海洋霸权美国，也应该早日加入《公约》。正如有学者指出的，“解释、应用、创新国际海洋法不仅是维护中国海洋利益的需要，也是中国参与国际海洋秩序，做出负责任贡献的需要。中国应该广泛参与到争端解决、公海管理、岛屿法律地位等国际海洋法的具体构建当中……积极参与国际海洋法法庭、国际海底管理局等国际海洋机制的工作，从人力、物力和智力方面为国际海洋机制的运行提供不可或缺的支持和帮助”。[①]

再次，着力推动海洋治理机制建设，分层分类推进海洋事务合作机制。其一是危机管理机制。短期应重点推进，避免相关热点问题干扰海上合作。基于“双轨思路”，通过推进“准则”谈判、探索南海联合巡航、尝试海上执法机构联合执法等方式，携手维护南海地区总体稳定。其二是功能性合作机制。在人道主义救援、海上搜救、打击海盗、海上反恐、打击海上跨国犯罪等领域加强合作，中方可以提供相关资金、技术支持。此外，推动海洋开发合作机制，利用中国—东盟海上合作基金、丝路基金等，为港口基建、渔业、海洋旅游等提供融资支持。其三是共同开发合作机制。共同开发难度很大，已有的20多例共同开发案，虽然在地理范围上基本涵盖各大洲，但却无一例外都是双边国家之间案例，迄今尚无一例多边国家海上共同开发案。虽如此，在南海资源开发问题上，除了共同开发别无他法，相关各国可在实践中将“主权”和“治权”适度切割，在主权各表的情况下，推动治理合作，加快共同开发。

① 胡波：《中国海权策：外交、海洋经济及海上力量》，新华出版社，2012年版，第173页。

第九章 日益凸显的非传统安全难题

一、恐怖主义与地区安全秩序

恐怖主义并不具有民族主义、资本主义、社会主义那样对国际秩序产生颠覆性影响的能力，但它与国际秩序尤其是地区秩序的变化有着密切关联，时而是一种促变的力量，时而又是一种失序的产物。

（一）恐怖主义与秩序的关系

一般而言，恐怖主义本身不会对秩序建构、解构产生关键性作用，恐怖势力不是秩序的直接建构者，往往也非秩序的直接解构者，除非秩序的主要建构者或维持者采取了恐怖主义政策，或者国家机器与恐怖主义融为一体，如“伊斯兰国”。然而，恐怖主义又与秩序建构与解构有着千丝万缕的关联，恐怖主义往往是秩序建构与解构的重要催化剂。恐怖主义既可能是秩序遭遇冲击甚至破坏之因，也可能是秩序建构之因。这与恐怖主义对秩序的正负作用力相关。

所谓的正作用力，指恐怖主义的存在与应对成就了秩序的建构与维持。由于暴恐势力主要冲击的是国家行为体以及由国家行为体为主建构的秩序，甚至在中东、非洲及南亚某些地区，暴恐势力加入了国家行为体之间的地区秩序之争，出于止损固益之共同诉求，国家行为体尤其是主要国家行为体需要构筑一种反恐合作，即反恐秩序，从而将地区秩序的主导权之争放置一边。

所谓的负作用力，指恐怖主义的存在对现有秩序的冲击与破坏。这有两方面的体现：一方面，暴恐势力本身破坏了建构、维持秩序的国家行为体，从而在一定区域导致失治、失序；另一方面，秩序主导者因反恐投入或暴恐袭击而出现自身力量的弱化，从而导致维持原有秩序的力量格局明显生变。从秩序的定义可知，一旦力量格局发生了重大变化，建于其上的秩序必然面临着变革甚至革命的压力。在这种情势下，一旦秩序主导者感知到其主导地位及其主导下的秩序受到威胁，它必然会降低甚至放弃其反恐投入，以便加大对秩序维持的投入。但这会带来两种后果：一是恐怖势力可借此赢得喘息之机，二是地区秩序主导权博弈呈尖锐化之势。两种后果均会导致地区秩序的波动，这在东亚、南亚较为凸显。

（二）恐怖主义成因与国际秩序

冷战后，国际恐怖主义明显呈现泛滥与猖獗之势，这种现象是由多方因素促成的。

首先，国际恐怖主义的勃兴与冷战后国际格局与秩序的剧烈变动密切有关。冷战的戛然而止使得长期被两极对抗格局所掩盖、所压抑且长期得不到化解的民族矛盾、宗教矛盾、国家矛盾及各派别组织间矛盾几乎是瞬间爆发、失控、延烧。不断激进的民族主义及其变种的“民族分裂主义”以及由宗教偏执导致的“宗教极端主义”日益成为当今国际社会恐怖主义发展的核心根源。这些极端主义对恐怖主义的发展提供了思想支持与行动指导。尤其是宗教极端主义，因其直接打击的对象就是作为国际秩序的基本构件，即国家行为体，成为当今恐怖主义类型中最普遍的一种，且是对当今国际社会、国际秩序危害性最强的一种。更重要的是，在全球化、信息化、科技化的推波助澜下，极端宗教恐怖主义成为一种带有全球性质的国际化活动。其结果就是，宗教极端主义与恐怖主义几乎合为一体，成为当代世界恐怖主义活动不断泛化、危害程度不断加重的主要动因。

其次，各类专制与霸权为国际恐怖主义泛滥提供了肥沃的土壤。一方面，一国之内的高压甚至暴力压制政策不断激化原有的政治、经济、民族、文化、宗教等领域存在的矛盾，反体制、反秩序的能量也因此日积月累，为一国之内的恐怖主义兴起与泛滥起到了思想动员的作用；另一方面，大国在地区乃至国际社会强行的霸权主义、单边主义政策也在很大程度上催生了反霸权体系、反现有秩序的民族主义、地区主义运动，而这种运动也往往能被极端主义势力作为“政治正确”所大加利用，继而也为恐怖主义的滋生蔓长营建了良好的生存空间与发展环境。特别需要提出的是，一些国家出于自身利益诉求与维护，在涉恐问题上公开推行“为我所用”的双重甚至多重标准，从而使恐怖主义的发展获得了官方的强劲支持。

第三，全球化进程催生的被剥夺感扩大了反体制反秩序力量。冷战结束后，全球化的加速发展在创造极大的社会财富、经济发展与科技进步的同时，也带来了诸多跨界社会问题，如进一步拉大南北发展差距、数字鸿沟成几何极数扩大等。一些南方国家（发展中国家）在全球化进程中被日益边缘化，并由此催生出广泛的被剥夺感以及对全球化同样广泛的怨恨感。两种“感”与蔓及西方的“反全球化”等思潮又相互激荡、共振，从而为国际恐怖主义无远弗届的扩散提供了强劲动力。从这点而论，反全球化本身也是“另一种全球化……它是弱势与受害群体对全球化黑暗面的微弱抗争，是对全球化的所谓不可规避的挑战”。[①] 恐怖主义就是这种反全球化浪花中的一种恶花。

最后，通联技术的迅猛发展增加了异质社会间的冲突机率。交通、通讯、网络技术的飞速发展真正使得“地球村”成为了一个现实。它在改变人类时空观念并带来巨大交联便利的同时，还改变着国家间以及国家内部不同族群、不同个体之间的利害关系，并对传统社会带来近乎革命性的干扰乃至破坏。那些难以适应这种技术进步对原有传统文化与信仰体系带来剧烈冲击的人群最易成为反现代化的堡垒。极端主义和恐怖主义思想的重要特征之一就是抗拒科学理性。此外，交通和通讯技术的迅猛发展也加速了恐怖主义势力在全球范围内的迅猛扩张，加大了人类社会对恐怖主义势力的打击难度。但也正因如此，国际反恐合作成为当今地区秩序与国际秩序建构与维护中非常重要的内容。

（三）恐怖主义对国际秩序的冲击

冷战结束后，恐怖主义对国际秩序的冲击主要体现在五大方面。

---

① 庞中英：“另一种全球化——对‘反全球化’现象的调查与思考”，《世界经济与政治》，2001 年第 2 期。

首先，恐怖主义动摇着国际秩序的基本构成。国家行为体是威斯特伐利亚体系的基础，是国际秩序的基本构件。然而，随着全球化、信息化、科技化的不断发展，随着人员、资金、技术乃至思想越来越广泛和迅速的跨国界流动，“世界扁平化了”。作为秩序的基本构成单元的民族国家行为体出现了明显的弱化，其对一疆之域的控制力明显下降。相较之下，非国家、非政府行为体则日趋活跃，代行不少政府功能。作为一种极端表现，一些国家则在非国家、非政府行为体的扰局下失去了对一疆之域的管控能力，国家机器一碰即瘫。例如，扰得阿拉伯世界至今仍动荡不宁的“阿拉伯之春”，其导火索是一位大学生在突尼斯街头的自焚。

不仅如此，恐怖主义基于阶级矛盾或出于宗教偏执，进一步打破了民族、种族的界限，这使得这种矛盾与冲突在信息化、全球化、科技化的推波助澜下迅速跨越地理疆界的局限，而演变为区域性冲突，并导致世界范围内恐袭的频发。“9·11”恐袭事件表明，在当今全球化的进程中，那些弱势国家或者边缘国家往往是恐怖主义诞生的温床。更令国际社会担心的是，倘若“伊斯兰国”在中东最终成势，一个政教合一的跨国、跨地区“伊斯兰帝国”将从根本上颠覆中东秩序，并直接威胁国际秩序，这是因为“伊斯兰国”所倡导的是一种与国际秩序基本体系即威斯特伐利亚体系完全相冲突的意识形态。

其次，恐怖主义弱化了国际秩序的主要单元。大国往往是秩序的主建者与主导者，因此，大国兴衰的历史性变化自然就是国际秩序面临的重大挑战。近百年来，国际社会经历了英殖民秩序、美苏两极秩序、美国秩序以及“后美国秩序”的前后更迭。这其中，恐怖主义多多少少地与美苏两极秩序及美国单极秩序的终结有着很大关系。“反苏圣战者”的“刀刀见血”让占领阿富汗的苏联红军“流血不止”，成为拖垮苏联、结束美苏两极秩序的最大外因。而包括本·拉登在内的“反苏圣战者”正是冷战后四处施暴的国际恐怖势力的主体。同样，十余年反恐战争也极大地消耗了美国维持冷战后“单极世界秩序”的精力与资源，并给以中国为首的新兴国家的群体性崛起——也即扎卡利亚所言“他者的崛起”① 带来了难得的战略机遇。

再如“英国退欧”对国际秩序的冲击。欧盟在拱卫以美为主的国际秩序中一直发挥着重要作用，但“英国退欧”无疑是对欧盟的一次重要弱化。英国之所以“退欧”，其中一重要原因在于英国民众对外来移民和难民的恐惧，而移民与难民问题和反恐战争与恐怖主义有着密切关联。深受恐怖主义及反恐战争影响的阿富汗、叙利亚、伊拉克长期以来都是非法移民与难民大户，且其中的绝大多数进入欧盟。欧盟本身深陷经济危机多年，这些难民与移民的到来催生滋长了欧盟本土民粹主义及反移民、反难民的极右主义。两种主义又在很大程度上在移民群体中催生出恐怖主义。“伊斯兰国”之所以能从欧洲吸引成千上万的年轻极端分子前来并肩作战，其原因即在于此。令人深思的是，在可预见的将来，当前这些滋生难民和恐怖分子的战乱地区仍难恢复平静，前往欧洲的难民潮仍会源源不断，并不断改变着欧洲人口与文化结构。倘若欧洲不再是传统意义上的欧洲，西方则很难保持传统意义上的西方。这种发展趋势的终极后果就是主导当今国际秩序的西方阵营的解体。

---

① 缘自“后美国世界”的概念。扎卡利亚把当今世界称为“后美国世界”。他认为，近代以来世界先后经历了“西方的崛起”和“美国的崛起”两个时代，现在正进入“他者的崛起”的时代。在这个时代，这个世界是“美国和诸大国”的世界（巴里·布赞）、是“没有主宰者的世界”（查尔斯·库普钱）、是“零国集团的世界”（伊恩·布雷默）。总之，在“后美国世界”，西方大国的主导地位已终结。参阅刘德斌：“世界秩序的崩塌与重构”，《外交评论》，2015 年第 6 期，第 33 页。

第三，反恐行动冲击着国际秩序运行的指导原则。这主要体现在对现行国际秩序中的不干涉内政、主权不可侵犯等重要原则、规则的冲击上。2009年联合国大会通过的《履行保护的责任》报告书即是在很大程度上赋予美西方主导的国际社会实施人道主义干预的权利或合法性外衣。美西方主导的国际社会之所以如此重视人道主义干预，在很大程度上是为了消除最易滋生极端主义、暴恐主义的土壤，即某一国内部的“严重违反人权”的现象。实际上，自1999年以来，美西方社会对科索沃、伊拉克、利比亚和叙利亚等国家和地区的干预实践表明，人道主义干预越来越多地超越传统的互不干涉内政和主权领土完整的原则，已成为国际干预的重要内容。这对当今国际秩序的冲击也显而易见。

具体而言，美国在中东地区领导的反恐联盟在开始阶段主要就是为了支持反对派势力推翻阿萨德政权，其理由之一就是，阿萨德政权在国内推行的“严重侵犯人权”的政策是导致地区恐怖主义、极端主义不断泛滥的一大原因。然而，美国的这种支持政策恰恰促成了同样有意推翻阿萨德政权的“伊斯兰国”的迅猛发展。

再如，美国海豹突击队2011年5月1日在未事先通知的情况下即进入巴基斯坦境内击毙本·拉登，以及美国五角大楼2016年5月21日在未经允许的情况下即进入巴境内用无人机猎杀阿塔一号领导人曼苏尔等，均是对维持国际秩序运行的最重要指导原则“主权领土完整”的严重侵犯。这些侵犯在反恐名义下显得合理正当，但这种侵犯实质上已动摇了国际秩序赖以有效运转的指导原则，至少对美巴反恐合作是一种严重侵蚀。

第四，恐怖主义干扰着地区秩序的稳定运行。恐怖主义对地区秩序的影响集中体现在从北非到中东、中西亚、南亚再到东南亚地区的动荡弧上。在这个巨大的动荡弧中，伴随着武装伊斯兰极端势力与恐怖势力的不断发展，外来干涉也越来越多，外来干涉的增多反过来又激化了地区矛盾，进一步恶化反恐形势。地区秩序即在这样一种循环中走向更大的混乱与失控。一个显著案例就是日益难解且对地区稳定构成严重威胁的阿巴问题。美巴等国冷战期间支持“反苏圣战”带来了国际恐怖主义在阿巴地区的扩散，而伴随着苏联红军1989年12月从阿富汗的撤离，这些“反苏圣斗士”或卷入阿富汗持续至今的内乱，或转而继续在本地区及其他地区，如印控克什米尔、俄罗斯车臣、中国新疆、北非、波斯尼亚、菲律宾、印尼等，扰得整个动荡弧“周天寒彻”。

再如，对南亚秩序有决定性作用的印巴关系，其长期的非正常化就与恐怖主义活动密切相关。1999年险酿第四次印巴战争的卡吉尔冲突，其直接导火索就是来自巴控克什米尔地区的极端势力对印控克什米尔地区的武装渗透，而2008年导致印巴关系陷入严重对立的孟买大恐袭则主要是藏身巴境的反印暴恐—极端势力所策划并参与的。2016年年初，印巴两国政府原本打算启动自2008年以来即停摆的双边关系正常化进程，然而，1月初印度帕坦科特空军基地的恐袭案再度令印巴全面对话恢复无望，因为此次恐袭又与巴境内的极端—暴恐组织相关。实际上，自冷战结束以来，恐怖主义是导致印巴关系反复紧张与持续对立的最重要渊薮，而印巴关系的非正常化则是南亚区域合作长期停滞难前的最重要制约因素。

第五，反恐合作成为地区秩序变动的一大动因。反恐合作对地区秩序的作用有正有负。一般情况下会对地区秩序起正能量作用。这是因为，暴恐势力主要冲击的是国家行为体以及由国家行为体为主构建的秩序，出于止损固益之共同诉求，国家行为体尤其是主要国家行为体需要构筑一种反恐合作，即反恐秩序，而将地区秩序的主导权之争放置一边。例如，过去15年来为维持中亚秩序及中俄战略协调提供大平台的上合组织即为此方面的典范。

它成立的一个重要原因就是为了应对这一地区存在的国际恐怖主义、民族分裂主义和极端宗教主义，此三者往往在暴恐问题上立场惊人一致。

然而，一旦反恐压力减小，甚至反恐不再是当务之急，有关国家就会调整其反恐政策，从而有可能导致原有被反恐所压制的地区矛盾再度突显，并冲击地区秩序。

例如，在阿富汗反恐问题上，美国的南亚政策前后有着明显变化。在第一阶段（即本·拉登被击毙之前的阶段），美国视巴为“反恐前哨国家”、“非北约主要盟友”，而对印度从一开始即表现出与美展开反恐合作的强烈愿望，则置之不理。在长达十余年的反恐期间，美谨慎奉行着“印巴相互脱钩”的南亚政策，美印合作相对低调，说多做少，虚多实少。但随着美国全球战略从反恐重心转移至防范大国崛起为重心，美印关系急速升温，而美巴关系则急转直下。这在很大程度上带动了南亚秩序的潜在变动，加剧了南亚地区的战略失衡。

同样，中国自1999年以来也一直奉行“印巴并行不悖”的南亚政策。中国不仅与印度一道致力于“更加紧密的发展伙伴关系”建设，如大量增加对印制造业与基础设施的投资力度；同时，为助巴实现社会去极端化努力以及促进新疆地区的长治久安，中国大力支持中巴经济走廊建设计划。中国的这种努力显然是为了维持地区秩序的总体平稳。但若出于对巴反恐不力的报复，以及出于对中巴走廊建设的严重不满，印度政府开始有意识地利用反巴势力在巴境内制造内乱（正如印度总理2016年8月15日在红堡发表独立演讲中所暗示的那样），并伺机破坏中巴走廊建设，印巴和中印关系届时势必严重倒退。考虑到美印战略合作的日益深化、美巴关系的日益疏远、中美战略博弈的日益加剧，南亚地区或将出现中巴抗衡美印的冷战格局。

（四）恐怖主义与东亚秩序变化的关系

二战结束以来，东亚呈现出三个部分性、领域性的地区秩序安排，即美国主导的安全体系、日本主导的雁行经济秩序、东盟主导的次地区共同体秩序。[①] 21 世纪以来，东亚秩序又呈现两大新特点，即“小马拉大车”的区域政治合作体系和“安全上傍美、经济上依华”的“二元格局”（或以中国为主的经济中心和以美国同盟体系为核心的安全中心的“双中心”）现象。

在东亚秩序的这种演变中，恐怖主义发挥了明显的间接作用。也就是说，东亚秩序当前特点的形成有着恐怖主义的深刻烙印。

具体而言，东盟能“小马拉大车”与美因反恐而无力深耕东亚有关。除东亚传统大国中日之间的领导权竞争和互不信任，导致谁也无法成为东亚地区秩序构建的领导者之外，美国在小布什执政的八年时间里，由于忙于“全球反恐”下的伊拉克战争、阿富汗战争，没有太多精力顾及东亚，东亚被小布什政府有意无意地忽视了。在这种情况下，善于搞“大国平衡游戏”的东盟脱颖而出，积极推动以东盟为主导的地区一体化进程，以集团身份提升它们在地区秩序构建中的声音和影响，塑造于己有利的地区秩序。

而“二元格局”在东亚地区的形成也与美国领导的全球反恐战争有关。其实，早在小布什时期，美国即欲“重返亚洲”专心对付中国崛起，2001 年 4 月 1 日中美南海上空的撞机事件即是这一政策实施的具体结果。但“9・11”事件的发生使美国的安全威胁观发生了临时根本性转变。实际上，“9・11”事件是中美关

① 门洪华：“东亚秩序建构：一项研究议程”，《当代亚太》，2008 年第 5 期，第 76 页。

系的重要转折点。此前，美国视中国为战略竞争者，对华采取“遏制”战略，但双子塔遇袭改变了美国战略方向。由于美国在反恐领域的单边主义政策屡屡受挫，美国开始意识到多边合作反恐的重要性，在对华关系上启用“接触”战略，以取代“遏制”战略，中国也因此迎来了一个迅速崛起的战略机遇期。正是在这十余年里，中国 GDP 完成了从一万亿美元到十万亿美元的跨越（美国用了 31 年，而中国仅用了 14 年），而且中国一举超越日本而成为第二大经济强国，超过美国而一举成为世界最大商品贸易国。对美而言，这种崛起的冲击力与震憾力十分巨大。这也成为美国急于从两场反恐战争的深渊中撤出来并将战略重心转移到东亚地区的最重要考量。布热津斯基等美国战略家对小布什以打击恐怖主义为名侵入阿富汗和伊拉克所陷入的困局追悔莫及，认为这是美国历史上“一个重要的、悲剧性的、不可避免的转折点”，“当时犯下的错，我们今天依然在修补”。[①]

当然，在美国“亚洲再平衡”战略的全方位扰动下，东亚秩序再度面临着新一轮波动。在所有防止中美战略博弈走向战略对抗的政策选项中，反恐合作仍将是一个极其重要的合作领域，因为恐怖主义仍是对中美日益遍布全球的利益的最大威胁之一，任何国家都无力单独应对。

二、竞争新高地 VS 合作新机遇——网络安全与跨太秩序

网络安全是全球热议的焦点，就跨太地区而言，既面临国际

① 刘德斌：“世界秩序的崩塌与重构”，《外交评论》，2015 年第 6 期，第 35 页。

社会普遍存在的挑战，如发展不平衡、规则不健全、秩序不公正、威胁不间断等；又有地区特殊性，如数字鸿沟突出、大国网络关系起伏等。网络空间的动荡与不安全感，与本已存在的各种地区矛盾、摩擦甚至冲突相交织，一定程度上激化了跨太地区的不安全。与此同时，数字化、网络化、智能化又是跨太各国产业升级、社会转型、生活提质的必然选择，网络空间稳定与安全成为共同需求。这一背景下，思考网络安全问题究竟在地区安全中扮演何种角色并找到答案，不仅能解当下之急，更是利在长远。

（一）跨太地区网络稳定频遭挑战

网络安全的重要性不言而喻，近年各国对网络安全的战略定位日益明确，相关能力的建设持续加大，国家行为规范日成体系，挤压了网络威胁因素的生存空间，网络安全态势总体趋于稳定、可控。但网空领域仍难改“攻者占先”的非对称优势、“技术越复杂漏洞越多”的定律，溯源难题未解、国际合作有罅隙、规则效力不足等，又在很大程度上使网络成为犯罪、恐怖甚或“暗战”等滋生的沃土。物联网、人工智能等各种新型信息通信技术的发展与普及，让网络节点指数级增加，节点间通信几乎实时完成，各种数据的抓取、存储、传输和分析变得更容易，人类活动变得越来越数据化，成为可计量、可分析系统的一部分，而且这一趋势仍将不断深化。这导致网络安全的外延不断拓展，防线一再拉长，防御的重心频繁转移，而百密终难敌一疏。目前，重大安全事件时有发生，薄弱环节频频暴露。国际上，出于政治意图的、具有国家背景的网络攻击增多，被攻击的目标敏感、重要，后果严重。如德国钢铁厂、乌克兰电站、美国水坝等均曝被入侵，银行间金融通信系统（SWIFT）网络安全问题致使美国、孟加拉、越南等国银行蒙受巨额损失。网络罪犯、恐怖组织利用“暗网”等技术编织“地下市场”和“网络军团”，交易着大量被盗数据、恶意软件和攻击服务，把网络攻击当作插手国际国内事务的得力工具。网络空间军事化提速，发展攻击性能力来提升网络防御已成趋势，军备竞赛无序。

跨太地区正成为网络安全事件集中地。从一些网络安全公司和互联网应急响应机构的统计看，跨太地区，既是网络攻击最大受害者，又是网络威胁的最大来源之一。如中美是全球“僵尸网络”命令及控制服务器的主要所在地，这说明两国境内的众多电脑或信息系统要么正在发起攻击，要么被操纵成全球攻击的“跳板”，大量分布式拒绝服务（DDoS）攻击流量还源自印度、朝鲜半岛、澳大利亚和台湾地区等地。大规模网络攻击、网络犯罪，尤其是数据泄露等时有发生且情况严重，2009 年以来韩国接连遭受多起黑客攻击，政府官网、银行、媒体，甚至核电站均是攻击目标，轻则服务短暂中断，重则大量个人身份信息甚至是核设施敏感信息失窃。跨太地区有时候还是网络摩擦的中心。地区稳定脆弱加上全新的技术环境，亚洲成为恶意网络行动的地区热点，“网络安全是地区不稳定的一个新来源”。[①] 一方面，原有的国家、领土和民族争端借助网络得以快速传播并不断发酵，大量民间黑客互相攻击，使局势更为复杂。另一方面，跨太地区拥有数个网络大国，网络空间无疑成为它们展开战略竞争的一个主要领域。最突出的表现即是中美围绕涉网议题的起伏动荡，尤其是 2015 年“OPM 事件”后，双方的不信任因美国抛出制裁和报复的极端言论达到顶峰。中美最终达成网络安全合作制度安排并已发挥作

---

① Tim Maurer：“Cybersecurity and Asia”，New American，Septermber，2015，https：//www. newamerica. org/documents/1444/Cyber-security_ and_ Asia. pdf.

用，这一“历史性”突破对两国关系的稳定抑或探讨未来全球网空治理均具重要意义。

不可否认，网络空间的复杂性催生了失信和危机意识，步入“一切都不再可靠的时代”。包括民众对互联网企业和政府的不信任、国家间的互疑。企业掌握着大量数据，用户们担心这些数据在不知情的情况下被收集、被传递到第三方或被用于其他本人并不知道的目的。频繁发生但又虚实难辨的网络冲突严重损害了国家间的信任，在一定程度上加强了网络空间的对抗，虽没有明确声张的敌视，但几乎整个世界都在网络战场上厮杀。

（二）跨太地区网络空间动荡的两大原因

网络安全之于国家安全是牵一发而动全身，网络威胁与风险正不断向政治、经济、文化、社会、生态、国防等领域传导渗透。与此同时，网络关系之复杂亦是对世界秩序动荡不定的映射，是虚拟空间对现实世界的复制。

“预设立场”是根本原因。信息革命颠覆了人类的生产、生活、组织甚至是思维方式，但一些国家战略圈和决策圈的冷战思维和传统的安全应对思路却顽梗不化。最突出的表现就是预设“假想敌”。美国防长、网络司令部司令、国家情报总监等官员毫不讳言地认为中国是美国面临的最大网络威胁之一①，国会内部

① James Clapper, “Worldwide Threat Assessment of the US Intelligence Community”, House Appropriations Subcommittee on Defense, March 25, 2015; “Worldwide Cyber Threats”, House Permanent Select Committee on Intelligence, Sep 10, 2015; “US Cybersecurity and Policy”, Senate Armed Service Committee, Sep 29, 2015; Michael Rogers, Cyberspace Commander, Statement before Senate Armed Service Committee, April 5, 2016; Ash Carter, Remarks on “Goldwater-Nichols at 30: An Agenda for Updating” (CSIS), http://www.defense.gov/News/Speeches/Speech-View/Article/713736/remarks-on-goldwater-nichols-at-30-an-agenda-for-updating-center-for-strategic.

对“中国网络威胁”的担忧更是甚嚣尘上。官方的定调使舆论普遍存在“我们”之外的“你们”都是敌人的氛围，美日加强网络安全合作的一大动因就是因为日本的三个邻国（中、朝、俄）是其最活跃的网络敌人，日本生活在网络安全邻里关系最差的区域之一。[①] “互联网技术超越了战略和学说，在这个新时代，对能力还没有共同的解释，甚至没有共同的理解。对于使用这些能力，尚缺少或明或暗的约束”，[②] 因此网络空间国家能力不透明、意图看不清难以避免，但冷战思维惯性不仅加剧了国家间的误判，还推动了以武力（攻击性网络能力）遏制威胁，即“以战制战”的做法。美国率先建成网络军队，倡导威慑和积极防御，确保网络空间的行动自由，本地区的日、韩、澳、新西兰、新加坡、印尼均开展了网络军事力量建设。2011 年联合国裁军研究所（UNIDIR）评估了全球 133 个国家网络备战情况，称有 33 个国家已明确把网络战纳入军事规划和军事机制建设中，跨太地区就占了其中的 1/4。[③] 一些国家还把现实世界的联合防御体系套用到网络空间，日美、美韩、美澳新（西兰）传统的军事同盟体系均把网络攻击作为触发集体防御的一个条件，而究竟何种性质的网络攻击能达到这一门槛却未有清晰界定，滥用的可能性很大。网络能力的此种竞赛必然带来更深、更大范围的安全困境与战略互疑。

国家间的能力差异是最大障碍。跨太地区国家众多，网络化水平参差不齐，有领跑者、加速者，更有起步者。澳大利亚战略

---

① James Andrew Lewis, “U. S. – Japan Cooperation in Cybersecurity”, Center for Strategic Internaitonal Studies, November, 2015, https://csis-prod.s3.amazonaws.com/s3fs-public/legacy_files/files/publication/151105_Lewis_USJapanCyber_Web.pdf.

② 亨利·基辛格:《世界秩序》，中信出版社，2015 年 8 月第 1 版，第 452 页。

③ “Cybersecurity and Cyberwarfare”, United Nations Institute for Disarmament Research (UNIDIR) &Center for Strategic Internaitonal Studies, 2011.

政策研究所（ASPI）国际网络政策中心（ICPC）发布的2015年《亚太地区网络成熟度》报告，比较分析了亚太地区20个国家的网络能力，成熟度越高的国家，国内网络安全应对机制相对完善，国际参与度高，对网络空间稳定与安全的需求较明显，通过对话和预防性外交防止冲突发生的意愿强。[①] 报告认为，亚太各国网络能力发展极其不平衡，网空控制难度高且无矩可循，同时还充斥各种经济和政治对抗，导致越来越多的国家追求发展攻击性网络能力。但那些安全能力薄弱的国家面临的网络安全威胁更严重，更容易成为大规模网络攻击的入口。处在信息化发展不同阶段的国家对网络安全的认识、看法以及对威胁的判断等各不相同，对如何管理网络空间有着不同的视角，加上防御和执法能力发展不均衡，跨太各国网络安全的关注点和侧重点不统一、需求不一致，政策或机制对接存在问题，难以形成连贯的、各国协同的网络防御政策，客观上产生了安全漏洞。认识和能力的差距，加上社会制度、文化、宗教及历史等多方面的不同，也容易使本不顺畅的执法合作打了折扣。如在应对网络恐怖方面，国家间界定标准分歧明显，政策和法律各异，急迫性有远有近，使得一些煽动、招募和策划极端和恐怖活动的网站和个人容易在网络空间生存，甚至获得更多活动余地。

① “Cyber Maturity in The Asia Pacific Region 2015”，International Cyber Policy Center，Australia Strategic Policy Institute，October，2015，https：//www. aspi. org. au/publications/cyber-maturity-in-the-asia-pacific-region-2015/Cyber-Maturity-2015. pdf. 该智库2014年开始发布类似报告，选取政府治理、军事应用、数字经济与商业及社会参与等四大方面的九大指标（组织结构、法律法规、国际参与度、CERT建设、军事应用、政企合作、数字经济、公共意识和网络普及，2015年新增打击金融网络犯罪一项标准），评估国家包括美国（90.7）、日本（85.1）、韩国（82.8）、新加坡（81.8）、澳大利亚（79.9）、新西兰（72.8）、马来西亚（68.3）、中国（64）、越南（53.6）、文莱（51.6）、印度（50）、泰国（49.1）、菲律宾（46.8）、印度尼西亚（46.4）、斐济（30.7）、缅甸（26.9）、老挝（23.3）、柬埔寨（20.7）、巴布亚新几内亚（20.3）、朝鲜（16.4）。

（三）共存与合作是未来的必然选择

国际法发展过程中，出现了“国际共同体”的概念，试图回答各国组成的国际体系应该是霍布斯所认为的国家可自由追求自己目标而不受任何道义和法律限制的“自然状态”，还是康德期望的各国成为遵循永久和平的道德准则的“理智之人”。格老秀斯的《论战争与和平法》中和了这两种看法，提出国际政治既不是国家间的完全冲突，也不可能是全球利益的一致认同，国家必须在国际社会中接受共存与合作的要求，通过共享的商业和外交制度、特别是国法构成国际社会。“国际共同体”之下，所有国家相互依存，产生一种普遍的和更高的利益，并创建共同的目标和义务。这一概念的提出是基于国际法社会基础发生的转变。在网络时代，如何认识和看待国家是全面竞争还是合作共存，也应客观准确地看待和分析这一时代的社会基础和利益基础。

共存与合作的经济和社会基础已形成并且还在壮大。任何国家都无法阻挡数字化趋势，一国经济发展与政府功能的运作已完全建立在由各种网络、系统和数据组成的网络空间之上。20 世纪 90 年代至 21 世纪初的信息革命，带来史无前例的经济和社会红利，但这仅仅是迈向信息社会的第一步。目前全球正迎来新一轮信息革命，新一代信息技术通过与工业化、与传统产业的全面深度融合，将彻底颠覆人类以往的生产方式和对世界的认知。国家间前所未有的相互连接，前所未有的相互依赖，而且这种趋势未现减弱。跨太地区，新加坡“智慧国”，“数字马来西亚计划”，日本“i-Japan”，韩国的“ICT 2020”，中国“互联网 +”与大数据战略，美国的大数据、机器人和高性能计算机战略，澳大利亚的宽带和数字经济战略、越南“2014—2020 国家电子商务发展计划”、文莱的“国家宽带政策”和“数字政府战略”，中国正与东盟加紧构建区域信息高速公路和“信息港”等等，没有国家愿意错过信息化、数字化和网络化的发展快车。McKinsey 公司估算，大数据分析、移动互联网、物联网和云计算等将给东南亚地区带来颠覆性商业模式，2030 年市值将达 2200 亿—6250 亿美元，占地区 GDP 的 4%—12%。[①] G20 国家中，跨太地区国家互联网经济占整个 GDP 的比重都不低，如韩国 7.3%、中国 5.5%、日本 4.7%、美国 4.7%、澳大利亚 3.3%、印尼 1.3%。[②] 目前全亚洲网民 27 亿，占全球的 47%，[③] 再加上美国、澳大利亚和新西兰等国，跨太地区网民人数已超过全球的一半。信息通信技术推动了全球范围内全方位的资本、人员、商业模式甚至是数据和信息的流动，国家利益相缠绕，国家安全休戚与共已成难以否认的事实。全球网络生态这一复杂巨系统下，国家、组织甚或个人都可以针对某个国家、某个系统发起攻击，网络空间模糊的不仅是物理边界，更能让各种已知和未知的威胁轻易跨过人为控制，向一国边界外蔓延。共存与合作的最大动力就是为数字经济和智能经济发展创建一个安全、可靠的网络空间。网络空间的特性亦反复证明，应对网络安全威胁，国家无论是选择独善其身还是选择孤军作战，都难成为赢家。

共存与合作的政治基础正在形成。规则缺失，是造成网络空间乱象频生、甚至是失序的一大原因。国际、多边抑或双边平

① “Southeast Asia at the crossroads: Three paths to prosperity”, McKiney Global Insitute, November 2014, http://www.mckinsey.com/global-themes/asia-pacific/three-paths-to-sustained-economic-growth-in-southeast-asia.

② “The Connected World: The Internet Economy in the G－20”, The Boston Consulting Group, March, 2012.

③ “McKinsey: Transform or die in digital age”, Bangkok Post, 9 Jul 2016, http://www.bangkokpost.com/business/telecom/1031393/mckinsey-transform-or-die-in-digital-age.

台，都把为网络空间建章立制作为一大核心议题。尽管存在分歧和仍然有众多未解之题，但如何规制国家在网络空间的行为已开始有了初步的国际共识。2015 年，联合国信息安全政府专家组（GGE）向联大提交的报告中提出了 11 条负责任行为规范、20 余条建立信任和能力建设措施，以及 6 条适用于网空的国际法基本原则，国际社会普遍接受通过三个渠道实现网络空间的国际法治化和维护网络空间的稳定与安全，即沿用现有国际法并依据网络空间的特性进行全新的解读，各国协商形成准则和规范使其行为负责任，通过各种建立信任措施消除战略互疑、增进理解和增大一国政策和战略意图的可预测性。主权原则、不干涉内政、和平解决争端、不使用威胁或武力等一般国际法原则成为公认的国家网络空间行为的“伦理底线”和根本义务。这些共识及其一些国际和国家实践，标志着网络空间国际法制体系正在建立，网络空间将不再是瘴雨蛮烟之地。此外，东盟地区论坛（ARF）作为跨太地区一个主要的安全机制，从 2006 年以来就开始了网络安全领域的合作，如 2006 年的《打击网络攻击及恐怖分子滥用网络空间的声明》、2012 年 ARF 外长《加强网络安全声明》等，同时尝试通过建立信任措施、预防性外交、冲突解决机制以及能力建设来推动东盟与中、美、日、韩等国的网络安全合作，目的就在于最大限度地减少误解，开展务实合作。

“任何预测都不是自我实现的或非自我实现的，它依赖于人们如何作出反应。”[①] 共存合作存在经济、社会和政治基础并不天然导致合作的结果，它取决于相关国家的主观意识、能力以及为此付出的努力。国家如何看待网空的国家利益、如何认定威胁、

① 塞缪尔·亨廷顿：《文明的冲突与世界秩序的重建》中文版序言，新华出版社，2010 年 1 月第 1 版，第 2 页。

如何认识相互依存等，固守传统思维难以适应甚至可能与事实背道而驰。不可否认，跨太国家网络空间价值观的分歧短时间内难以弥合，但目前及未来利益交融、“你中有我，我中有你”的趋势也不可逆转。沟通渠道不断丰富和完善，将反过来促进价值观包容，而不是非此即彼，非黑即白，非敌即友。在这个过程中，中美作为跨太地区乃至世界最大的两个网络空间行为体，作为网络空间竞争与合作的“风向标”，尤其要树立示范效应，要在管控危机、弥合分歧、拓展利益契合点方面拿出更多实际成果。冷战期间，美苏核战普遍被认为不可避免，但人们推动武器控制和其他安排来确保它不发生，最终避免了这场核战争的发生。在网络空间这“一个关乎各国生存和进步的领域”,[①] 合作共赢是必然趋势，网络议题合作成为跨太地区安全的积极因素应是各国努力的方向。

三、环球同此凉热：气候变化与跨太秩序的建构

作为全球经济增长最快的地区，亚太已成为全球新增温室气体排放的主要来源，同时也是受气候变化影响和冲击最为严重的地区。这既对亚太地区的相关治理提出了新的挑战，也为各国加强合作、共同应对气候变化等自然灾变提供了契机。

（一）日益严峻的亚太气候变化问题

当今世界，气候变化问题已不再仅仅是环境问题，而是成为

① 亨利·基辛格：《世界秩序》，中信出版社，2015 年 8 月第 1 版，第 454 页。

国际关系中的焦点议题。在亚太地区，这一趋势体现的尤为明显。其中，既有因气候变暖引发的严重自然灾害，也有各方围绕未来国际温室气体减排框架谈判所展开的激烈博弈。

首先，由气候变化引发的自然灾害呈加速上升之势，对地区安全稳定造成严重威胁。作为全球发展最快的地区，亚太每年不仅创造了全球一半以上的经济增量，也带来了一半以上的新增温室气体。联合国相关机构统计显示，作为亚太最重要的两大经济体，中国和印度已经成为全球温室气体排放与化石能源消耗增长最快的地区[①]。这种发展与能源消耗格局的深刻变化，虽然从一个侧面折射出亚太整体经济实力的快速上升，但也对亚太地区的环境安全带来了严重负面影响。联合国政府间气候变化专门委员会（IPCC）第五次报告指出，随着能源消耗与温室气体排放的激增，亚太地区因气候变化导致的极端天气频率、强度、持续时间和影响范围不断扩大[②]。进入21世纪以来，亚太多国高温连破记录，并由此导致上万起严重洪涝灾害、台风、海啸、干旱等自然灾害。如2013年超强台风“海燕”曾重创菲律宾，导致全国1/10人口受灾[③]。

其次，除直接引发的自然灾害外，气候变化还加剧了亚太地区的水资源短缺与粮食安全等问题。由于气候变化的影响，目前亚太地区四成人口面临着水资源短缺的威胁，亚太地区（特别是一些内陆国家）人均水资源占有率“明显低于全球除南极洲以外的任何一个地区”。因水资源短缺导致的跨境河流争端等问题进

① IEA, Energy and Climate Change: World Energy Outlook Special Report, http: //www. iea. org/publications/free pul.

② IPCC, Clmate Chenge 2013: The Physical Science Basis, Summary for Poliaymakers, September, 2013. http: //www. ipcc. ch/report/ar5/wg1/.

③ “史上最强台风重创菲律宾”，《人民日报》2013年11月11日。

一步凸显。其中，最为典型的案例发生在澜沧江—湄公河流域。近20年来，受气候变化影响，澜沧江—湄公河地区气温不断上升，秋冬季节降雨量明显减少。2010年至2013年，湄公河下游四国泰国、老挝、柬埔寨、越南发生严重旱情，湄公河水位一度降至20年来最低水平。部分湄公河沿岸国家公开将水位下降归咎于中国在上游建设的大坝，甚至对中国在澜沧江段的水利开发活动指手画脚。

另一个因气候变化加剧的问题是粮食安全。统计显示，自20世纪以来，亚太地区年平均气温上升近0.8度，极端天气与旱涝灾害日益频繁。目前，亚太人均粮食产量仅相当于全球的60%。如在2009年至2010年期间，因遭遇严重干旱，东南亚的重要粮仓泰国发生严重粮食短缺，近1/3人口受到影响[①]。整体上看，随着全球变暖的进一步加剧，亚太地区面临的气候变化等非传统安全日趋严重，各国面临的压力明显上升。

最后，气候变化还对亚太地区秩序与地缘格局演变产生了极其复杂的影响。一方面，各国在地区治理中合作的紧迫性与意愿明显上升。由于气候变化所带来的各种危害日益凸显，气候治理正逐渐从亚太地区事务中的边缘地带进入到核心领域。如美国近年来明确将推动应对气候变化作为其亚太战略的重要组成，全面加大了对相关国家的工作力度。包括设立了专门针对南太小岛国和一些东南亚最不发达国家的气候援助资金。美国发起“湄公河下游行动计划”，提出将与泰国、老挝、柬埔寨、越南等结成“湄公河之友”，共同应对气候变化与环境问题。此外，东盟也将应对金融危机、粮食和能源安全、气候变化、灾害应对等作为未

---

① “泰国遭遇近20年来最严重干旱，大米大幅减少”，中国新闻网，2010年6月10日，上网时间：2016年9月26日，网址：http://Chinanews.com/cj/cj-xfsh/news/2010/06-10/2334072.shtml.

来东盟共同体建设的重要方向等。但另一方面，知易行难，各方在气候治理中的矛盾分歧依然根深蒂固。从亚太各国的实际情况看，本就千差万别。其中既有人均收入在两三万美元以上，已跨入发达国家行列的日本、新加坡等国，也有如老挝、柬埔寨等世界最不发达国家。既有温室气体排放仍在快速增长的中、印等新兴大国，也有饱受气候变化困扰的南太小岛国和东帝汶等东南亚沿海国家。从在气候变化问题的立场上看，目前亚太国家基本分成了三个主要的阵营。首先是以中印为代表的亚太新兴大国。这些国家仍普遍处于快速工业化与城市化的关键阶段，要全面控制温室气体排放的增长仍需要一段较长的缓冲期。根据联合国测算，中、印达到碳排放峰值的时间分别为2030年和2045年①。这就意味着中、印等新兴大国的温室气体排放量还会有所增加。针对外界施加的减排压力，中、印等新兴大国坚持“共同但有区别的责任”原则，在适度承担减排责任的同时，要求美、日等发达国家切实承担起推动减排的主要责任。其次是南太小岛国，以及部分沿海低地国家所组成的阵营。这些国家往往是受到气候变化冲击最为直接的国家和地区。其推动各大国实施减排的意愿也最为迫切。如在2013年举行联合国华沙气候大会上，时任小岛国联盟谈判代表的马莉娅·塔拉凯公开抨击主要大国未能承担起减排责任，呼吁各主要大国“尽快采取实质性行动”②。目前看，小岛国与最不发达国家已成为气候变化最大的受害国，前景不容乐观。如南太小岛国马绍尔由于海平面日益上升，其环岛公路每隔15天就要被淹没在水下一次。再如东帝汶作为群岛国家，海拔较

① 柴麟敏：“基础四国合作机制和低碳发展模式比较研究”，《经济社会体制比较》，2015年第3期，第106—113页。

② “华沙气候大会贫富国家分歧多”，《纽约时报》中文网，2013年11月19日。http：//cn. nytimes. com/world/2013/119/c19climale.

低，未来若海平面持续上升，超过1/5的领土面临被淹没的风险①。第三是以美、日等为代表的发达国家。这些国家虽然出于国内利益需要和国际战略考虑，对推动更严格的减排意愿不高，但也不愿放弃在气候变化问题上的话语权，并普遍以将中、印等新兴大国纳入更严格减排框架作为推动全球气候谈判的条件。可以预见，由于各方利益与处境的不同，亚太各国在气候治理中的分歧还会继续存在，甚至在一定条件下加剧。

（二）中国发展与亚太气候治理息息相关

从现实情况看，中国虽然疆域辽阔，但也是世界上生态环境最为脆弱的国家之一，特别是近年来全球变暖与极端天气频发，给中国造成了巨大的损失，成为威胁中国国家安全与人民福祉的严重隐患。根据测算，自20世纪以来，我国华北与西北地区气温累计上升0.5至0.8度，降水量明显减少。各种极端天气也频繁发生，每年造成的经济损失在千亿元以上。同时，随着社会经济的快速发展，中国的温室气体排放总量已超越美欧等老牌发达国家，成为全球最大的温室气体排放国。根据联合国统计，中国年度新增二氧化碳排放量已占全球的1/5以上，且呈进一步扩大之势。在此情况下，近年来一些西方国家所鼓吹的“中国气候责任论”甚嚣尘上。面对形势的深刻变化，主动强化气候外交与亚太气候合作已势在必行。

首先，深化亚太气候治理，已成为促进中国自身发展转型的重要抓手。以降低中国对外能源的依赖。改革开放以来，特别是

① 世行报告：“Warmer World Threatens Livelihoods in South East Asia”，Johe，19，2013，网址：http：//worldbank. org/en/news/press－release/2013/06/19/warmer－world－threatcn－livelihoods－in－south－east－sia.

金融危机以来，世界经济增速长期徘徊在3%左右的中低水平，而中国经济却逆势而上，维护了较好的发展势头。但这一切的背后却是“高投入、高消耗、高排放、低效率”的粗放型经济增长模式。统计显示，中国单位GDP的能耗与碳排放仍达到美国的6倍、日本的7倍以上[①]。如果继续按照现有模式发展，中国的能源消耗与环境破坏势必进一步加剧，其前景注定是不能长期持续的。以中国对石油的消耗为例，目前中国石油的对外依存度已达到60%以上，且进口来源单一，主要集中在中东、拉美等一些政治局势相对不稳的地区。实现中国自身社会经济发展模式的升级转型，不仅是中国现代化历史上的重大贡献，也将为亚太国家特别是正处于快速发展阶段的新兴大国揭示新的发展方向。数据显示，83%的中国民众和企业支持政府所推动的减排工作，这一比例远高于其他亚太新兴国家[②]。这些都为中国在国际和地区气候治理中发挥更大作用提供了条件。

其次，推进气候治理也是中国提升地区影响力、破解周边发展与安全困境的重要途径。金融危机以来，面对中国经济快速崛起，美、日等西方国家战略焦虑感上升，不断强化对中国崛起的战略围堵，甚至公开插手涉华领土、领海争端，使中国的周边环境日趋复杂严峻。气候变化作为亚太国家普遍面临的重大挑战，为中国与周边国家的交流提供了机会。自1991年以来，亚太环境会议每年都定期举行，已成为亚太国家定期进行环境政策交流、共同处理区域环境事务的重要平台。此外，亚太经合组织、东盟地区论坛等也都将气候变化作为重要议题。中日韩环境部长会议则为缓和相关国家间的主权争端，逐步累

① “中国单位GDP能耗达到世界均值2.5倍”，《21世纪经济报道》，2013年11月30日。

② “中国应对气候变化态度积极”，新华社，2013年10月26日。

计战略互信发挥积极作用。总体上看，加强气候领域的合作，有助于引起中国与亚太其他国家的共鸣，加强彼此合作，推动形成稳定和谐的周边环境。

最后，推进亚太气候合作有助于对外厘清中国气候政策，减少中国在全球气候谈判中的压力。作为发展中大国，中国仍处于并将在相当长时间内处在社会主义初级阶段，生产力不发达、人均经济总量距西方发达国家仍有较大差距。这就决定了中国在全球气候治理进程中面临的窘境。例如尽管降低煤炭使用率是节能减排的重要举措，但测算显示，中国煤炭使用率每下降1%，中国年 GDP 增量将下降0.64%，以及上百万人失业①。然而，美、日等发达国家却在全球气候治理中，过分强调我国碳排放总量，严重影响了我国的国际声誉。有针对性地推动亚太气候合作，特别是中国同亚太新兴国家的合作，有助于进一步澄清我国气候政策，树立我积极参与气候治理的正面形象。

（三）以跨太秩序为引领推动亚太气候治理

首先，重点加强中美在气候领域的合作，共同引领跨太气候治理。中美作为最大新兴国家与发达国家，也是目前全球温室气体排放最多的国家，在推动亚太气候治理中负有特殊责任。尽管中美在是否继续坚持“共同但有区别责任”等问题上存在分歧，但双方都反对不顾各国国情、单方面为主权国家设置量化减排目标。在巴黎气候大会以及哥本哈根大会上，正是由于中美密切合

① 张静“中国 GDP 与煤炭消费量的相关性研究”，《科技创新与生产力》2010 年第 9 期，第 77—79 页。

作，最终帮助国际社会达成了一系列减排框架。今后，中美可以在继续完善战略与经济对话等平台的基础上，强化二轨、三轨交流磋商，携手引领亚太地区气候治理。

其次，要积极搭建地区治理平台，逐步形成气候治理的双多边网络。倡导在亚太经合组织、东盟地区论坛系列会议、上合、亚信、香格里拉对话会等一轨、二轨机制中就气候变化问题深入磋商，求同存异，形成共识。支持联合国在全球气候治理中发挥主导作用，坚持“共同但有区别的责任”原则，推动现有地区机制与联合国框架对接。同时，加强各国媒体、智库、非政府组织以及相关企业行业间的交流，逐步强化携手推动气候治理的共同体意识。现阶段，中国可充分用好在碳权交易市场建设、开发绿色能源等领域的经验，推动亚太地区逐步构建区域性的相关合作机制。以亚投行、“一路一带”建设为依托，建立地区气候合作基金，共同应对气候问题。针对亚太国家在应对气候变化、减贫、包容性增长、绿色经济、环境可持续发展等方面的共同诉求，中国政府可以考虑在合适的双多边场合倡导“亚太气候治理命运共同体”理念，推动建立“亚太应对气候变化基础设施网”，包含气候灾害预警监测网、应急救灾平台、适应气候变化合作网、应对气候变化技术创新中心、亚太气候灾害应对基金等，以促进合作与共同安全，塑造负责任大国形象。

最后，坚持从易到难的原则，逐步从低敏感领域累积互信，不断扩大合作领域和层级。亚太国家情况多样，相互之间差异较大，要形成类似欧盟的统一气候治理平台难度很大。但完全可以选择各方都有需求，且政治敏感度不高的领域率先开始合作。包括防灾减灾、发展清洁能源等可以成为先行先试的领域。同时，进一步强化在技术层面的沟通、协作，为今后更高层级的协调做好准备。深化各国围绕节能减排、产业升级转型等方面的经验交流。鉴于目前亚太地区各种合作机制林立，可以重点支持东盟在地区治理中发挥主平台和领导作用。

下　篇

第十章　中外对地区秩序构建的观察与思考

冷战结束后，随着亚太地区安全形势发生剧烈变化，包括中国、美国、澳大利亚、日本在内的各国领导人、官员、战略界人士、学者等纷纷评估新条件下亚太地区重要性及其安全局势，并提出构建地区安全合作机制、多边安全架构等新理念、新倡议。通过梳理这些既有研究成果和理念倡议，有助于全面了解各方对亚太安全局势及合作机制的看法与期待，有利于在实践中更好构建符合地区现实、解决地区需求的安全架构。

一、中方观点

由于中国身处亚太地区，该地区安全的重要性不言而喻。自20世纪90年代中国提出“新安全观”等理念以来，中国的亚太主张日渐丰富。习近平主席相继提出“周边命运共同体”“亚洲新安全观”“亲、诚、惠、容”“构建亚太安全新架构”等一系列新理念、新主张，提议“把中国梦同周边各国过上美好生活的愿望、同地区发展前景对接起来，让命运共同体意识在周边国家落地生根”，强调“亚太之大容得下大家共同发展”。[①] 李克强总理也指出：“亚太地区经济合作架构众多，建立一个符合地区实际、满足各方需要的区域安全架构势在必行。”[②] 在此情况下，中国学者对亚太安全形势及安全合作机制或架构、地区安全秩序等展开积极探讨与研究，产出大量有益成果。

（一）亚太地区重要性

伴随冷战终结、中国崛起、美国实施亚太“再平衡”等一系列变化，亚太地区迎来新的战略格局，其重要性在全球格局中尤为凸显。于洪君认为，多重因素导致亚太地区地缘战略地位非比寻常，“主要原因在于亚太地区具有其他地缘战略区域所不具备的内生性优势。”[③] 袁鹏认为，“亚太地区不仅版图最大、人口最多，而且是大国最为集中、经济最具活力、争端最为复杂的战略区域。”众多力量将目光投向亚太，争先恐后抢占机遇，“亚太地区的和平与否将成为未来十到二十年国际政治最重大的关切。”[④] 林利民认为，亚太正取代欧洲—大西洋地区成长为全球经济中心和地缘政治中心是国际普遍共识。[⑤] 唐永胜、李莉、方珂认为，相比美欧，“亚太地区在全球经济中增长较快并显示出巨大潜力，

---

① “习近平在周边外交工作座谈会上发表重要讲话”，《人民日报》，2013 年 10 月 26 日。

② “李克强在第八届东亚峰会上的讲话”，新华网，2013 年 10 月 11 日，http://news.xinhuanet.com/world/2013-10/11/c_125510930.htm。

③ 于洪君：“亚太安全态势：挑战及应对”，《学习时报》，2013 年 7 月 15 日，第 002 版。

④ 中国现代国际关系研究院美国研究所：《中美亚太共处之道：中国·美国与第三方》，时事出版社，2013 年版，第 3—5 页。

⑤ 林利民：“亚太安全机制的‘缺位’与‘补位’”，《当代世界》，2012 年第 7 期，第 22 页。

在世界战略格局中的地位日益突出。”① 陈峰君认为，亚太崛起具有世界意义：一是“打破了世界传统的五大中心学说，亚洲崛起雄辩证明世界重心已开始由西方转向东方”；二是“意味着世界经济格局发生了重大历史性的根本改变”；三是“标志着世界政治军事战略格局发生了重大而根本性转变”。②

（二）亚太地区安全困局及其成因

亚太地区安全困局表现突出，主要集中在冷战残余犹存、大国博弈激烈、领土领海争端难解、军备竞赛不止等。时永明认为，亚太地区的安全问题主要是历史遗留问题以及在新的历史条件下如何解决这些问题。③ 于洪君认为，亚太地区安全形势不容乐观，正面临传统与非传统挑战，既有内生的，也有外力引发的，包括“海权竞争”迅速升温，朝核问题形势复杂，地区军备竞赛有所抬头，美国“亚太再平衡”战略破坏大国间战略互信，非传统安全领域的问题层出不穷等。④ 中国现代国际关系研究院课题组（以下简称现代院课题组）认为，亚太地区安全问题表现在“地区发展主旋律从经济合作转向军事安全对抗和地缘政治博弈”。简而言之，地区安全存在五大风险：一是中美战略对抗；二是日本战略走向不确定；三是军备竞赛升级；四是热点问题失

---

① 唐永胜、李莉、方珂：“亚太战略形势演变及其对中国国家安全的影响”，《现代国际关系》，2013 年第 8 期，第 1 页。

② 陈峰君：《亚太崛起与国际关系》，北京大学出版社，2016 年版，第 15—21 页。

③ 时永明：“亚太安全环境与地区多边主义”，《国际问题研究》，1996 年 第 1 期，第 45 页。

④ 于洪君：“亚太安全态势：挑战及应对”，《学习时报》，2013 年 7 月 15 日，第 002 版。

控；五是经济引擎熄火。[①] 王缉思认为，亚太地区有三个较为突出的安全问题：一是朝鲜核武器与朝鲜半岛的紧张局势问题，二是东海与中日关系问题，三是南海问题。[②] 封帅认为，当前亚太地区面临系统性困局，其安全挑战具体有三类：一是残余的冷战结构，包括朝鲜半岛安全问题、钓鱼岛及南海岛屿主权归属争端、中国台海问题、领土争端（日韩、日俄、中印）、印巴冲突等；二是结构性的战略冲突；三是恐怖主义、金融风险、毒品走私、跨国有组织犯罪等非传统安全问题。[③] 林利民认为，亚太安全困境与“安全赤字”主要表现在五大领域：一是亚太地区领土、领海争端多，矛盾复杂，且有集中爆发、破坏地区和平之势；二是亚太各国围绕能源、资源争夺而进行的战略竞争形势严峻；三是历史问题之争；四是冷战残余难以荡除；五是因复杂严重的领土、领海争夺、冷战残余和冷战同盟体系的存在及由此产生的战略上缺乏互信，又导致亚太陷入军备竞赛不止的恶性循环。[④]

安全困局原因多样，主要集中在冷战思维难消、全球权势转移、大国力量对比生变、地区安全结构重组、美国实施的地区政策等。卢国学认为，冷战思维是导致亚太地区政治安全形势恶化的思想根源。[⑤] 封帅认为，亚太国家对如何解释当前亚太安全问

① 中国现代国际关系研究院课题组：“太平洋足够宽广——关于构建‘跨太平洋安全合作架构’的思考”，《现代国际关系》，2014 年第 10 期，第 2—3 页。

② 王缉思：“亚太地区安全架构：目标、条件与构想”，《国际安全研究》，2016 年第 1 期，第 9—10 页。

③ 封帅：“亚太安全架构的未来图景——路径差异与模式谱系”，《国际展望》，2015 年第 4 期，第 17—19 页。

④ 林利民：“亚太安全机制的‘缺位’与‘补位’”，《当代世界》，2012 年第 7 期，第 23 页。

⑤ 卢国学：“亚太政治安全形势的新变化与区域合作的发展”，《当代世界》，2014 年第 12 期，第 46 页。

题的根源存在两种完全不同的立场，而这也成为亚太安全架构建设的关键分歧点之一：一方面，部分亚太国家在域外大国“指导”下，将亚太地区安全问题的成因解释为中国崛起，从而将亚太安全问题等同于“中国问题”。另一方面，包括中国在内的众多亚洲国家意识到，当前亚太安全问题源于后冷战时代亚太地区秩序转型引发的动荡和调整。[①] 现代院课题组总结了造成安全困局的三大原因：首先，全球战略格局中，亚太地位凸显，世界权势东移。其次，亚太大国间实力对比发生重要变化。再次，大国竞相加大战略投入，亚太成为大国竞逐的重要舞台。[②] 吴莼思认为当前亚太地区安全挑战是亚太安全架构重大转型的体现，其核心内涵包括四个方面：随权势转移而来的战略敏感与安全竞争、亚太地区各国领土领海争端的集中性爆发、地区国家政治转型导致的安全后果以及经济全球化和社会信息化下的新型安全挑战特别是规则缺失。[③] 刘清才、赵轩认为，亚太地区安全形势严峻复杂，具有很大的脆弱性和不确定性。美国奥巴马政府“重返亚洲政策”使亚太地区局势增添了许多变数。[④] 林利民认为，美国在地区的军备政策、军事行为是导致亚太军备竞赛加剧、军事安全形势严峻的重要根源，如坚持其在亚太的庞大同盟体系和“前沿部署”等。[⑤] 方晓志认为，美澳加强军事合作一方面有利于美国

---

① 封帅：“亚太安全架构的未来图景——路径差异与模式谱系”，《国际展望》，2015年第4期，第22页。

② 中国现代国际关系研究院课题组：“太平洋足够宽广——关于构建‘跨太平洋安全合作架构’的思考”，《现代国际关系》，2014年第10期，第2页。

③ 吴莼思：“亚太地区安全架构的转型——内涵、趋势及战略应对”，《国际展望》，2015年2月刊，第21页。

④ 刘清才、赵轩：“中俄推动建立亚太地区安全与合作架构的战略思考”，《东北亚论坛》，2014年第3期，第33页。

⑤ 林利民：“亚太安全机制的‘缺位’与‘补位’”，《当代世界》，2012年第7期，第24页。

巩固在亚太地区的主导地位，但另一方面不利于建立符合亚太地区特点和历史潮流的合作安全机制，也不利于亚太地区的和平与发展，并对中国周边安全环境构成了巨大的挑战。[①]

（三）现有地区安全秩序及合作机制（架构）评估

潘忠岐比较了冷战期间及之后亚太地区安全秩序的变化，认为“各种多边安全制度的兴起使亚太地区国际秩序的基础正在从冷战时期单纯的双边联盟转变为传统联盟体系与新兴多边安全制度并存”。回顾历史，亚洲在冷战期间“并未形成有效的区域性或次区域多边安全安排”，亚洲安全秩序依靠外在大国。美国在地区构建双边安全框架，形成“轴心—轮辐”式安全体系，至今仍是冷战秩序在亚太的基础。冷战后，亚太地区逐渐兴起多个多边安全框架，如东盟地区论坛、亚太安全合作理事会、亚信会议、上海合作组织等。[②] 王玉主认为，“作为亚太区域合作基础的地区秩序结构在中国崛起的背景下已经进入一种冷和平状态。亚太区域合作作为冷和平下的热议题会受到冷和平国际秩序的深刻影响而表现出新的特点。”[③] 周士新认为，亚太地区安全架构仍处于形成与演进之中，但已经显示出基本的雏形。[④]

部分学者将亚太安全架构归纳为复合型，或试图将其加以分类。刘学成认为，美国在亚太地区积极推进构建其联盟体系，与

---

① 方晓志：“美澳扩大军事合作 ：亚太安全格局新变量”，《当代世界》，2013 年第 11 期，第 63 页。

② 吴心伯等：《转型中的亚太地区秩序》，时事出版社，2013 年版，第 45 页。

③ 王玉主：“显性的双框架与隐性的双中心——冷和平时期的亚太区域合作”，《世界经济与政治》，2014 年第 10 期，第 27—31 页。

④ 周士新：“亚太安全架构下的东盟与美国关系”，《美国问题研究》，2015 年第 1 期，第 77 页。

东盟主导的“轴辐”战略形成竞争态势。[①] 于铁军认为，当前乃至今后相当长一段时期内，亚太安全架构仍将是一种多层次的复合安全架构，包括美国主导的双边军事同盟体系和东盟地区论坛、上海合作组织等地区安全合作机制。[②] 任远喆也认为亚太地区安全结构属于复合型。[③] 苗吉、李福建认为，目前地区主要安全架构有二：一是以美日为核心的多个双边同盟体系，包括美国与日本、韩国、菲律宾、泰国、澳大利亚等国的同盟体系以及与新加坡等国的传统军事纽带；二是由东盟主导的东盟防长扩大会议、东盟地区论坛和东亚峰会三个多边机制。[④] 刘清才、成芳认为，亚太地区安全合作主要表现为两种类型：一种是以美国为主导的双边军事同盟；一种是多边安全对话与合作，如东盟地区论坛、亚洲安全峰会、东盟防长扩大会议、东亚峰会、亚信峰会、上海合作组织等。[⑤] 陈寒溪总结了当前亚太多边安全合作的两大特点：一是没有形成多边同盟、大国协调以及集体安全机制，但是合作安全却得到了较大发展；二是以东盟地区论坛为代表的泛亚太合作安全机制缺乏制度保障，不能有效地进行危机管理。[⑥] 现代院课题组将亚太地区现有安全合作机制分为三类，一是以美国为主导的亚太同盟体系；二是以东盟为主导的系列对话机制；

① 刘学成：“形成中的亚太安全架构与中国的亚洲外交”，《当代亚太》，2008 年第 6 期，第 87—89 页。

② 于铁军：“中美日协调是当前构建亚太地区复合安全架构的重点”，《国际政治研究》，2011 年第 1 期，第 18 页。

③ 任远喆：“亚太地区安全结构转型与东盟的角色”，《国际安全研究》，2016 年第 2 期，第 36 页。

④ 苗吉、李福建：“美日同盟与东盟：亚太秩序大较量”，《世界经济与政治论坛》，2015 年第 2 期，第 36 页。

⑤ 刘清才、成芳：“推动建立亚太地区安全合作架构的战略构想与路径选择”，《吉林大学社会科学学报》，2015 年第 55 卷第 5 期，第 129 页。

⑥ 陈寒溪：“多边主义与亚太安全合作”，《世界经济与政治》，2003 年第 2 期，第 33 页。

三是诸如上海合作组织、香格里拉对话、西太海军论坛等多边、双边安全机制。[①] 王缉思认为亚太现有安全机制和对话机制主要有四类：一是主要的双边或多边同盟/战略关系；二是“亚信会议”、南亚区域合作联盟、东南亚国家联盟、上海合作组织等区域/次区域机制；三是主要针对核不扩散、海上安全等安全议题的专门议题机制；四是香格里拉对话、亚太地区安全合作理事会等重要的“一轨半”对话机制和“二轨”对话机制。[②]

多数学者都认识到当前地区安全合作机制的弊病。王缉思认为，现有地区安全合作机制存在“叠床架屋”现象，在成员主体、覆盖区域功能主题等方面存在交叉重叠。[③] 郑先武认为，目前亚太安全合作途径对地区安全问题的解决总体效果并不乐观，主要原因有二：一是缺乏解决地区危机的多边机制；二是大国未能在多边机制中发挥领导作用。[④] 现代院课题组分析了现有安全合作机制三大局限性：第一，美国亚太同盟体系出现变异，第二，东盟“小马拉大车”日益吃力，第三，其他安全对话与合作机制各有不足，或局限于某类议题，或局限于某个领域。而且，业已存在的这些机制仍处于各自运行状态，相互缺乏必要沟通协调，相互形成竞争关系，反而冲淡了安全对话效果。[⑤] 娄心龙认为，当前亚太地区在缺乏有效安全机制的同时又存在着安全制度

---

① 中国现代国际关系研究院课题组：“太平洋足够宽广——关于构建‘跨太平洋安全合作架构’的思考”，《现代国际关系》，2014 年第 10 期，第 4 页。

② 王缉思：“亚太地区安全架构：目标、条件与构想”，《国际安全研究》，2016 年第 1 期，第 8 页。

③ 王缉思：“亚太地区安全架构：目标、条件与构想”，《国际安全研究》，2016 年第 1 期，第 8 页。

④ 郑先武：“大国协调：亚太安全治理的新途径”，《中国社会科学报》，2012 年 10 月 17 日，第 B02 版。

⑤ 中国现代国际关系研究院课题组：“太平洋足够宽广——关于构建‘跨太平洋安全合作架构’的思考”，《现代国际关系》，2014 年第 10 期，第 4—5 页。

“过剩”的现象，甚至出现了制度竞争的局面。[①] 林利民认为，当前亚太区域安全机制如上海合作组织、东盟地区论坛等，其建设尚停留在次区域安全机制建设阶段及次级安全机制建设阶段。而美国在地区的同盟体系非但不能消除亚太“安全赤字”和安全困境，反而是亚太“安全赤字”及安全困境所产生、放大的主要根源之一。[②] 部分学者还认为，目前亚太多边安全合作机制面临的最大问题是美国通过多个双边军事同盟及推动“美日+1”等形式的小三边合作成功介入地区事务中，并将矛头直指中国，还意图将东亚峰会打造成亚太首要的政治安全机制，从而主导亚太多边安全合作机制，导致亚太多边安全合作机制中缺乏能将中美包括在内的多边安全合作框架。[③]

（四）地区安全合作机制（架构）设想及构建路径

20 世纪 90 年代，中国学者就已认识到构建亚太地区安全合作机制的重要性，并提出相应设想和建议。如徐坚认为，地区安全机制的架构形态和发展前景有三类：第一类以建立集体安全机制为目标；第二类以“安全和谐（security concert）”为目标；第三类以所谓“安全共同体”为目标，包括松散型与紧密型两种模式。[④] 随着亚太地区形势不断变化，相关议题的讨论和研究更进一步，声音更为多元，方案更加细化，涌现出许多有关构建亚太

① 娄心龙：“亚太安全机制的现状与前景”，《法制与社会》，2013 年第 9 期，第 140 页。

② 林利民：“亚太安全机制的‘缺位’与‘补位’”，《当代世界》，2012 年第 7 期，第 24 页。

③ 蔡亮：“‘未来 10 年亚太安全合作架构及中美日三边关系’学术研讨会综述”，《国际展望》，2012 年第 6 期，第 136 页。

④ 徐坚：“亚太安全机制的双重构架问题”，《世界经济与政治》，1994 年第 11 期，第 65 页。

地区安全机制（架构）的建设性意见。

1. 达成若干基本原则、准则、目标和共识。时永明认为，多边安全合作的运作方式应充分考虑地区内各国之间政治、经济、军事等各方面的多样性，“遵从协商一致的原则，充分发挥理解与合作的精神”。[①] 燕襄君、黄庭炜提出，“为搞好亚太安全合作，首先需要明确指定各方所应遵守的原则或规则”，包括：第一，睦邻友好，平等相待；第二，相互尊重主权和领土完整，反对干涉别国内政；第三，和平解决争端，不得使用武力；第四，平等互利，加强合作。两位学者还对亚太安全合作机制的内容和形式进行了探讨。[②] 刘江永认为建立亚太安全机制应遵循以下原则：第一，相互尊重主权和领土完整，反对霸权主义、强权政治；第二，互不侵犯，和平解决国际争端；第三，和平共处，努力控制军备；第四，尊重多样性，加强合作。[③] 方华认为，“地区多边安全合作应重点推动以联合国宪章、和平共处五项原则及其公认的国际关系准则为基础的新型合作安全观，以增信释疑、对话沟通、合作互利、相互谅解的方式，从根本上消除地区冲突，谋求本地区内所有国家的共同发展和繁荣。”[④] 刘清才、赵轩认为，首先应确立地区各国公认的国际准则是地区安全与合作架构的基础性规范。“可以是安全条约，也可以是建立在各国承诺基础上的国际关系原则宣言。”其次再从建立功能性地区合作机制到建立

① 时永明：“亚太安全环境与地区多边主义”，《国际问题研究》，1996 年第 1 期，第 47 页。

② 燕襄君、黄庭炜：“亚太安全形势及各方对安全机制的设想”，《现代国际关系》，1993 年第 5 期，第 4—5 页。

③ 刘江永：“90 年代亚太多边安全机制的建立”，《当代亚太》，1993 年第 5 期，第 10—11 页。

④ 方华：“亚太安全架构的现状、趋势及中国的作用”，《世界经济与政治》，2000 年第 2 期，第 15 页。

制度性地区合作机制。[①] 卢国学认为，“亚太地区到底会朝哪个方向发展，这取决于亚太各国遵循什么样的合作理念来加以推动。”[②] 苏格认为，为保障亚太地区安定与繁荣，需要在区域发展总目标上达成共识，包括“在稳定、公正、合理的基础上建立国际区域新秩序，以有利和平，促进发展”。[③] 刘清才、成芳认为，要确立亚太地区安全合作架构的总体目标：亚太地区安全合作架构实现的是共同安全，达到的是综合安全，体现的是合作安全，追求的是可持续安全。[④] 林利民认为，“亚太各国要努力冲破种种地理、历史、文化、宗教以及政治制度和意识形态的界限，加强亚太认同，打造亚太共识，为建立区域安全机制创造基本平台和政治环境。在促进亚太认同、亚太共识的基础上，加强亚太各国积极打造区域安全机制的战略共识。”[⑤]

2. 加强亚太地区大国间的协调与合作。林利民认为，一方面，在亚太地区要采取积极措施肃清冷战残余，包括肃清冷战思维残余和作为冷战残余的同盟体系；另一方面，构建亚太安全机制过程中，亚太大国要承担对亚太安全的“大国责任”。[⑥] 于洪君认为，“塑造符合时代需求的、新型的、良好的大国关系，是实现亚太区域安全治理的重中之重。大国之间保持沟通，既可以消除彼此间的误解和对立，又可以就相互有别的利益关切交流看

---

① 刘清才、赵轩：“中俄推动建立亚太地区安全与合作架构的战略思考”，《东北亚论坛》，2014 年第 3 期，第 40 页。

② 卢国学：“亚太政治安全形势的新变化与区域合作的发展”，《当代世界》，2014 年第 12 期，第 48 页。

③ 苏格：“亚太安全中的四大国关系”，《世界经济与政治》，1996 年第 10 期，第 64 页。

④ 刘清才、成芳：“推动建立亚太地区安全合作架构的战略构想与路径选择”，《吉林大学社会科学学报》，2015 年第 55 卷第 5 期，第 132—133 页。

⑤ 林利民：“亚太安全机制的‘缺位’与‘补位’”，《当代世界》，2012 年第 7 期，第 25—26 页。

⑥ 林利民：“亚太安全机制的‘缺位’与‘补位’”，《当代世界》，2012 年第 7 期，第 26 页。

法，共同确定推进和平发展的着力点。”① 刘清才、成芳提出，建立新型大国关系形成亚太地区安全合作架构的力量支撑，包括打破大国对抗和冲突的所谓历史定律，相互尊重、求同存异，加强大国间合作、实现合作共赢。② 郑先武主张在亚太构建“大国协调”机制，认为“大国协调”的共有规范与规则同亚太区域安全合作的核心规范与规则基本一致，亚太多边安全合作决策程序上的“亚洲方式”、安全理念上的“合作安全”和成员构成上的“开放的区域主义”为亚太“大国协调”的构建奠定了重要规范性基础。构建“大国协调”需要循序渐进，利用现有制度框架，克服多重困难：一是大国要有建构这种机制的强有力的政治意愿；二是采取“双轨推进”；三是“大国协调”机制可以“行动计划中心”身份在涉及敏感问题和各国内部事务时发挥作用。③ 但对于亚太地区建立大国协调机制的前景，也有学者提出不同观点，如陈寒溪认为地区缺乏建立大国协调和集体安全的条件，并指出大国协调机制本身的问题。④

还有学者提出地区大国之间应加强合作，推动安全机制建设。从三边层面看，就中美日而言，有学者提出应从战略高度策划三国间安全合作，首先要“摆脱冷战思维，缓解各方的战略焦虑，如美国担心被东亚一体化排斥在外，日本深受中美组成‘G2’的噩梦困扰，中国则承受美日在亚太地区合纵连横的战略

① 于洪君：“亚太安全态势：挑战及应对”，《学习时报》，2013 年 7 月 15 日，第 002 版。

② 刘清才、成芳：“推动建立亚太地区安全合作架构的战略构想与路径选择”，《吉林大学社会科学学报》，2015 年第 55 卷第 5 期，第 128—129 页。

③ 郑先武：“大国协调：亚太安全治理的新途径”，《中国社会科学报》，2012 年 10 月 17 日，第 B02 版。

④ 陈寒溪：“多边主义与亚太安全合作”，《世界经济与政治》，2003 年第 2 期，第 36—37 页。

压力等”。[①] 于铁军认为，加强中美日三边的条件已经具备，而中国无需担心美日两国是同盟国，应增强与之对话的自信。在具体推进方式上，三国可考虑先从工作层次上开始，逐步建立一种“2 +2 +2”的体制。[②] 于洪君强调了中、美、俄三个大国在维护地区安全稳定、实现合作共赢方面应承担更大责任。“三国应加强双边关系，保持高层交往，深化各领域各层次务实合作，引领地区各国聚集智慧，共同构建安全关系新局面。”[③] 卢国学也认为，推动建立亚太新秩序需要增进大国间的协调与合作。“中、美、俄作为亚太地区三个大国，在维护地区安全稳定、实现合作共赢方面都负有更大责任。”[④] 从双边层面看，就中美而言，唐永胜、李莉、方珂认为应“强化战略协调机制，增强中美之间的战略互信，寻找避免陷入安全困境的有效途径”。[⑤] 就中俄而言，刘清才、赵轩提出两国推动建立亚太地区安全与合作架构的基本路径，包括：第一，推动形成亚太地区的政治共识；第二，实行安全合作与经济合作双轮驱动；第三，开展亚太地区多边组织间的协调与合作；第四，坚持协商一致，循序渐进。[⑥] 就中日关系而言，岳西宽认为，中国应瓦解美日同盟，与日本摒弃历史羁绊，

① 蔡亮：“‘未来10年亚太安全合作架构及中美日三边关系’学术研讨会综述”，《国际展望》，2012年第6期，第139页。

② 于铁军：“中美日协调是当前构建亚太地区复合安全架构的重点”，《国际政治研究》，2011年第1期，第20—22页。

③ 于洪君：“亚太安全态势：挑战及应对”，《学习时报》，2013年7月15日，第002版。

④ 卢国学：“亚太政治安全形势的新变化与区域合作的发展”，《当代世界》，2014年第12期，第48页。

⑤ 唐永胜、李莉、方珂：“亚太战略形势演变及其对中国国家安全的影响”，《现代国际关系》，2013年第8期，第9页。

⑥ 刘清才、赵轩：“中俄推动建立亚太地区安全与合作架构的战略思考”，《东北亚论坛》，2014年第3期，第37—40页。

和睦相处，携手重塑亚洲和世界新秩序。[①]

3. 东盟在建立亚太安全合作机制或架构中发挥重要作用。王缉思分析了相关国家对亚太安全架构的态度，特别提出东盟在亚太安全中心是重要力量，如果由东盟提出一个综合性的亚太安全架构，并且起到核心作用，大国都比较容易接受。[②] 周丕启认为，应以东盟地区论坛为基础，建立亚太的中、美、日、俄四国协商机制。机制的协调从两个层次展开：“一是四大国之间的协调，内容涉及消除四国之间的矛盾等；二是四国就整个亚太安全问题的协调，涉及内容是广泛的，包括经济、政治、军事、环境等多个领域。”[③] 刘清才、赵轩认为，东盟在亚太地区多边组织框架中将继续发挥核心作用。[④] 封帅则认为，东盟主导亚太安全议程的“小马拉大车”模式是当前亚太各国仍可积极利用的安全对话平台，作为一项相对“中庸”的安全议程，东盟主导模式的发展潜力有限，其自身发展也正缓慢进入瓶颈期。但作为亚太安全领域的重要成果，该模式将在很长的中美战略磨合和过渡期内扮演“替补队员”角色。[⑤] 周士新认为，东盟与美国发展关系时必须谨慎而坚持底线，一旦出现战略偏向将最终伤及自身，并有可能影响亚太地区和平与稳定。亚太地区安全新架构正在形成，东盟协调与包括美国在内的大国关系的难度更大、挑战更多，而成功的

① 岳西宽：“瓦解美日同盟——构建‘亚太安全合作新体系’”，《中国青年社会科学》，2015 年第 3 期，第 125—127 页。

② “关于跨太平洋安全架构及‘一带一路’建设的思考”，《现代国际关系》，2015 年第 11 期，第 2 页。

③ 周丕启：“安全观、安全机制和冷战后亚太的地区安全”，《世界经济与政治》，1998 年第 2 期，第 60 页。

④ 刘清才、赵轩：“中俄推动建立亚太地区安全与合作架构的战略思考”，《东北亚论坛》，2014 年第 3 期，第 39 页。

⑤ 封帅：“亚太安全架构的未来图景——路径差异与模式谱系”，《国际展望》，2015 年第 4 期，第 34 页。

收益也更可观。[①] 任远喆认为，东盟国家一直在亚太多边安全合作中扮演着独特的角色，围绕东盟建立起来的“弱机制型”多边安全合作制度成为了连接“同盟型”和“伙伴型”架构的桥梁。但亚太安全架构的转型给东盟带来前所未有的挑战，而中美对东盟国家中心地位的认可程度决定了东盟可以发挥作用的大小。[②] 还有学者认为，应当坚持从战略高度看待东盟，坚持“10 + 1”在区域合作中的基础性地位，巩固和加强“10 + 3”在东亚合作中的主渠道地位。[③]

4. 中国积极、适时发挥引导作用。王缉思认为，中国应当抓住目前的战略机遇，本着“主动谋划、积极进取”的精神，在亚太地区安全问题上扮演“概念设置国”“议程设置国”的角色，在适当时机提出建立亚太区域安全架构的倡议。由于美国和大部分其他国家对中国的战略疑虑还在上升，中国的“命运共同体”“新安全观”“一带一路”等新思路、新举措需要时间来消化吸收，目前中国正式提出亚太安全架构的时间还不成熟，应“首先厘清自己的战略思路，自下而上、循序渐进地推进中国的战略目标”。王缉思进一步提出，中国倡导的亚太安全架构及其筹建过程，可包含下列不同选项：“第一，将建立亚太安全架构作为一种理念继续加以研究，召开并参加一些双边和多边的国际会议和机制，但不提出具体的政策倡议。第二，以东盟地区论坛或某一其他机制为基础，提高对话级别，探讨综合性安全架构的形式。第三，倡导召开以安全问题为内容的亚太各国首脑会议，发表没

---

① 周士新：“亚太安全架构下的东盟与美国关系”，《美国问题研究》，2015 年第 1 期，第 62 页。

② 任远喆：“亚太地区安全结构转型与东盟的角色”，《国际安全研究》，2016 年第 2 期，第 41—48 页。

③ 蔡亮：“‘未来 10 年亚太安全合作架构及中美日三边关系’学术研讨会综述”，《国际展望》，2012 年第 6 期，第 138 页。

有正式约束力的合作安全共同宣言，确立亚太地区各国之间的安全关系准则。第四，以建立制度化、有常设机构的地区安全合作组织为长远目标，逐步推进。”[①] 刘学成认为，中国现阶段还不具备推进全亚洲经济或安全合作机制建立的条件和能力，可首先着重推进和加强四个次地区合作进程——东北亚合作机制、东盟合作机制、南亚合作机制和中亚合作机制。[②] 吴莼思认为，中国应鼓励亚洲国家突破长期垄断这一地区的“欧美话语体系”，从亚洲国家发展利益着眼，设立正确方向；应加强与相关国家沟通，积极讨论规则制定；应与地区国家协商，制定更具功能性的地区安全合作议程。[③] 蔡鹏鸿持有类似观点，认为“中国必须在亚太区域架构建设中，有破旧立新的战略思维，努力成为地区制度规范、规则的制定者，而不是规范、规则的顺应者、接受者。”[④] 任远喆认为，中国应始终支持东盟在地区安全合作中的中心地位，积极参与东盟主导的各种安全对话机制，并在其中与美国保持接触与互动。此外，中国应将非传统安全方面的制度建设作为亚太安全合作的优先选项，而在一些传统安全领域循序渐进、不追求过早机制化。[⑤] 还有部分学者认为，中国应立足东亚，放眼亚太，东亚合作与亚太合作并举，坚持多机制、多层次、多速度发展模式，确保中国在各种区域机制中发挥主要作用，引导区域合作架

---

① 王缉思：“亚太地区安全架构：目标、条件与构想”，《国际安全研究》，2016 年第 1 期，第 4—7 页，第 12 页。

② 刘学成：“形成中的亚太安全架构与中国的亚洲外交”，《当代亚太》，2008 年第 6 期，第 93—94 页。

③ 吴莼思：“亚太地区安全架构的转型——内涵、趋势及战略应对”，《国际展望》，2015 年 2 月刊，第 31—33 页。

④ 蔡鹏鸿：“亚太区域架构变动的现状与前景”，《现代国际关系》，2013 年第 7 期，第 13 页。

⑤ 任远喆：“亚太地区安全结构转型与东盟的角色”，《国际安全研究》，2016 年第 2 期，第 49 页。

构朝着有利于地区各国确保和平稳定的方向发展。[①]

5. 建立“跨太平洋合作架构”。季志业提出，亚太地区似乎正在形成安全领域的两个阵营，同时两大经济体的分野似乎也逐渐显现。跨太平洋地区现有安全架构，或者以安全为议题的合作机制，显然不足以解决今天共同的安全关切，因此各国政府和战略界应与时俱进，创新现有的跨太安全架构和理念，地区成员国有必要探讨在这个地区构建一个更加稳定的安全合作框架。[②] 现代院课题组提出构建一个更加包容、开放、多元、平衡的“跨太平洋合作架构”（Trans-Pacific Security Cooperation Architecture，TPSCA），以此作为新型亚太地区安全秩序的轮廓。该架构是一个一体化的安全解决方案，既是对现有安全理念和构想的整合和优化，也是对现有地区安全机制的补充、整合、优化、增效与提升，旨在弥补该地区现有多边安全机制的缺陷与不足。其设想和原则包括：第一，以包容、开放、多元、平衡等新理念为引领；第二，以新型亚太大国关系的构建为目标，打造新亚太安全合作的新基石，在此基础上构建多层次、复合型的“跨太平洋安全合作架构”；第三，在构建“跨太平洋安全合作架构”，各国应遵守自我克制、“有区别的共同责任”、多元共进等共同原则。[③] 王鸿刚认为，跨太安全架构应旨在解决五大问题：一是安全理念滞后；二是安全机制破碎；三是安全热点问题集中发酵；四是安全

---

① 蔡亮：“‘未来10年亚太安全合作架构及中美日三边关系’学术研讨会综述”，《国际展望》，2012年第6期，第138页。

② “关于跨太平洋安全架构及‘一带一路’建设的思考”，《现代国际关系》，2015年第11期，第1页；付宇、孙成昊：“现代院论坛‘跨太平洋安全：和平共处包容发展’综述”，《现代国际关系》，2015年第10期，第64页。

③ 中国现代国际关系研究院课题组：“太平洋足够宽广——关于构建‘跨太平洋安全合作架构’的思考”，《现代国际关系》2014年第10期，第6—9页。

公共产品的缺乏；五是安全争端对经济合作的阻碍和限制。[①]

二、外方观点

20世纪90年代以来，除中国外，亚太各国领导人和政要纷纷对如何构建地区安全机制或架构提出自己的想法和倡议。1993年7月，美国总统克林顿提出基于“共同力量、共同繁荣和对民主价值观共同追求”的“新太平洋共同体”构想，并提出这一共同体在安全方面的四大首要目标：第一，美国继续对地区军事投入；第二，进一步遏制大规模杀伤性武器的扩散；第三，在地区层面就共同安全挑战展开新的对话；第四，支持地区民主和开放社会。[②] 2002年1月，日本首相小泉纯一郎在新加坡发表外交政策讲话中提出“东亚共同体”设想，以日本和东盟合作为基础，发挥“10+3”作用，深化中日、中韩关系，吸收澳大利亚和新西兰参加东亚经济合作。[③] 2003年10月，东盟领导人在印尼巴厘岛峰会上宣布建立东盟“经济共同体”、“安全共同体”和“社会文化共同体”，并提出2020年前建立“安全共同体”的目标。[④] 2009年9月，日本首相鸠山由纪夫在新加坡再次提出建设“东亚共同体”，提议按照欧盟模式建立“东亚共同体”，希望借鉴欧盟

---

① “关于跨太平洋安全架构及‘一带一路’建设的思考”，《现代国际关系》2015年第11期，第4页。

② William J. Clinton, “Remarks to the Korean National Assembly in Seoul”, July 10, 1993, http://www.presidency.ucsb.edu/ws/? pid=46829.

③ Junichiro Koizumi, “Speech by Prime Minister of Japan Junichiro Koizumi- Japan and ASEAN in East Asia-A Sincere and Open Partnership”, January 14, 2002, http://japan.kantei.go.jp/koizumispeech/2002/01/14speech_e.html.

④ 参见 ASEAN, “Overview”, http://asean.org/asean/about-asean/overview/。

的和解与合作经验，通过“开放的地区合作”发展共同体的多层次网络。[①] 2008年6月，澳大利亚总理陆克文提出，希望各国在现有各类安全机制基础上，打造一个类似欧盟的“亚太共同体”。按照其构想，“亚太共同体”将包括美、日、中、印度、印尼等各国，在经济、政治、安全事务上展开全面对话，成为比亚太经合组织、东盟及东亚峰会更具广泛影响力、使地区各国间合作更加紧密的地区性一体化机制。[②] 2013年10月，俄罗斯外长拉夫罗夫在文莱东亚峰会上表示，亚太不能只有个别的军事政治集团，应建立一个统一的安全架构。这一新地区架构的本质必须是开放和平等的，而且必须尊重国际法及和平解决争端的准则。[③] 2014年5月，俄罗斯总统普京在亚信峰会上表示，亚太需要“能够确保平等互动、各种力量真正平衡、各方利益和谐共存的安全架构。这样的体系必须平衡双边和多边外交，不能出现排外的体系或集团，以此避免地区出现新的政治和意识形态裂痕”。[④] 与此同时，各国战略界及学界人士积极发声，对亚太的地区安全及秩序提出一些具有一定参考价值的观点和建议。

---

① Yukio Hatoyama, “Japan's New Commitment to Asia-Toward the Realization of an East Asian Community”, 15 November 2009, http://japan.kantei.go.jp/hatoyama/statement/200911/15singapore_c.html.

② Kevin Rudd, “Full text of Kevin Rudd's speech to the Asia Society Australasia”, The Australian, June 5, 2008, http://www.theaustralian.com.au/archive/politics/full-text-of-kevin-rudds-speech/story-e6frgczf-1111116541962.

③ Sergey Lavrov, “Speech by the Russian Foreign Minister Sergey Lavrov at the plenary session of the 8th East Asia Summit, Bandar Seri Begawan”, The Ministry of Foreign Affairs of the Russian Federation, October 10, 2013, http://archive.mid.ru//brp_4.nsf/0/0C7F5771728E0FB644257C06003674F2.

④ “Asia Pacific needs security architecture with equal interaction-Putin”, May 21, 2014, http://sputniknews.com/voiceofrussia/news/2014_05_21/Asia-Pacific-needs-security-architecture-with-equal-interaction-Putin-9981/.

（一）亚太地区重要性

外方战略界、学界很早就认识到亚太地区在全球战略格局中日益上升的重要性。美国总统奥巴马2009年刚刚履新之时，新美国安全中心撰写了一份名为《美国与亚太地区：奥巴马政府的安全战略》的报告，认为从西方到东方的地缘政治力量转移使得亚太地区对于美国变得前所未有的重要。该地区已成为全球经济引擎，而且地区主要国家已经成为全球经济和政治的重要力量。美新一届政府必须把更多精力投向亚太，有效面对地区挑战与机遇。[①] 澳大利亚洛伊国际政策研究所认为，亚太地区经历了数十年的经济增长与和平稳定，加之中国和印度崛起为大国，该地区的竞争与合作模式已经改变了。在这一“亚洲世纪”，亚太地区的经济和战略重要性正在国际舞台上变得越发重要。[②] 印度国家高级研究所“国际战略与安全研究项目”的研究人员认为，亚太地区在地缘政治、地缘经济和地缘战略方面的重要性与日俱增，主要有以下几个原因：第一，海洋已经成为众多国家发展经济、商业以及保障安全的重要领域；第二，该地区本身的战略和经济重要性呈现指数级增长，尤其是由于中印两国的崛起；第三，中国经济和军事力量的发展“让其他地区国家不安”，促使地区国

---

① Ralph A. Cossa, Brad Glosserman, Michael A. McDevitt, Nirav Patel, James Przystup and Brad Roberts, “The United States and the Asia-Pacific Region: Security Strategy for the Obama Administration”, Center for a New American Security, February 2009, http://www.cnas.org/files/documents/publications/CampbellPatelFord_ US_ Asia-Pacific_ February2009.pdf.

② Lowy Institute for International Policy, “Asia and the Pacific”, http://www.lowyinstitute.org/issues/asia-and-pacific.

家“鼓励其他域外国家加强与地区联系与接触”。[①]

（二）亚太地区安全困局及其成因

外方总体认为，亚太地区虽然维持了长时间的和平与稳定，但当下仍面临一系列新老安全挑战与威胁。美国东西方中心认为，虽然冷战已经结束，但亚太地区和平与安全除面临新威胁外，仍然面临一系列传统热点问题的挑战，其中包括台湾问题、朝鲜半岛问题等。[②] 迈克尔·奥汉隆认为，亚太地区面临“三大挑战和潜在危险”：第一个最紧迫、最明显，即朝鲜；第二个或许是长期来看“最重要的挑战”，即中国崛起及尚未解决的台湾问题和波折的中日关系；第三个包括恐怖主义和国家内部动乱等。[③] 帕特里克·克罗宁认为，亚太地区面临三个互相关联、难以解决的“安全挑战”：一是“独裁”的朝鲜；二是中国东海和南海“恶化的紧张态势”；三是更加自信和不断崛起的中国。[④] 史文、李维亚、傅泰林、谷安澜等学者基于目前亚太地区形势，提出未来可能出现的安全风险，认为地区首要安全风险包括以下四点：第一，各国把用于和平、合作发展经济的资源转向军备竞赛，追求各种零和的政治、经济、军事安全竞争；第二，主要地

① National Institute of Advanced Studies, “Asia Pacific Power Dynamics: Strategic Implications and Options for India”, March 7, 2014, http: //isssp. in/asia-pacific-power-dynamics-strategic-implications-and-options-for-india/.

② East-West Center, “Key Issues in Asia Pacific Security”, Senior Policy Seminar, 2001, http: //www. eastwestcenter. org/system/tdf/private/SeniorPolicySeminar2001. pdf? file = 1&type = node&id = 31833, pp. 19 – 20.

③ Michael E. O'Hanlon, “Defense Issues and Asia's Future Security Architecture”, in Michael J. Green and Bates Gill, *Asia's New Multilateralism: Cooperation, Competition, and the Search for Community*, New York: Columbia University Press, 2009, p280.

④ Patrick Cronin, “Security challenges in the Asia-Pacific: a US perspective”, April 3, 2013, http: //www. aspistrategist. org. au/security-challenges-in-the-asia-pacific-region-a-us-perspective/.

区国家开始“锁定”在中国海洋周边领土和资源争议上的优势；第三，作为前两大风险的结果，美国卷入地区各国尤其是包括盟友或伙伴在内的争端；第四，美国在中长期相对力量的衰弱及其亚太盟友体系的削弱。次要风险也包括四点：第一，双边和多边政治经济安排让一些国家抢占先机或把部分国家排除在外，导致摩擦增多；第二，主要国家出现国内形势动荡，爆发经济、人口和政治问题；第三，中国经济发展不稳；第四，美国对更强大自信的中国出现误判或过度反应。[①] 李正民认为，亚洲虽然取得了无与伦比的经济成就，但却面临危险多样的安全、军事和政治挑战，成为世界安全问题最突出的“百货公司”，具体包括中美间的战略竞争、“核武装”的朝鲜、南海争端以及印巴、台湾等传统地缘政治热点问题。这些问题将对地区21世纪的秩序造成深刻影响。[②]

亚太地区安全困局的成因多样，主要集中在地区各国缺乏互信、缺少有效的地区安全合作机制或架构、部分国家民族主义高涨、域内和域外主要国家的行为不利于地区稳定、军事透明度低等。美国智库“国家亚洲研究局”的报告认为，亚太地区安全形势错综复杂，主要受下列因素影响：第一，美国认为地区涉及其战略利益与长期繁荣，因而积极介入地区安全事务，推动“重返亚洲”战略；第二，中国崛起导致美国部分盟友不安，寻求加强

---

① Michael Swaine, Nicholas Eberstadt, M. Taylor Fravel, Mikkal Herberg, Albert Keidel, Evans J. R. Revere, Alan D. Romberg, Eleanor Freund, Rachel Esplin Odell, Audrye Wong, “Conflict and Cooperation in the Asia-Pacific Region: A Strategic Net Assessment”, Carnegie Endowment for International Peace, April 2, 2015, http://carnegieendowment.org/2015/04/02/conflict-and-cooperation-in-asia-pacific-region-strategic-net-assessment-pub-59492.

② Chung Min Lee, *Fault Lines in a Rising Asia*, Washington D. C.: Carnegie Endowment for International Peace, 2016, p. 2.

与美关系并采取积极防务措施；第三，部分热点问题暗藏危机。[①] 凡·杰克逊认为，可能引发地区冲突的因素包括地区邻国间信任度很低、肆意的军事现代化投入、有关领土纠纷的民族主义显著高涨、中国“继续为主权主张而对外示强”等。[②] 杰克逊还认为，缺乏军事透明度危及亚洲地区稳定与安全，这一点体现在操作和战略两个层面。[③] 詹姆斯·马尼康姆认为，亚太地区安全的不确定性主要源自以下几点：一是中国不断崛起并采取积极的防御姿态及推动军事现代化；二是对美国是否有能力和意愿维持地区霸权的怀疑上升；三是互相重叠的海上边界诉求导致地区国家在海洋能力建设上投入重金；四是区域主义不断呈现竞争本质，缺乏能够构建各国互信的地区安全架构；五是冷战遗留的朝鲜半岛和台湾问题尚未解决。[④]

（三）现有地区安全秩序及合作机制（架构）评估

多数学者认为，由于中国崛起及其他地区国家发挥日益重要的作用，地区安全秩序或体系正发生变化。罗伯特·曼宁认为，

---

① Ashley J. Tellis, Abraham M. Denmark and Greg Chaffin, “Strategic Asia Trends and Indicators”, The National Bureau of Asian Research, December 2014, http: //www. nbr. org/publications/strategic_ asia/pdf/SA14_ Trends_ Indicators. pdf.

② Van Jackson, “Rethinking US Asia Policy: 3 Options Between Appeasement and War”, *The Diplomat*, January 6, 2016, http: //thediplomat. com/2016/01/rethinking-us-asia-policy-3-options-between-appeasement-and-war/.

③ Van Jackson, “Why Opacity Is Asia's Biggest Military Threat”, *The Diplomat*, September 19, 2015, http: //thediplomat. com/2015/09/why-opacity-is-asias-biggest-military-threat/.

④ James Manicom, “Sources of Tension in the Asia-Pacific: Strategic Competition, Divided Regionalism and Non-traditional Security Challenges”, Australian Strategic Policy Institute and The Centre for International Governance Innovation, August 2013, https: //www. aspi. org. au/publications/special-report-australia-canada-security-cooperation-in-the-asia-pacific. -paper-1. -sources-of-tension-in-the-asia-pacific-strategic-competition, -divided-regionalism-and-non-traditional-security-challenges/SR52_ Australia_ Canada_ cooperation_ Paper1. pdf.

目前该地区安全体系正在演变——从冷战时期的“中心辐射”模式转变为促进与美盟友和伙伴以及彼此之间双边和多边安全合作的更开放模式。在这种伙伴体系下，美、日、澳正通过一些倡议与南海周边国家合作。原因在于，全球金融危机后，中国“在军事和外交上咄咄逼人的民族主义举动在亚洲国家激起从众效应，把它们推向了美国和彼此”。曼宁还表示，目前的亚太秩序仍然为该地区提供安全，在应对新出现的挑战方面仍然灵活且具有适应性。中国将很难找到自身的角色定位，各国也难以设想一种共同的安全模式能将中美都包含在内，在台湾、朝鲜半岛和南海问题解决前，最佳方案或许是在中美之间建立实现战略稳定的框架。[①] 休·怀特认为，当前美国低估了中国建立亚洲新秩序的决心。奥巴马政府从未明确承认由美国主导的亚洲秩序面临中国的严峻挑战，因此也从未清晰解释过其应对这种挑战的战略。怀特质疑美国现有战略效果的理由有三点：第一，美国高估了其亚洲朋友和盟友的决心，它们为支持美国维持亚洲战略现状而不惜损害与中国关系的意愿是有限的；第二，美国的战略低估了中国的决心，中国要改变亚洲秩序的决心至少与美国要维护亚洲秩序的决心一样坚定；第三，美国高估了自己在亚洲的军事实力。各国应该寻求一种能将美国的作用最大化又能将美中竞争最小化的新秩序，这就需要中美两国妥协。[②] 大庭三枝认为，现阶段多层次地区结构将比以往更加复杂。美国与中国错综复杂的力量角逐将影响地区前景。但是其他国家，比如日本、澳大利亚、东盟成员国和印度也不仅仅是大国的追随者，它们在促进地区对话与合作

---

① Robert A. Manning, “What might a new Asian order look like?”, April 12, 2016, http: //www.eastasiaforum.org/2016/04/12/what-might-a-new-asian-order-look-like.

② Hugh White, “Need to face the facts in Asia”, *East Asia Forum*, April 18, 2016, http: //www.eastasiaforum.org/2016/04/18/need-to-face-the-facts-in-asia/.

方面的作用也有助于地区结构新图景的形成。[①]

当前地区安全秩序及合作机制均面临不同程度的挑战。阿伦·弗里德伯格认为，地区经济多边合作机制起步太晚，而政治和军事领域的多边机制建设则面临各国文化、经济、政治多元化的挑战。此外，由于地区国家缺乏共同的文化和“实用的”历史，多边机制建设的过程将更为复杂。[②] 范·杰克逊认为，由于持久的互不信任，亚洲各国形成深层次安全合作的能力受限。约束性协议不符合地区流行的“基于共识的合作”准则，而不具约束力却透明可预测的行为模式很大程度上也不存在于地区安全格局中。这些趋势导致地区陷入安全困局，各国对未来地区秩序的样式和感觉很不确定，联合应对威胁更加困难。安全环境的结构性状况还因国内政治对邻国的敌对而恶化，从而给地区联合制造了障碍。[③] 迈克尔·福克斯和布赖恩·哈丁认为，目前地区多边安全机制面临以下挑战。一是“中国反对依靠多边机制解决安全问题”。中国认为美国“亚太再平衡”战略破坏地区安全，美国不应干涉亚洲国家解决自身事务。尽管地区其他国家“迫使中国参与讨论安全问题”，但“中国坚持将议程转向发展等经济合作议题”。二是地区国家与美国在机制议题上分歧明显。美国对商讨贸易协定设定极高门槛，而亚洲各国热衷于在多数地区机制中开展贸易和经济磋商。美国认为应在亚太经合组织、世贸组织等机制下商讨经济议题，其他如东亚峰会等地区机制应只聚焦地区

① Mie Oba, “Japan and the new wave of regionalism in Asia”, *East Asia Forum*, March 12, 2016, http: //www. eastasiaforum. org/2016/03/12/japan-and-the-new-wave-of-regionalism-in-asia/.

② Aaron L. Friedberg, “Ripe for Rivalry: Prospects for Peace in a Multipolar Asia”, *International Security*, Volume 18, Number 3, Winter 1993/94, pp. 23 – 24.

③ Van Jackson, “Will Asia's Peace Last?”, *The Diplomat*, March 24, 2015, http: //thediplomat. com/2015/03/will-asias-peace-last/.

安全议题。[①]

（四）地区安全合作机制（架构）设想及构建路径

外方学者在地区合作机制设想及构建问题上既有共识又有分歧。多数学者将讨论焦点投向现有多边机制的问题及调整、中美关系、域内及域外国家间关系、东盟作用、中国角色等方面。虽然讨论议题较为集中，但观点各异，并未形成充分共识。

1. 关于对现有地区安全合作设想及机制的调整与改革。有学者指出应重视“印太”概念的使用。英国国际战略研究所提出，“印太”概念优于“亚太”概念。印太的区域范围超过亚太，所以没有任何一个国家有能力主宰印太地区的战略秩序。由于涉及国家众多，在这一地区建立包容性的多边机制会十分困难，因此可以先从几个关键国家达成安全合作安排开始着手做起。但是，中、印、日、美将很难认可各自在印太地区安全秩序的合法权益。该地区的澳大利亚、新加坡、印尼等国就应该发挥协调各方的重要作用，确保地区和平与稳定。[②] 李正民也认为，印太地区的战略重要性与日俱增，因为该地区对亚洲经济，尤其是中、日、韩等油气进口国具有重要意义。[③] 安德鲁·温纳认为地区安全架构都会设定目标，而过于“野心十足”的目标反而会阻碍安全架构的形成。亚太安全架构的较高一级目标或将是利用一系列

---

① Michael Fuchs and Brian Harding, “The Missing Link: Multilateral Institutions in Asia and Regional Security”, Center for American Progress, May 31, 2016, https://www.americanprogress.org/issues/security/report/2016/05/31/138413/the-missing-link/.

② The International Institute for Strategic Studies, *Asia-Pacific Regional Security Assessment 2015*, London: Arundel House, 2015, pp. 22 – 23.

③ Chung Min Lee, *Fault Lines in a Rising Asia*, Washington D. C.: Carnegie Endowment for International Peace, 2016, p. 179.

威慑、劝说和安抚手段防止冲突，以及通过解决战争和暴力的潜在根源减少其发生概率；另一个可能目标是在这一架构下，亚太各国可以更有效合作抗击共同安全挑战。另外还有一条中间道路，可以把安全架构的目标放低一些，不一定非得阻止国家间的攻击行为，但能够降低无意之中或因安全困境造成的冲突概率。此外，安全架构的形态和目标不应在初创时期就完全敲定，其目标、范围及参与者都可以随着时间不断变化。但灵活性也要掌握一定的度，不然各国外交官员、政客和军官将疲于寻求新事物，而无法在现有安排、组织和交往习惯上更进一步。①

有学者分析了地区机制的现状、发展和问题，提出应进行调整甚至改革创新。陶威廉和布兰登·泰勒认为，冷战后，地区安全架构呈现“二元结构”，双边和多边安全合作机制都在蓬勃发展。他们列举了不同学者对未来地区安全架构走向的三类预测：一是随着多边机制不断发展，美领导的双边同盟体系走向衰亡；二是双边、多边两种安全合作机制最终将合二为一；三是两种机制将“和平共处”。② 他们还认为，美国被中东和反恐事务分散了精力，中国经济和战略重要性不断提升，亚洲各国随之逐渐要求建立更为包容的地区安全架构。然而，目前的地区机制准则仍然不能取代地区“主权至上”的动机，也不能“战胜”亚太各国仍以硬实力说话的现实。因此，未来亚太安全架构的走向将取决于地区各国是否能对“架构”本身达成共识，均势战略是否能与机制准则“和解”，从而塑造良好的地区秩序。对此，他们提出三

① Andrew C Winner, “Building an Enduring Security Architecture for the Asia Pacific Region”, in Maj Gen Y K Gera (Retd), *Peace and Stability in Asia Pacific Region: Assessment of the Security Architecture*, New Delhi: Vij Books India, 2012, pp. 161 – 167.

② William T. Tow and Brendon Taylor, *Bilateralism, Multilateralism and Asia-Pacific Security: Contending Cooperation*, New York: Routledge, 2013, p. 3.

条建议：第一，地区安全架构的“设计师们”要努力避免在损害他国利益的基础上追求自身主权国家利益；第二，传染病、恐怖主义、跨国犯罪等非传统安全挑战虽然严峻，但也给地区各国提供了发展互信的机会，尤其是有助于地区大国在建立安全架构上达成共识；第三，涉及国家利益和价值观的因素仍需得到很好解决，这样才能在亚太真正构建起有效的安全架构。因此，亚太大国政治，尤其是中美关系的未来将成为决定性因素。[①] 汉斯·毛尔比较了亚太安全合作机制与欧洲安全架构的区别，认为亚太安全合作机制在21世纪初期可能更为脆弱，因为涉及朝鲜半岛、中国南海、中美日大国竞争等热点问题。此外，欧洲安全架构强调主权让渡，亚太却恰恰相反，强调促进国家主权，因而该地区的安全架构更不正式，机制化程度较低。[②] 有学者强调各国对地区安全合作机制或架构在认识方面存在分歧。维诺德·阿格瓦尔认为，在安全领域，地区缺乏像美欧之间那样的北大西洋公约组织，因此美国地区盟友体系建立在双边基础之上，使得地区安全协调呈现“少边主义”。“9·11”事件后，亚洲国家意识到需要在地区层面提供集体安全，但现实是仍缺乏集体安全机制，主要原因是中国、日本、印度等地区大国之间“敌意和竞争未消”，多数国家仍坚持威斯特伐利亚的主权精神及不干涉他国内政原则。对此，阿格瓦尔表示，许多研究亚洲的学者认为，经济领域的地区主义将树立准则和机制形态，从而引领地区安全架构的形

① Brendan Taylor and William T. Tow, “Challenges to Building an Effective Asia-Pacific Security Architecture”, in Michael J. Green and Bates Gill, *Asia's New Multilateralism: Cooperation, Competition, and the Search for Community*, New York: Columbia University Press, 2009, pp. 329 – 346.

② Hanns W. Maull, “The European Security Architecture: Conceptual Lessons for Asia-Pacific Security Cooperation”, in Amitav Acharya and Evelyn Goh, *Reassessing Security Cooperation in the Asia-Pacific: Competition, Congruence, and Transformation*, *Cambridge*: The MIT Press, 2007, pp. 253 – 274.

成。尤其是当前许多自贸区目标就是建立“嵌入安全考虑”的贸易纽带，这将为地区安全机制建设提供条件。[1]

还有一些学者则指出了在操作层面上的问题并提出建议。彼得·德赖斯代尔认为，现有地区架构在结构和操作上存在两大问题：一是未能与演化中的全球性安排对接，如二十国集团；二是目前架构未囊括能处理地区政治和安全事务变化的相应对话。对此，德赖斯代尔提出建议，可把二十国集团亚洲成员国和东亚峰会参与国的非正式对话正式化，使其成为二十国集团进程中的一部分，利于推动地区需求和倡议，扩大影响力。[2] 迈克尔·格林和季北慈认为，当前地区多边机制发展存在三大风险：第一，地区热衷创立新论坛导致形式大于意义；第二，各国政府过于相信口头所说的东亚共同体，忽视了如联盟体系和均势等决定地区稳定的根本因素；第三，多边领域内依然存在竞争，如对立的“少边”安排，若不妥善解决或将制造新的安全困境。他们还指出了东盟地区论坛的问题，认为参与论坛的成员十分多元，包括朝鲜、柬埔寨、美国等，导致对话成果只能成为“最小公分母”。一些改革论坛的努力遭遇挫折，比如允许绝对多数压倒少数成员做出决定，或者设立一个高效的秘书处等倡议。论坛始终未能从讨论信任建设迈向商议预防性外交等，美国对此尤其沮丧。[3] 迈克尔·福克斯和布赖恩·哈丁提出具体的改革方案，主张把东亚

① Vinod K. Aggarwal, Min Gyo Koo (Editor), *Asia's New Institutional Architecture: Evolving Structures for Managing Trade, Financial, and Security Relations*, Springer, 2008, pp. 4–5; 19–20; 302; 304.

② Peter Drysdale, "Positioning Asian regional architecture internationally", *East Asia Forum*, November 11, 2011, http://www.eastasiaforum.org/2011/11/03/positioning-asian-regional-architecture-internationally/.

③ Michael J. Green and Bates Gill, *Asia's New Multilateralism: Cooperation, Competition, and the Search for Community*, New York: Columbia University Press, 2009, pp. 7–27.

峰会打造为地区多边机制核心，并提出以下建议。第一，改变形式。延长东亚峰会时间；峰会前后的年度“东盟—美国”峰会和部长级会谈应另选时间或降级交给各国高级官员处理，以确保各国领导人和外长有足够精力聚焦峰会议题；东盟地区论坛只需在高官层面进行。第二，在雅加达设立东亚峰会委员会，以落实领导人决策、准备年度峰会、处理地区紧急安全事务等。第三，加强各机制间联系，尤其是加强东盟防长扩大会议、东盟海事论坛扩大会议、东亚峰会外长会议与东亚峰会之间的联系。第四，利用东亚峰会引导设定地区政策，包括如何避免海上摩擦、落实联合国安理会对朝制裁等。第五，不扩大东亚峰会规模，避免削弱东盟核心地位，引发中国疑虑。[①] 哈迪·苏萨斯特罗提出应全面改革地区论坛机制，设立新的各国领导人会议或亚太峰会。论坛规模不能过大，以免影响效率，但又要具备代表性。论坛无需设立秘书处，因为亚太经合组织和东盟地区论坛可以发挥秘书处功能，把需要商讨的问题提交给这一新的亚太峰会。由于参与论坛国家的数量具有敏感性，最实际、最符合逻辑的方案是囊括二十国集团中的亚太国家。[②]

2. 关于中美在亚太相处。有学者认为中美之间的博弈呼唤新的地区秩序与理念。休·怀特表示，亚太急需新的地区秩序以阻止中美间“危险对决”。中美在亚太的较量源于两国对亚洲未来秩序以及各自在其中的角色有着互不兼容的看法。这正是可能引爆两国冲突的问题。因此，亚太地区各相关方必须想办法缓和美

---

① Michael Fuchs and Brian Harding, “The Missing Link: Multilateral Institutions in Asia and Regional Security”, Center for American Progress, May 31, 2016, https://www.americanprogress.org/issues/security/report/2016/05/31/138413/the-missing-link/.

② Hadi Soesastro, “Architectural momentum in Asia and the Pacific”, *East Asia Forum*, June 14, 2009, http://www.eastasiaforum.org/2009/06/14/architectural-momentum-in-asia-and-the-pacific/.

中竞争，降低爆发地区冲突的风险。这要求各方以设计新的地区秩序为目的，探讨可选择的方案及其实现途径。[①] 钱德兰·奈尔认为亚洲需要新“亚洲学说”来适应美国影响力的新变化。无论谁成为美下一任总统，亚洲都需要认真思考，随着美国和中国发挥的地区作用发生改变，未来会出现何种情形，以及如何需要通过一套“亚洲学说”来取代已经过时的依赖美国的做法，并就如何解决世界上最为紧迫的一些危机制定指导原则。[②] 更多学者认为，中美关系是影响地区安全合作机制发展的重要因素之一，并探讨了美国面对中国在亚太崛起时应采取何种措施，而不同的应对方式将引导地区安全合作机制走向不同的前景。

第一类倡导携手合作。基辛格表示，中美作为举足轻重的世界级大国，对亚太地区的和平与稳定具有决定性影响，双方应在“共同演进”基础上，尝试把熟悉的危机讨论提升为更全面的框架，消除紧张状态的根源，努力构建有助于中美长期和平稳定的“太平洋共同体”。[③] 基辛格还在其2014年《世界秩序》一书中提出以“新均势+伙伴关系”打造跨太平洋新安全框架，实现中美建设性合作。[④] 包道格和韩磊认为，中美关系太过重要，因此不能有意沿着对抗道路走下去。中美在地区与国际和平及繁荣中有共同利益，必须找到合作及避免有害竞争的办法。而如果一个全

---

① Hugh White, “A Dangerous Superpower Showdown is Brewing: China vs. America in Asia”, *The National Interest*, April 12, 2016, http: //nationalinterest. org/blog/the-buzz/dangerous-superpower-showdown-brewing-china-vs-america-asia-15757.

② Chandran Nair, “Asia Needs a New Foreign Policy Doctrine in the Age of Trump”, *Huffington Post*, May 11, 2016, http: //www. huffingtonpost. com/chandran-nair/asia-foreign-policy-trump_b_ 9857274. html.

③ Henry Kissinger, *On China*, New York: The Penguin Press, 2012, pp. 527 – 530.

④ Henry Kissinger, *World Order*, New York: The Penguin Press, 2014, p. 233.

亚洲范围的安全机制（或者东北亚和东南亚的机制）想要成为现实，那么就必须培养和实施和平处理争端的规范。[①] 伯格斯滕继提出构建美中“两国集团”（G2）、“共享全球经济领导权”之后，联合该所经济学家出版《架桥太平洋》一书，提出应以中美贸易与投资协定为基石，破解亚太地区经济机制双轨并行的难题，构建新的亚太乃至全球经济新秩序。[②] 休·怀特提出中美在亚太地区共享地区领导地位的“中美分权论”，主张既给予中国更大的角色，又继续保留美在维护亚洲安全方面的重要作用，中美相互包容是亚洲构建新型领导秩序的首要一步。[③] 陆克文提出，可以考虑通过替代性机构的途径把中美纳入共同的地区安排，授权应对安全和经济挑战，而如果建立相互对立的架构将会加剧地区分歧。为此，中美应为实现共同目标而采取建设性的现实态度，形成对中美关系的共同战略表述。两国关系共同战略框架的概念内容应为：对两国关系当中在可预见未来不可能解决的问题采取“现实态度”；对可以在双边、地区和全球层面通过高层政治努力得以解决的问题采取“建设性态度”；以“共同使命”为指引，基于解决共同问题的共同行动，而不是基于任何宣示，随

① Douglas H. Paal, Paul Haenle, “A New Great-Power Relationship with Beijing”, Carnegie Endowment for International Peace, November 29, 2012, http://carnegie-mec.org/publications/?fa=50172.

② C. Fred Bergsten, “A Partnership of Equals: How Washington Should Respond to China's Economic Challenge?”, *Foreign Affairs*, July/August 2008; Peterson Institute for International Economics, *Bridging the Pacific: Toward Free Trade and Investment between China and the United States*, October 2014.

③ Hugh White, The China Choice: Why America Should Share Power, Collingwood Black Inc., 2012; Hugh White, “Asian Century must begin with great-power accommodation”, *East Asia Forum*, June 29, 2015, http://www.eastasiaforum.org/2015/06/29/asian-century-must-begin-with-great-power-accommodation/.

着时间推移逐步建立战略信任。①

第二类主张顺应塑造。约翰·伊肯伯里和安尼—玛丽·斯劳特提出：一方面，美国应继续巩固美日同盟，保持强大的军事实力，对中国加以威慑；另一方面，美国应劝导中国融入现行国际体系，使其成为承担国际责任的"利益攸关方"，同时构建以美国为主导的跨太平洋安全机制，防止中国主导的泛亚洲秩序的形成，并把中国纳入以美日同盟为基础的亚太安全机制。② 包道格认为：一方面，美国在本地区有自己的安全联盟，在多数情况下带来了和平与繁荣，这对美国是好事，也使本地区国家节省很多军费开支，美国将继续维持这样的安全架构；另一方面，美国限制中国的举动是危险的，起了反作用，最终徒劳无益。中美之间不一定会出现"修昔底德陷阱"，两国应找到解决办法，建立范围更广的安全架构，帮助解决相关问题。③ 戴维·兰普顿认为，虽然中美竞争和分歧将顺理成章地一直持续，但两国可以从合作而不是冲突中获益。他呼吁两国进行顺应和妥协，表示"无论是中国还是美国，顺应和妥协这两个词语都不应该被赋予贬义"。④因此，"美国应当在国际体系中给中国腾出更大的空间，中国则

① Kevin Rudd, "The Future of U. S. – China Relations Under Xi Jinping: Toward a New Framework of Constructive Realism for a Common Purpose", Belfer Center for Science and International Affairs, Harvard Kennedy School, April 2015, http://belfercenter.ksg.harvard.edu/files/Summary%20Report%20US – China%2021.pdf.

② G. John Ikenberry and Anne-Marie Slaughter, *Forging a World of Liberty Under Law: U. S. National Security In The 21st Century*, The Woodrow Wilson School of Public and International Affairs, Princeton University, September 27, 2006, http://www.world-governance.org/IMG/pdf_080_Forging_a_world_of_liberty_under_law.pdf.

③ 付宇、孙成昊："现代院论坛'跨太平洋安全：和平共处包容发展'综述"，《现代国际关系》2015 年第 10 期，第 64 页。

④ David Mike Lampton, "A Tipping Point in U. S. – China Relations is Upon Us", May 11, 2015, http://www.uscnpm.org/blog/2015/05/11/a – tipping-point-in-u-s--china-relations-is-upon-us-part-i/.

应当再耐心一点”。[①] 兰普顿还提出两国要实现“对等接触”（reciprocal engagement），强调美必须改变思维框架，接受中国已从“发展中国家”成为“大国”，接受中国对美更强调对等性的事实，同时美应寻求“建立能够容纳中美两国的经济和安全机制”，而不应各自建立平行机制。[②] 菲利普·斯蒂芬斯认为，中国的崛起改变了东亚形势，而美国必须适应中国崛起带来的东亚新秩序。[③] 罗伯特·曼宁和詹姆斯·普日斯图认为，美国所面临的政策挑战将是适应中国崛起等全球体系的结构性变化，同时保护和推进美在亚太地区的经济、政治和安全利益。在这一背景下，美国对华战略要目光长远。[④] 罗伯特·佐利克认为，21 世纪的安全秩序需要一种共同防御的伙伴关系。美国应当与各伙伴国共同努力，维护过去 70 年来成功的国际秩序，同时适应经济、安全和政治变化。一方面美、澳等国应该支持中国经济改革并维护现有亚太秩序，另一方面必须防止中国寻求建立把美国排除在外的新亚太安全秩序。[⑤] 佐利克还表示，美国对华战略的核心应是塑造中国的行为模式，并且要在中国影响力扩展时，塑造其对自身利益

---

① 兰普顿在 2015 年 11 月 17 日中国社会科学院美国研究所举办的社科论坛“习近平主席访美后的中美关系”上的发言。转引自陶文钊：“美国对华政策大辩论”，《现代国际关系》2016 年第 1 期，第 23 页。

② David M. Lampton, “Testimony before the U.S. - China Economic and Security Review Commission: China and the U.S. Rebalance to Asia”, March 31, 2016, http://www.uscc.gov/sites/default/files/David%20Lampton%20Testimony_033116.pdf.

③ Philip Stephens, “China must learn how to be a great power”, *Financial Times*, November 5, 2015, http://www.ft.com/cms/s/0/4effd3c6-82e9-11e5-a01c-8650859a4767.html#axzz4DQcRNJq6.

④ Robert A. Manning, James Przystup, “How George Kennan Would Contend with China's Rise”, *National Interest*, June 30, 2015, http://nationalinterest.org/feature/how-george-kennan-would-contend-chinas-rise-13222.

⑤ Robert B. Zoellick, “The US should lead change with China”, *Australian Financial Review*, July 2, 2015, http://belfercenter.hks.harvard.edu/publication/25512/us_should_lead_change_with_china.html.

的合理估算，以确保地区力量对比平衡。①

第三类鼓吹加强制衡。这类学者主要强调美国应采取加强亚太同盟体系等一系列措施，提升对中国制衡能力，防止中国“改变地区安全秩序”。车维德认为，美国的双边和多边同盟体系是亚洲正在形成的地区安全架构不可或缺的组成部分。② 美国兰德公司曾发表战略报告建议：“美国应深化并扩大其双边安全联盟，以便建立一种全面的伙伴关系。这种多边化安排最终可能包括美国、日本、韩国、澳大利亚，也许还有新加坡、菲律宾和泰国。”③ 凡·杰克逊认为，亚太发生冲突的一个背景条件是中国及其潜在对手实力不均衡。因此，美国应打造地区盟友和合作伙伴的能力，以支持反介入能力，提高盟友的整体威慑能力。④ 罗伯特·布莱克威尔和阿什利·泰利斯认为，美国将中国融入国际体系的战略已经“破产”，中美战略竞争远超合作的局面已成“新常态”，美国应采取重振经济、加强军事、拓展亚洲贸易网络、执行有效网络政策、完善同盟体系、适当高级别外交接触等全面措施制衡中国。⑤ 丹尼尔·特文宁认为，美国应通过更有力、更积极的战略阻止“中国修正亚洲既有秩序”。一方面，美国可以

---

① Robert B. Zoellick, “Crawford Australian Leadership Forum: Confronting the challenges of China's rise”, *Australian Financial Review*, June 17, 2016, http://www.afr.com/brand/crawford-australian-leadership-forum-confronting-the-challenges-of-chinas-rise-20160616-gpkhe5.

② Victor Cha, “Complex patchworks: U.S. Alliance as Part of Asia's Regional Architecture”, *Asia Policy*, Number 11, The National Bureau of Asian Research, January 2011, pp. 28－29.

③ “U.S. Strategy for a Changing Asia”, in David T. Khalilzad and Jonathan D. Orletsky, eds., *The United States and Asia: Toward a New U.S. Strategy and Force Posture*, RAND, 2001, https://www.rand.org/content/dam/rand/pubs/monograph_reports/MR1315/MR1315.ch3.pdf.

④ Van Jackson, “Rethinking US Asia Policy: 3 Options between Appeasement and War”, *The Diplomat*, January 6, 2016, http://thediplomat.com/2016/01/rethinking-us-asia-policy-3-options-between-appeasement-and-war/.

⑤ Robert D. Blackwill and Ashley J. Tellis, “Revising U.S. Grand Strategy Toward China”, Council on Foreign Relations, April 2015, http://www.cfr.org/china/revising-us-grand-strategy-toward-china/p36371.

加强对地区国家外交和经济支持；另一方面，美国还应更加有创造力地运用各种先进军事手段维护当前秩序，如鼓励盟友执行东南亚海域巡逻任务，帮助盟友部署导弹防御系统、反潜战武器等。①

3. 关于域内其他国家间关系。在三边层面，就中、美、日关系而言，休·怀特认为，搭建安全架构的基础是国家之间稳定的关系，特别是最强国家之间稳定的关系。未来亚太安全架构必须要以中国、美国和日本之间的稳定关系为基础。当崛起国与守成国相遇时会有新秩序出现，不一定会出现冲突，它们可以合作建立新秩序，避免战争。② 就美、日、韩关系而言，麦克丹尼尔·威克认为，为实现亚太地区的和平与稳定，美、日、韩应建设一种更加牢固的防务伙伴关系和三边联盟关系。但是，单靠三边合作不能确保地区稳定。事实上，实施不力可能会带来破坏稳定的作用，使中国和朝鲜感到被包围和受到威胁。为了消除这样的担忧，美国在达成任何三边协议的同时，必须就美、日、韩的意图提出明确表态。③ 就美、日、印关系而言，丹尼尔·特文宁认为，奥巴马、安倍和莫迪政府正形成建立一个印度洋—太平洋联盟的理念，加强三边战略合作，特别是在海上安全领域，旨在“对付中国崛起并维系亚洲和平”。此外，三国也在探讨重新与澳大利

① Daniel Twining, “Time for America to Step Up in the South China Sea”, *Foreign Policy*, November 22, 2015, http://foreignpolicy.com/2015/11/22/time-for-america-to-step-up-in-the-south-china-sea/.

② “关于跨太平洋安全架构及‘一带一路’建设的思考”，《现代国际关系》2015 年第 11 期，第 3 页。

③ McDaniel Wicker, “America's Next Move in Asia: A Japan-South Korea Alliance”, *National Interest*, February 24, 2016, http://nationalinterest.org/feature/americas-next-move-asia-japan-south-korea-alliance-15301.

亚建立四方战略伙伴关系。[①]

在双边层面，就美日关系而言，田中均认为，美日加强在亚洲安全合作必须解决下列五大挑战：一是坚持美国的全球领导地位；二是推动大型地区贸易协议；三是实现南海的非军事化；四是稳定朝鲜半岛形势；五是协调对俄罗斯的政策。长远看，为应对这五大挑战做出的决定将决定未来的地区秩序。随着联盟各领域内（包括安全、经济和外交战略）定期协商的加深，美日不仅能巩固合作基础，还能更有效地与中国合作，使中国的崛起向着互利的方向发展。[②] 就美澳关系而言，理查德·方丹认为，美澳应合作构建旨在促进亚洲稳定的地区伙伴关系网。澳大利亚国防白皮书表明，澳在很大程度上将安全重点放在亚太地区。澳大利亚担忧中国在印太地区不断上升的实力，希望发展国防力量以在该地区扮演重要角色。这为美澳合作提供新契机，两国可以合作构建促进亚洲稳定的地区伙伴关系网。这张“亚洲力量网”并非为了遏制中国，而是要约束中国遵守基本规则。[③] 休·怀特认为，美澳等应停止在亚太“虚张声势”以避免与中国开战。美澳不应假定中国打造新秩序的决心弱于前者维护旧秩序的决心。除非一方或另一方放弃其核心目标，否则西太平洋危机升级到面临做出开战决定时刻的概率已经很大，而且这种概率会越来越大。实际

---

① Daniel Twining，“Asia's New Triple Alliance”，*Foreign Policy*，February 24，2015，http：//foreignpolicy. com/2015/02/24/asias-emerging-triple-alliance-india-china-japan-modi-obama/.

② Hitoshi Tanaka，“Six Challenges for US-Japan Cooperation in Asia”，*East Asia Forum*，February 15，2016，http：//www. eastasiaforum. org/2016/02/15/six-challenges-for-us-japan-cooperation-in-asia/.

③ Richard Fontaine，“China Looms Large in Australia's New Strategy”，*The National Interest*，March 25，2016，http：//nationalinterest. org/feature/china-looms-large-australias-new-strategy-15595.

上，美澳都不会与中国开战，这种“虚张声势”早就被中国识破。[①] 就澳日关系而言，梅丽登·瓦拉尔认为澳日发展双边安全合作关系应考虑中国感受。由于中国担心澳日安全合作会将其进一步驱逐到主流国际秩序之外，澳日在做出政策选择时应考虑该地区安全状况现实，考虑长远目标，以免让今天看似有效的遏制政策在未来造成更加复杂的安全困境。[②] 就中日关系而言，罗伯特·曼宁和詹姆斯·普日斯图普认为，亚太地区安全合作与秩序的未来将在很大程度上取决于中日关系的平衡。中日关系有可能的轨迹取决于中国对待地区秩序的方式。在未来十年，中国是否加入《跨太平洋战略经济伙伴协定》及其如何回应朝鲜半岛的不稳定局势都将成为塑造中日关系的转折点。[③] 就印巴关系而言，土屋圭市认为，两国关系是南亚次区域地区秩序的关键，并且对多个次区域机制建设有重要意义。如果印巴能够化解克什米尔地区冲突，劝服其国民接受解决方案，那么南亚区域合作联盟将会提升其作为次区域论坛的功能。[④]

4. 关于东盟的作用。部分学者认为东盟在未来地区安全合作机制建设中可以发挥重要作用。新加坡南洋理工大学拉惹勒南国际研究院发布的报告认为，虽然中美博弈影响了东盟团结，但东盟的“中心地位”仍然存在，并且各成员国更趋团结。尤其是在

---

① Hugh White, “It’s Time We Talked About War With China”, *The National Interest*, March 10, 2016, http://nationalinterest.org/blog/the-buzz/its-time-we-talked-about-war-china-15462.

② Merriden Varrall, “The Chinese elephant in Australia-Japan relations”, *East Asia Forum*, March 4, 2016, http://www.eastasiaforum.org/2016/03/04/the-chinese-elephant-in-australia-japan-relations/.

③ Robert A. Manning and James Przystup, “Asian stability hangs in the balance of Japan-China relations”, *East Asia Forum*, October 12, 2015, http://www.eastasiaforum.org/2015/10/12/asian-stability-hangs-in-the-balance-of-japan-china-relations/.

④ Vinod K. Aggarwal, Min Gyo Koo (Editor), *Asia’s New Institutional Architecture: Evolving Structures for Managing Trade*, Financial, and Security Relations, Springer, 2008, p. 85.

防务合作方面，东盟国家利用东盟防长会议这一对话机制，正作为一个整体在处理地区防务合作中发挥领导作用。[①] 还有学者认为，任何企图建立独立于东盟的新地区安全架构都会遭到怀疑和不屑，包括陆克文曾经提出的“亚太共同体”。然而，东盟不能坐享其成，其面临的挑战不是有关地区安全架构的新主张，而是源自内部的紧张和压力：发展差距、人权、安全、治理以及弱地区机制阻碍了东盟凝聚力。[②] 阿米塔夫·阿查亚认为，东盟有能力在亚洲的大国博弈中生存。目前在亚洲还没有谁可以取代东盟的综合实力。由于互不信任及缺乏合法性，亚太大国无力领导亚洲地区机构。[③] 史文、李维亚、傅泰林、容安澜等学者认识到东盟在地区的重要性，主张推进东盟机制建设，加强美国与东盟关系。一方面，美国应当推动与东盟的自贸协议，效仿中国强调“东盟中心”原则，鼓励东盟成为有能力也有意愿解决地区事务的“行动型”机制，加强东盟国家在共同捕鱼区保护、海上通行规则、西太环境保护、传染病管控甚至防务领域的合作；另一方面，美国应该与所有东南亚国家建立美国与印尼式的全面伙伴关系，使全面伙伴关系成为东南亚国家间以及东南亚与印、日、中、澳建立新安全架构的保护伞。[④]

---

① Tsjeng Zhizhao Henrick, “ASEAN Centrality: Still Alive and Kicking”, RSIS, February 2016, https://www.rsis.edu.sg/wp-content/uploads/2016/02/CO16048.pdf.

② Julio Santiago Amador III, “ASEAN in the Asia Pacific: Central or Peripheral?”, *Asian Politics & Policy*, Volume 2, Number 4, pp. 601-616.

③ Amitav Acharya, “ASEAN can survive great-power rivalry in Asia”, *East Asia Forum*, October 4, 2015, http://www.eastasiaforum.org/2015/10/04/asean-can-survive-great-power-rivalry-in-asia/.

④ Michael Swaine, Nicholas Eberstadt, M. Taylor Fravel, Mikkal Herberg, Albert Keidel, Evans J. R. Revere, Alan D. Romberg, Eleanor Freund, Rachel Esplin Odell, Audrye Wong, “Conflict and Cooperation in the Asia-Pacific Region: A Strategic Net Assessment”, Carnegie Endowment for International Peace, April 2, 2015, http://carnegieendowment.org/2015/04/02/conflict-and-cooperation-in-asia-pacific-region-strategic-net-assessment-pub-59492.

但有学者认为东盟自身存在弊病，难以在构建地区安全合作机制或架构中发挥核心作用。荣·惠斯肯认为，东盟当前在多边领域发挥突出作用，部分原因是大国对谁应该在地区安全架构中发挥关键塑造作用态度模糊。一旦东盟做出误判，或者提出的倡议超出其他国家预期，大国通常都会采取措施加以纠正。[①] 迈克尔·福克斯和布赖恩·哈丁认为东盟内部机制存在缺陷。尽管每年东盟主席国在制定各机制议程中发挥领导作用，但在议程执行中东盟仍然要求集体决策、寻求共识。这既促使其主导的多边机制受到广泛认可，也导致东盟因担心损害与大国关系而在处理棘手问题时无法有效决策。[②] 保罗·迪布认为，东盟存在某些严重缺陷，因无休止的讨论和拒不解决棘手的分歧而遭到抨击。在建立具体的军事信任措施方面，东盟进展甚微，比如避免发生海上军事偶然事件的多边协议。东盟主导的地区多边安全合作机制亟需调整，尤其是东盟地区论坛和东盟目前的当务之急是制定可用于地区热点的预防性外交措施，为不断加剧的紧张局势提供预警。面对日益强大的军事能力、不断高涨的民族主义和高度敏感的领土争端，东盟迫切需要控制军备和达成裁军协议。东盟及对应的东盟地区论坛迫切需要着手解决这些问题中的一部分，否则其他地区组织将接管管理地区安全的核心作用，比如东亚论坛。[③] 阿米塔夫·阿查亚表示，对于东盟未能坚定塑造亚洲多边主义的

① Ron Huisken (ED.), The Architecture of Security in the Asia-Pacific, Canberra: ANU E Press, 2009, p. 9.

② Michael Fuchs and Brian Harding, "The Missing Link: Multilateral Institutions in Asia and Regional Security", Center for American Progress, May 31, 2016, https://www.americanprogress.org/issues/security/report/2016/05/31/138413/the-missing-link/.

③ Paul Dibb, "What is ASEAN's strategic value?", *East Asia Forum*, March 1, 2016, http://www.eastasiaforum.org/2016/03/01/what-is-aseans-strategic-value/.

未来，非东盟国家已经“有些沮丧”。[①] 但阿查亚也表示，尽管经历数十年辩论，国际关系理论仍然没法对地区组织的“成果”与“有效性”做出公认的评估。如何理解地区秩序和亚洲机制对国家行为的影响在很大程度上取决于分析的视角。[②] 他还建议东盟收缩议程，专注于东南亚紧迫环境内的紧急问题，不应再关注朝鲜半岛、台湾问题和印巴冲突。作为东盟地区论坛和东亚峰会的召集者及议程设立者，东盟应把注意力放在南海问题上，同时与实力中等的国家在跨国及全球挑战方面分担更多责任。[③] 罗伯特·曼宁认为，不能高估东盟在构建地区安全架构中的重要性。东盟成立以来取得的最大成就是避免了战争并形成一种模糊的集体认同感，但将东盟视为比一个由不同民族、经济和文化组合起来的松散联盟更重要的组织会落入自我陶醉的幻境，因为东盟本着不干预成员国内政的信条在一致原则基础上运作，几乎不可能采取集体行动。[④]

5. 关于中国的角色。部分学者强调中国对现有地区安全秩序及合作机制的不满。尼迪·普拉萨德认为，各方对亚洲地区现有安全秩序缺乏共识，在这一背景下，如果想要找到提升安全合作的途径，了解中国对亚洲安全秩序的看法十分重要。中国对现有

---

① Amitav Acharya, “Competing Asian Communities: What the Australian and Japanese ideas mean for Asia's regional architecture”, *East Asia Forum*, October 29, 2009, http://www.eastasiaforum.org/2009/10/29/competing-asian-communities/.

② Amitav Acharya, “Regional Institutions and Asian Security Order: Norms, Power, and Prospects for Peaceful Change”, in Muthiah Alagappa (ed.), *Asian Security Order: Instrumental and Normative Features*, Stanford University Press, Stanford, 2003, p. 228.

③ Amitav Acharya, “ASEAN can survive great-power rivalry in Asia”, *East Asia Forum*, October 4, 2015, http://www.eastasiaforum.org/2015/10/04/asean-can-survive-great-power-rivalry-in-asia/.

④ Robert A. Manning, “Does ASEAN Really Matter to America?”, *The National Interest*, February 12, 2016, http://nationalinterest.org/blog/the-buzz/does-asean-really-matter-america-15203?page=show.

安全秩序是持怀疑态度的，特别是对美国在东亚的存在以及美国盟友包围中国的现状。这种怀疑驱使中国坚信：亚洲的安全应该掌握在亚洲人手里。中国的外交政策现在更富有战略性，寻求建立基于其“新安全理念”的亚洲“命运共同体”。[①] 蒂莫西·希思认为，中国对美主导下亚洲联盟体系的担忧不断上升。在中国看来，美国主导下的安全架构已无法提供对自身发展必不可少的地区稳定，反而会加剧对中国安全和主权的威胁，并且在应对传统与非传统威胁方面缺乏有效性。因此，中国采取了如下措施：“塑造与美国之间的合作；利用经济实力调整区域关系；建立和加强有利于中国利益的制度和机制；发展军事力量和反介入能力。”在此背景下，中美及美国盟友需要创造性地制定政策，以抵消相互矛盾的关切，确保地区持久和平与稳定。[②] 英国国际战略研究所认为，将美国挤出亚洲、推翻美国在地区的主导地位并非中国当下的计划，因为中国宁愿把用来实现上述目标的资源投入到发展经济。中国短期内只想“对美国及其盟友安全、合作安排构成潜在威胁”。长期看，中国或许希望能够改变当前这种“经济靠中国、安全靠美国”的地区秩序，以经济实力为杠杆塑造以中国为中心的互联互通的亚洲。[③]

部分学者分析了中国对地区秩序、安全合作机制的影响及可能发挥的作用。阿米塔夫·阿查亚认为，随着冷战结束、中国崛起，学界对中国与亚洲安全秩序的看法可分为五类：第一类非常

---

① Nidhi Prasad, “Understanding China’s foreign policy perspective”, *East Asia Forum*, December 4, 2016, http://www.eastasiaforum.org/2015/12/04/understanding-chinas-foreign-policy-perspective-2/.

② Timothy R. Heath, “China and the U.S. Alliance System”, June 11, 2014, http://thediplomat.com/2014/06/china-and-the-u-s-alliance-system/.

③ The International Institute for Strategic Studies, *Asia-Pacific Regional Security Assessment 2015*, London: Arundel House, 2015, pp. 86, 88.

悲观，认为地区正“走向重大冲突”，其原因是缺乏像欧洲那样深度地区一体化、拥有多边机制和民主政治的“降温机制”；第二类比较悲观，把中国崛起比作 19 世纪在西半球奉行“门罗主义”的美国，正谋求地区扩张，对“邻国实行霸权”；第三类谨慎乐观，认为亚洲正形成一种均势秩序，其形式要么是“大国协调”，要么是“中美共治”；第四类较为乐观，认为中国崛起会复兴一种“仁慈的等级地区秩序”，中国的首要地位会带来地区繁荣与和平；第五类最为乐观，认为未来能够形成地区社会，经济一体化、多边机制、共同准则和认同会消除战争风险。[①] 史文从历史的角度分析中国当前和未来可能的行为，认为受历史影响，中国追求成为一个大国而不是唯一的支配国，更不会寻求主导亚洲和世界。[②] 安德鲁·菲利普认为，在可预见的未来，中国不能也不会直接挑战美国主导的亚太地区秩序。中国加入现有的地区秩序仍然很容易，但要想摧毁、推翻或退出这一秩序将难上加难。[③] 康灿雄讨论了亚洲过去存在的、以中国为中心的地区秩序的良性特征，认为当中国富有和强大时，亚洲既稳定又繁荣。因此，中国的优势地位将重振以中国为中心的、稳定有益的“等级制”地区秩序，地区各国经济和外交前景将越发与中国绑定。[④] 大庭三枝认为，亚投行与“一带一路”倡议反映了中国的亚洲合作观。中国新的区域主义不仅限于经济合作。中国领导人提出的

① Amitav Acharya, “Power Shift or Paradigm Shift? China's Rise and Asia's Emerging Security Order”, *International Studies Quarterly*, (2014) 58, p. 158.

② Michael D. Swaine, “China: The Influence of History”, *The Diplomat*, January 14, 2015, http://thediplomat.com/2015/01/china-the-influence-of-history/.

③ Andrew Phillips, “China's Real Goal: Destroy the Regional Order in East Asia?”, *The National Interest*, July 31, 2014, http://nationalinterest.org/blog/the-buzz/chinas-real-goal-destroy-the-regional-order-east-asia-10992.

④ David C. Kang, “Why China's Rise Will be Peaceful: Hierarchy and stability in the East Asian region”, *Perspectives on Politics*, Vol. 3, No. 3 (Sep., 2005), pp. 551 – 554.

有关地区安全的新观点，表示“亚洲的事情归根结底要靠亚洲人民来办，亚洲的问题归根结底要靠亚洲人民来处理，亚洲的安全归根结底要靠亚洲人民来维护”，强调了中国在构建新的亚洲安全结构中发挥领导作用的必要性。[①] 丹尼斯·布莱尔认为，地区需要新的安全架构，必须依靠行动才能改变现状，特别是中方要积极采取措施，在经济合作和政治上都有一定妥协。如建设地区安全架构前可以先建立四种行为规则：一是提前通知重要事项，避免让对方吃惊；二是强调经济行动，中国的亚投行倡议、“一带一路”倡议，美国的《跨太平洋战略经济伙伴协定》都是非常积极的倡议，通过这些倡议完全可以实现共赢；三是军事行动方面必须小心谨慎；四是政府完全可以控制住海上或空中危机，因此各国要共同进行调查，并基于调查结果采取共同行动。[②]

---

① Mie Oba, “Japan and the new wave of regionalism in Asia”, *East Asia Forum*, March 12, 2016, http://www.eastasiaforum.org/2016/03/12/japan-and-the-new-wave-of-regionalism-in-asia/.

② 付宇、孙成昊：“现代院论坛‘跨太平洋安全：和平共处包容发展’综述”，《现代国际关系》2015 年第 10 期，第 64 页。

第十一章　构建跨太安全秩序的基本思路

本书的前面几章分别从历史演进、当前形势、大国互动、焦点问题等各个方面，指出了当前跨太地区安全形势的基本特点和主要问题，并隐含地指出了建立地区安全新秩序的基本方向。本章将聚焦于描述这一整体性的地区安全新秩序的模样，致力于说明跨太安全秩序到底是什么，它具有哪些特征；这一秩序构想要解决的根本问题是什么，基本内容包括哪些方面；以及为跨太安全秩序的建立提出几点初步的思考和建议。

一、什么是跨太安全秩序

跨太安全秩序构想实际上是一个一体性的安全解决方案，是综合性、长期性和全面性的地区安全秩序安排。它既是对现有地区安全机制的整合和优化，也是对现有安全理念规则的反思与超越，还是对目前各类安全角色的充分调动，更是对当前地区各类安全问题的正面回应。在这一构想下，未来的地区安全秩序将是一个多角色、多层次、多领域的系统与网络，将弥补该地区现有多边安全机制的缺陷与不足，并最终改变现有地区安全秩序不可持续的状况。这里所谓的“跨太”，不包括南美洲濒临太平洋的国家，也不同于包括南亚的所谓“印太”以及无所不包的“泛太”，而是指经由太平洋紧密联系在一起的，对该地区安全事务具有实际影响的东亚、大洋洲与北美，其横跨太平洋，涵盖亚洲、大洋洲与北美洲三个洲，重心则是北太平洋和西太平洋地区。这里的所谓秩序构想并不是固定僵化且有硬性约束力的制度安排，而是灵活、动态、开放、发展的系统与网络，其构建将是循序渐进的，可分为由低到高、由浅到深、由易到难、由局部到全局多个阶段。

在这一秩序构想中，各国将通过安全对话、合作、增加透明度与谈判解决争端，对地区安全承担“共同但有区别的责任”，缓解各国面临的“安全困境”，使大国发挥“正能量”，小国对大国“放心”，增进各国互信，减少误判风险，管控战略竞争，建立新型地区安全秩序，维护各国合理的安全需要，提供充分必要的公共安全产品，促进跨亚太各国的良性互动与和谐相处，确保各方协力摆脱对抗冲突的危险；并针对跨太平洋地区经济合作深化而安全冲突加剧的“二元对立”结构，扬长补短，主动补齐地区安全对话合作机制的“短板”，改变地区安全问题干扰与拖累地区经济合作的不利局面，实现跨太平洋地区经济合作与安全对话并行的“两轮驱动”，增加地区的安全系数和安全韧性，促进地区全面与可持续发展。

跨太安全秩序构想并非中美共治，从而否定其他国家的地位和作用。在重塑地区安全秩序过程中，大国毫无疑问负有特殊责任，大国协调十分必要，但这并不意味着大国作用将取代其他国家作用，或大国为自身利益而忽视其他国家的合理诉求。尤其是在中美两个大国互动中，更要重视东盟以及其他国家的感受、利益和能动性。

跨太安全秩序并非另起炉灶，从而否定美国主导的同盟体系。之所以叫“跨太”而非“亚太”，主要目的之一就是要打消美国疑虑，认可美国在跨太平洋乃至亚太的客观存在，承认其正当权益，推动其发挥建设性作用，增加其与跨太平洋国家尤其是新兴大国之间的互信与合作。推动构建跨太安全秩序的主要行动，是补强其他安全机制的覆盖面和行动力，并在不同安全机制之间建立连接，强化不同机制之间的沟通协作，从而实现“全覆盖”的目的。当然，美国的同盟体系也需要自我调整。在保留现有行动能力的基础上，应将其同盟目标更多地从应对共同威胁转向谋求共同利益，从美国主导转向协同行动，从高度排他转向开放包容。

跨太安全秩序也并非搞“大一统”，从而削弱各国的独立自主性。鉴于亚太各国在国家规模、社会制度、发展阶段、现实国情、安全关切等方面的高度多元性，以及目前各国之间安全合作的层次还比较低，短期内形成类似北约式的安全安排显然还不现实。因此，其追求的是推动形成既没有硬性约束力，但同时维持充分协调性和行动力的安全秩序安排。

跨太安全秩序构想旨在破解多个国家复杂博弈状态下的“地区安全困境”陷阱，是一种符合21世纪时代特征的新型国际关系形态，具有包容、平等、合作、共进的特征。所谓“包容”，是指不仅包括目前活跃的所有地区安全角色，而不是将某些国家排除在外。而且主张相互之间也不应是隔绝和对立的，同时还主张这一构想应该对其他潜在的参与者也展现出足够的开放性。例如，不应谋求建立排除甚至针对中国的制度安排，不应忽略朝鲜等国的安全关切。所谓“平等”，是与中国的一贯主张一样，虽然承认各国在安全方面的作用大小有所差别，但希望在这一新的地区安全秩序中各国无论强弱大小，一律平等，不能搞等级制，也不能有盟主。所谓“合作”，是指这一新秩序的实现和维持要靠合作而不是“打一仗”的方式来实现。跨太地区不能再重演一战和二战悲剧，新秩序的形成和维护要靠各国精心营造的合作氛围和有效的合作机制来实现。所谓“共进”，是指新的秩序将充分确保各国的行动自决权，为各国的共同进化预留足够空间，并在此过程中形成既相互依赖又相互借重的良性互动模式。总之，跨太安全秩序是“共同体”理念在国际关系中的具体实践，是符合21世纪时代特征和地区各国长远需要的一种先进秩序安排。

二、要解决什么问题

着眼于当前跨太地区的现状，构建跨太安全秩序应重点解决以下几个方面的问题。

一是大国共处的问题。地区要安全，大国是关键。虽然我们必须坚持地区各国无论大小强弱一律平等，但必须承认大国在维护地区安全、重塑地区秩序当中的特殊重要作用。大国之间如何共处的问题不解决，地区安全就无法维持，新的地区安全秩序就建立不起来。具体而言，在跨太安全秩序建立过程中，中国、美国、俄罗斯、日本等国的作用要发挥好。中、俄、美是联合国安理会“五常”，是当今仅有的三个有独立自主对外战略的全球性强国，在跨太地区中具有举足轻重的特殊地位。日本虽然无法称得上是全球性国家和地区安全强国，但由于和美国的深度安全捆绑以及其趋于负面的安全战略走向，其对地区安全秩序重构的影响不容低估。要构建跨太安全秩序，必须把中美俄日几个国家之间的共处问题处理好。其中，最为重大的是中美共处问题。由于中美综合实力的接近、战略重点的重合，双方关系日趋敏感复杂，两国在跨太地区能否良性互动和共处，将最终决定两国是否陷入“修昔底德陷阱”。而两国一旦陷入战略对抗，将不可避免地耗尽整个地区乃至全球的和平，并使两国同时沦为二流国家。最为紧迫的是中日共处问题。由于中日之间的历史问题、领土争端、日本政治右倾化以及军事上与美国的同盟进一步深化，中日之间爆发冲突的风险日益上升。最为不定的是中美俄三方互动问题。中俄走近将在地区安全中引发何种效应，美国对中俄走近将做出何种反应，将决定地区安全重塑的走向和最终形态。在这种情况下，跨太安全秩序能否建立，既有赖于各国特别是中美两国对地区安全主导权的理解，有赖于大国之间战略互信的实际水平，也有赖于大国之间安全沟通对话机制的有效性，更取决于几个大国能否在行动中真正做到自我约束和相互监督。

二是小国安全的问题。地区要安全，小国是基础。这里的“小国”是相对的概念，是相较于中、美、俄等大国而言的。尽管大国对地区安全秩序重塑的作用是主导性的，但决不能因此忽略小国的作用。回顾历史，放眼全球，小国牵动大国甚至绑架大国，将大国拖入战争的案例比比皆是。这说明，如果小国的安全关切得不到尊重，小国的安全作用得不到发挥，仅由大国主导和共治的安全秩序是不稳固和不持久的。在目前的跨太地区，典型的小国有东盟诸国以及朝鲜等。就东盟作为一个整体而言，他们首先担心的是“东盟共同体”被削弱，其一体化进程因内部安全分歧和外部安全竞争而遭到削弱。同时，他们也担心东盟在区域合作中的“主驾驶”地位被剥夺。因为长期以来东盟都是在“小马拉大车”，其主导地位的维持都是靠大国帮衬。一旦大国之间的默契被打破，东盟在地区安全中的地位可能被显著削弱，东盟内部各国之间的安全诉求差异和分歧也将被显著放大。再说朝鲜。朝鲜长期游离于地区安全体系之外，不仅对美韩持有高度敌视态度，而且对中俄等国的信任也日益松动。坚定的谋核决心和持续的挑衅，恰恰表明了其强烈的不安全感。一旦小国感觉到不安全，其必将释放出难以忽略的负能量，进一步加剧地区安全形势的不稳定。因此，跨太安全秩序的建立，必须充分考虑到小国的安全关切和安全作用。这一方面需要小国对自身安全有合理诉求，并放弃在大国竞争中浑水摸鱼、挑拨离间的机会主义幻想；另一方面需要大国善于倾听和换位思考，对小国的感受和关切给予充分尊重，不能做以大欺小、恃强凌弱的事。

三是矛盾处理的问题。后危机时代，跨太地区的安全矛盾骤然增多和加剧，使跨太成为与欧亚、中东并列的全球三大多事之地。这是我们必须正视的客观现实。表面上看，这些矛盾的激化是各国之间传统矛盾的延续或者具体利益之争，但实际上，透过这些矛盾的表象，我们可以看到地区秩序变动这根“筋”。因为这些问题的形成和延续乃是历史上某个时期的地区安全秩序的典型特征，因而在秩序变动的大背景下，它们就更加动起来了。例如，朝鲜半岛南北对峙，乃是典型的冷战秩序下的产物；现阶段南北矛盾升级、险象环生，显然是冷战秩序不可持续的突出标志。例如中日之间的岛屿主权之争，乃是雅尔塔体系与冷战体系两种地区秩序安排相互冲突的产物；在中日实力对比和地区战略生变的背景下，矛盾日益突出就成为自然而然的事。南海问题也属此类，它是殖民体系、冷战体系和后冷战时代各国实力发展的多重背景下形成的特殊秩序难题。也就是说，无论是半岛问题、东海问题还是南海问题之变，都深刻地折射出地区秩序的重大变动。如果处理不好，它们可能会变成破坏地区稳定、加剧各国对抗的恶性肿瘤；但如果处理得好，它们也可能成为破解地区安全困境的钥匙，成为建立地区安全新秩序的抓手。特别是，目前这些矛盾争端已经处在十分胶着的状态，从建立跨太安全秩序的角度出发，必须确保三个不要。一是不要失控。以前这些矛盾也存在，但管理得还行；现在也还处于可控状态，如果再进一步恶化，恐怕就不好收拾了。二是不要外溢。尽管这些矛盾折射出秩序之争，但要避免上纲上线，避免这些问题影响到争议各方之间的整体战略关系。三是不要僵化。矛盾之所以长期存在并不断恶化，同各方思想和立场的僵化有相当关系。我们不能不断地重复“相信后来人比我们聪明，会找到更好办法”这样的话而无所作为，要从当下开始开动脑筋想办法。

四是公共产品提供的问题。一方面，从国家间竞争的角度看，跨太地区可谓又“热”、又“挤”；另一方面，从地区安全治理的角度看，跨太地区却显得很“空”、很“虚”。由于我们所界定的跨太地区包含着极为广阔的太平洋，因而可以说，跨太安全秩序问题很大程度上是一个海洋安全秩序问题。而海洋又是人类了解和介入相对有限的领域，人类在真正能动地维护跨太地区安全方面的力量其实是非常薄弱的。那些与海洋有关的各种问题，例如气候变化问题、海盗问题、航线安全问题、海啸等自然灾害问题等，其实才是从根本上影响各国国家安全的重大问题。例如，气候变化导致海平面上升，甚至会影响到一些国家的存亡；失事的马航 MH370 历时多年仍未找到，足以证明跨太地区航线安全问题的严峻性；即便日本这样科技高度发达的国家，也未能阻止海啸之后福岛核电站的损毁和核材料泄露，等等。凡此都说明，跨太地区的非传统安全治理是严重缺失的。这背后的原因是多方面的：一来是因为各国对海洋的关注时间还不长，海洋迄今仍属于“全球公域”的一部分；二来是因为技术能力的限制，各国在认识和驾驭海洋方面的能力较差；三是各国在这方面加大投入的意识还远远不够，不愿意为提供地区公共安全产品消耗本国的战略资源。要构建跨太安全秩序，加强非传统安全领域的公共产品提供是重要的组成部分。各国既要充分认识到这是各方共同利益所在，在思想上加大重视力度，行动上更加积极；同时，各国之间还要取长补短、各尽所能，为最大限度形成合力做出科学的机制性安排。

五是潜力释放的问题。在缺少战略互信和安全保证的背景下，即使是在各国有共同利益、有合作条件的领域，合作也不会开展得特别顺利。中日之间经济关系的发展，就很好地证明了这一点；中国同东盟在“一带一路”的合作也日益受到安全矛盾困扰。特别是，当前金融危机的延宕效应依然强烈，世界经济长期停滞的阴影日益逼近，跨太地区各国深化经济合作、彼此抱团取暖的必要性和紧迫性更加突出，跨太地区各国必须下定决心突破安全困境，为地区一体化合作营造良好的安全环境，携手实现共同发展繁荣。建立跨太安全秩序的核心目标之一，就是为各国之间的经济合作扫清障碍，为跨太地区的整体经济合作和一体化进程提供更大推动力。在推进地区安全新秩序过程中，应时时刻刻注意同地区经济秩序的重塑过程协同推进。

三、几点初步建议

建立跨太安全秩序是一个系统、长期、复杂的工程，不可能一蹴而就，也不能由一国独立完成，而是必须由地区各国齐心协力，共同实现。而且，这一新秩序的建立，也不能是现有想法和做法的简单拼接。它首先应是一次“观念”的变革，在此过程中形成真正有助于各国良性共处的共同体思想以及对各国行为的伦理道德约束；它还应是一次“规则”的变革，目前带有殖民特征、冷战特征、霸权特征的安全规则必须加以摒除，并在新观念的基础上形成人人口服心服、愿意自愿遵从的国际规则体系；它还应包括“机制”的变革，各种带有排他性、对抗性、等级化特征的安全集团应该逐步向开放、融通、共享的方向转变，各国应在共同体的理念和规则基础上，学会逐步“松开拳头”。它还应着力解决新秩序建立的“动力”问题。各国应本着全局眼光战略思维，从当前日益胶着的矛盾争端中寻找契机，将危机变为转机，将矛盾化为合作的引子，以热点和争端问题的管控与解决启动跨太安全新秩序建立的进程。最后，跨太安全秩序的建立还必须解决“能力”问题。各国之间各尽所能、取长补短，按照“共同但有区别的责任”原则，提升自身为地区安全治理提供公共产品的能力，在共同参与地区安全治理的过程中推动安全秩序变革，真正实现地区安全新秩序的共建共享。具体说来：

1. 在共同体理念基础上形成“跨太安全观”。各国持有什么样的安全观念至关重要。因为这些思想层面的趋向将直接决定各国在高度不确定的环境中到底如何看待外部世界，并做出何种战略选择。只有思想上的不断解放和与时俱进，才能真正为跨太地区的安全带来根本改变。当前，一方面我们看到，各国的安全观念仍很不完善。各国的安全观所依托的思想基础仍高度多元，既有那些杂糅了“零和思维”和“冷战思维”的过时的安全理论，也不自觉地体现着本国的历史文化传统和现实政治因素，当前日趋自由甚至略显随意的媒体报道又进一步放大其消极面。但另一方面我们也看到，在各国战略界和知识精英的头脑中，更加先进的“共同体”观念也在悄然酝酿。本书前一章所提到的不少战略界人士的思想脉动，就突出地体现了这一点。特别是中国基于共同体思想的安全观念也在不断发展成熟。从 20 世纪 90 年代“新安全观”的提出，到十八大之后诸如“亚洲安全观”“命运共同体”“新型国际关系”“新型大国关系”“亲诚惠容”周边理念等一系列提法，均日益显著地体现出中国对共同体思想的深入思考。尤其是，在跨太地区，不仅已经产生了有相当基础的共同体思想，而且还有着相当不错的具体实践。东盟本身所建立的“东盟共同体”，以及依托于东盟而存在的一系列“10 + X”以及“ADMM +”等机制，其背后也都或多或说地体现出共同体的思想精髓。特别需要强调的是，通过长期经济合作，垮台地区各国之间实际上已经形成了在经济利益方面休戚与共的共同体状态。凡此，都为共同体思想观念的进一步发展壮大提供了主客观条件。现在需要做的是，各国战略界人士和知识分子应在这些条件基础上进一步努力，通过各自的和共同的方式，进一步丰富、发展和大力推广“共同体”理念，让共同体思想理念在各国决策人士和普通大众当中广为传播，深入人心，让正能量压过负能量；同时，在此基础上，形成基础更为厚实、论述更为有力、与实践更加贴近的“跨太安全观”，为跨太安全秩序的建立提供科学的理论支持和指导。

2. 以协商方式形成“跨太安全规则体系”。同地区各国的安全理念一样，跨太地区的安全规则也呈现出明显的不细、不全、不强、不适应等方面的问题。这既是当今全球安全形势在规则方面的普遍现状，又在跨太地区体现得尤为明显。乍一看，适用于跨太地区的安全规则好像有很多。联合国体系下的一些以国际法和国际条约方式体现的国际安全规则，比如处理领土领海纠纷、国家间安全关系等方面的规则，似乎在跨太地区被广为尊奉；再比如，在中美、中日、日俄、美俄之间，为避免相互冲突而确立的有关危机管理和意外相遇的行为规则等。此外，在大小国家之间围绕具体争端处理也初步形成了一些规则，例如《南海各方行为宣言》其实就是一种设定各方共同遵守的原则的初步尝试。但是，一旦细究，就发现这些现存规则还是存在不少问题的。一是不细。例如《联合国海洋法公约》，为达成共识在一些关键问题上采取了非常模糊的表述，当将其应用于南海争端的处理时，其模糊性表述往往使各国各取所需，严重削弱了这一规则的可信度和有效性。二是不全。特别是在海、空、天、网等新兴领域或说全球公域，规则体系还相当不健全。三是不强。由于不细、不全，这些规则在实际操作中也没有很好地遵守，其对各国安全行为的约束性远远不够。四是不适应。有些规则被说成是一些普适规则，但对于跨太这样一个情况高度复杂的地区而言，显然还需要更加本土化的表述方式和执行方式。要建立跨太安全秩序，当务之急是改变这种现状，通过相互协商的方式建立更加完备的地区安全规则体系，该细化的细化，该修改的修改，该创新的创新，该借鉴的借鉴，该摒弃的摒弃，并通过相互监督的方式确保所有各方的共同遵守；在与经济规则的重塑紧密配合的情况下，推动地区各国之间由消极合作（管控冲突）逐步转向积极合作（增进互信和实现共赢），不仅为本地区的安全秩序提供一套全面系统的规则支撑，更为21世纪全球安全规则体系的完善发展做出贡献。

3. 建立开放、融通、共享的一体化安全机制。目前地区安全机制的突出特点是割裂，要改变这种状况。基本思路是各种既有安全机制都要相应地做出改变，摆出开放性姿态，主动实现同其他安全机制的对接和合作。具体而言，无论是美国的军事同盟、东亚峰会、东盟地区论坛、香格里拉安全论坛、上合组织、亚信峰会等，都需要根据亚太安全形势的整体需要，对自身机制的发展方向和发展重点做出相应调整。美国军事同盟的调整重点应是保持行动力，增加开放性，减少对抗性。可通过更加开放的多边军事行动（包括演习）的方式，容纳俄罗斯、中国以及其他非盟国的参与。东亚峰会和东盟地区论坛的调整重点是增加行动性，可考虑在跨太安全合作架构框架下，进一步借重中、美、俄等大国的安全力量，实现东盟理念与大国力量的有机结合。上合组织的调整重点应是在保持和强化亚洲内陆的反恐行动能力的基础上，循序渐进地参与到太平洋事务中来，成为太平洋事务中的活跃力量。对于香格里拉安全论坛、亚信峰会等“务虚”的论坛，应探索逐步压缩、合并其论坛功能，将对跨太安全理念和规则等方面的探讨集中于负责跨太安全协调的实体机构中。在此基础上，这些论坛可以分别根据自身特点和优势，着眼于更加实际和具体的问题探讨，从而保留其继续存在的价值。对于西太海军论坛等专业性论坛，可考虑进一步拓展其安全合作范围，处理更为广泛的海上传统安全问题。

4. 以重大热点问题为切入点启动新秩序的构建。其中最为突出的就是在朝鲜半岛问题和南海问题上下功夫。在朝鲜半岛问题上，要认清其“冷战遗产”的问题本质，突破狭隘的核问题语境，立足包括朝鲜在内的所有各方的安全关切，从构建新的东北亚安全秩序的高度，以“停和转换”为基本思路，以不断调整完善地区安全规则体系为路径，以建立安全共同体为最终目标，妥善谋划朝鲜半岛南北双方关系及朝美关系问题，消除朝鲜半岛对峙这一地区安全的最大风险源，并为广泛的地区安全新秩序的构建消除障碍、积累经验。在南海问题上，鉴于目前的胶着形势，首先各方应共同努力，力争稳住局势、避免恶化，为维护地区安全营造起码的舆论和政治环境；接下来，相关各方应明确各自立场定位，通过精细对表找准分歧所在，探明这种分歧得以存在的深层原因，并力争在国际条约和仲裁机制的适用性及适用方式等问题达成谅解和共识。在此基础上，双方应围绕南海问题以及更为广阔的海洋安全问题，充分借鉴世界其他国家相关经验和做法，力争拿出一套能够适用于南海和整个跨太地区的海洋安全规则体系。

5. 各国按照“共区原则”积极参与地区安全治理。跨太地区的气候变化、海洋资源开发、灾难预防与救助、维护航道安全、传染性疾病防控、打击恐怖主义、打击海盗、维护网络安全、水资源管理等方面的非传统安全问题，已经非常紧迫。无论是大国小国、穷国富国，在应对这些非传统安全挑战方面都有共同利益，因而比在传统安全领域更容易开展合作。而且，这些非传统安全领域议题的重要性丝毫不亚于传统安全，因而非传统安全领域的合作搞好了，将极大地有助于跨太安全新秩序的构建，同时也有助于消除各国在传统安全领域的竞争和互疑。鉴于此，各国应该加紧行动，尽快搭建起各类沟通协调机制，就如何应对这些非传统安全挑战拿出详尽方案，并结合各国实力状况和能力特点，相互之间做好分工，各自加大战略投入，加大对地区公共安全产品的提供，以集体方式推动跨太地区安全治理体系的完善和治理能力的提升。

最后，要真正建立跨太安全秩序，还需各国做好心态调整和行为方式的改变。　要做到自我克制。由于国家安全的相互依赖性，一国的安全外交政策必须自我克制，同时接受其他国家的约束。大国小国都要自我克制，大国不能搞霸权欺负小国，小国也不能因为大国的自我克制而肆意挑衅。各国均应秉持进步主义心态，合理引导本国的民族主义情绪，对外减少对他国的刺激性言论。二要争取好好对话。目前各国之间的安全对话普遍面临着权力分散、诚意不足、思路僵化等方面的制约，必须改变这种状况，消除说了不算、口是心非、为对话而对话、以吵架当对话的情况。各国领导人要高度重视、率先垂范，政府内外各界要广泛参与、广开言路，以趋同式讨论确保安全对话取得实效。三要拿出行动的勇气。各国应努力做到知行合一，敢于迈出第一步。

第十二章　“跨太安全秩序”与中国

亚太是中国的安身立命之所和休养生息之地。几千年来，中国人生于斯长于斯，经历过辉煌，遭受过苦难，目前又正阔步走在民族复兴的伟大征程上。无论是东亚、亚洲还是亚太，中国都是当然的主角。今天，在思考构建一种全新的跨太安全架构时，中国必须既有超越历史的胸襟，又有面向未来的视野，更应开放包容，发挥积极、主动、建设性的作用。

一、中国的双重角色与两重使命

中国虽一直是亚太地区的当然主角，但从时间和空间两个维度看，这个主角的身份却总是纠缠或错位的。

从时间维度看，可以清晰地看到中国的两个身份、两种面貌，一个无比辉煌，一个异常苦难。以千年计，中国在亚太（主要是东亚）一直居于主导地位，是东方文明的主人翁。“朝贡（封贡）体系”下，一面是周边邻国对中国顶礼膜拜、敬畏有加；一面则是中国享受“万邦来朝”的荣耀，以为自己就是“天下”，对周边进而对更远的世界充满文化乃至道德优越感。这种感觉从秦始皇统一中国直至清朝后期，延续长达 2000 年之久，以致给中国乃至世界留下错觉，以为这就是中国在亚太应有的角色和地位，进而将今日中国追求的民族伟大复兴理解为“梦回唐朝”，重塑当年的辉煌。

但以百年计，人们看到的则是亚太地区中的另一个中国。从 1840 年英国人用坚船利炮洞穿晚清的海防乃至体制，到 1894 年中国的“学生”日本开始动手打“老师”，中国“中央王朝”的颜面扫地，“天朝大国”的迷梦惊醒，但为时已晚，百年屈辱，由此开端。中国在 19 世纪中叶到 20 世纪中叶长达一个多世纪的时间里，主题竟然只有一个，那就是“救亡图存”。这一时期的中国，保住半殖民地的命运而不至全面沦陷已算万幸，何谈对地区的主导力和影响力。

1949 年新中国成立，中国重新赢得了独立、自主、尊严，但此时的亚太早已面目全非，不仅“朝贡体系”分崩离析，且东亚绝大多数国家均沦为英国、法国、荷兰、西班牙、葡萄牙、美国、日本的殖民地，两千年的儒家文化影响被“欧风美雨”侵蚀，东方传统的生产方式也遭遇西方现代化的洗礼，意识形态、价值观念、政治体制的“西化”就更为彻底，新中国面对的是一个全盘西化的东亚和充满敌意的亚太。更严峻的是，新中国成立至 20 世纪 60 年代，中国分别同美国、苏联、印度等三大国发生过局部性战争，而中国周边地区则多成为美苏两极争霸的前沿地和战略场，为了阻隔共产主义的多米诺骨牌效应，美国在东北亚组建美日、美韩军事同盟，在东南亚拼凑“东南亚条约组织”，从军事、政治、经济上全面遏制中国。中国与周边多数国家的关系处于敌对或非正常状态，遑论地区影响力。

20 世纪 70 年代初的中日关系正常化和 70 年代末的中美关系

正常化，为中国重塑地区影响力打开了两个缺口。邓小平启动的改革开放事业则为中国同周边全面改善关系奠定了基础，但直至20世纪80年代末90年代初，中国才逐渐实现同周边多国关系的正常化，包括中国—苏联（1989年5月）、中国—老挝（1989年10月）、中国—蒙古（1990年5月）、中国—印尼（1990年8月）、中国—新加坡（1990年10月）、中国—越南（1991年11月）、中国—韩国（1992年8月）等。[①] 即使如此，这一时期中国与周边国家的互动，更多体现为中国吸引周边国家的资金、人才、技术、资源，服务于中国的经济建设和改革开放事业。周边对中国的影响似乎比中国对周边的影响更胜一筹。

中国真正开始对周边产生影响力，始自1997—1998年东亚金融危机。面对美国西方袖手旁观，中国不仅没有落井下石，反而雪中送炭，牺牲小我顾全大我，承诺人民币不贬值，并主动伸出援手，为东南亚国家最终战胜危机提供了宝贵的支持，由此赢得了东南亚国家的普遍好感，中国的形象和影响在亚太地区同步提升。随后，中国抓住历史机遇，发挥经济、文化、地缘优势，与周边国家关系迅速发展。通过“10+1”“10+3”机制深化同东盟国家关系，并于2010年建成中国—东盟自贸区，扩展在东南亚的影响力；通过中日韩三边对话机制和“六方会谈”机制提升在东北亚的影响力；通过“上合组织”和中俄全面战略协作伙伴关系夯实在西北亚的影响力。中国在亚太地区百余年来积贫积弱、被动孤立的局面全面改观，一个崛起的中国重新屹立在亚太地区。而与此同时，美国先是忙于北约东扩和欧洲事务，后因反恐扩大化陷入中东泥潭，疏于对亚太的经营，影响力逐年下滑，及至奥巴马上台，美国战略界感叹，如美国再不加大对亚太的投

① 参见张历历：《中国外交简史》，世界知识出版社，2014年。

入，中国将后来居上，成为亚太地区的主导力量，美国将难再成为真正意义上的“亚太国家”。

这正是奥巴马启动“亚太再平衡”战略的主要背景。其所作所为，旨在“推回”中国的影响，重塑自1898年美西战争以来美国在亚太地区的主导地位。但美国“亚太再平衡”过分强调自身的主导地位，却忽视或“遗忘”了中国在亚太地区长达两千年的历史角色，如果一味合纵连横挤压中国而不思考如何接纳中国，最终可能得不偿失；而中国当前寻求在亚太地区的影响力，既有一洗百年屈辱、重归千年荣耀的潜意识，但更多则是在探索如何在新时期准确确立自身在亚太地区的现实方位，是在“千年中国东亚观”和“百年中国亚太观”深度融合基础上的一种“新亚太观”再造。

这种观念再造的过程也可从中国在亚太地区的空间维度中寻求灵感和答案。中国背北面南，坐西向东，倚陆抱海，14个陆上邻国，8个海上邻国，这一独特的地理位置世所罕见。运筹得当，则陆海兼备、天下归心，独特的地理位置将变成独特的地缘优势；运筹失当，则两面受挤、海陆夹攻、四面楚歌，地缘优势将成为地缘劣势甚至灾难。因为中国倚陆抱海之“陆”，是世界地缘政治的中心地带欧亚大陆，历来是兵家必争之地和大国博弈之所，曾给中国留下无尽的痛苦和创伤；倚陆抱海之“海”，是东海、黄海、南海及浩淼的太平洋，中国在每个海域都与不同邻国存在领海、主权争端，而且与美国在更广阔的西太平洋海域存在深刻的地缘战略博弈。历史上，西方列强正是借助这片海域入侵中国，现实中，美、日、越、菲等也都希望将中国封堵在海域之内，逼中国老老实实当一个“陆上大国”。

在工业化、全球化大潮袭来之前，西北漫漫的戈壁沙漠及阿尔泰昆仑山脉、西南莽莽的喜马拉雅山脉、东北的大兴安岭、东南浩淼的汪洋大海，成为中国历朝历代天然的战略屏障，使中国自得于所谓“华夏体系”做自己的“天朝梦”而少被打扰，也赋予中国人安于现状、中道内敛的文化特质，从而与外部世界隔绝，也懒得漂洋过海拓土开疆。久而久之，一个静态的、和平的、居于内陆的中国形象被塑造出来并成为常态，中国国家安全的重心，也多在西北边防。多数情况下，中国确实重陆轻海，“黄色文明”终究未同“蔚蓝色文明”实现交汇，历史上的丝绸之路也基本上是零星、断续的商业行为，并未形成东西方文明交汇的关系网。而后来东西方两种文明的交汇居然是通过西方对中国的征伐和战争实现的，不能不说是历史的悲剧。百年屈辱使中国人意识到海洋对中国的至关重要性，但在政府丧权辱国、人民国破家亡的时代背景下，中国人也只能望洋兴叹，把蔚蓝色的梦埋在心底。

新中国成立后，面对来自美苏两霸的共同战略威胁，以及周边不间断的安全挑战，中国国家安全和军事安全防范的重点是本土安全和政权安全，陆地边疆则是防范的绝对重点。其后相当长的时期，中国集中精力解决的也主要是陆地边界争端，而广大海域和海上争端，基本采取“搁置争议，共同开发”的原则或策略。由此使外部世界产生一种极大的错觉，以为中国就是个“陆权国家”，认为中国就应该固守大陆。美国更有学者公开指出，中国是陆权国家，美国是海权国家，只要中国恪守自己的陆权身份“不下海”，与美国井水不犯河水，则中美关系便可相安无事；反之，则中美必然走向对抗或冲突。

这种认知看似同中国的历史文化相契合，实则只看到了中国历史的表象，而不是对中国历史文化深刻把握的结果。因为中国从来就是个陆海兼备的大国，也并非不知进取。成吉思汗的铁骑曾踏过多瑙河，张骞出西域、郑和下西洋也始终伴随中国历史的足迹，直到清朝前，中国在海上的经营和活动甚至军事行动其实同样有声有色。只因历史的因缘际会，使得中国长期疏于经营海洋。今天，因东海、南海博弈加剧，中国被长期被抑制住的“海权意识”和“海洋意识”猛然喷发出来，从大的时空背景看，中国今天强化在东海南海的维权和加大对海洋的经营，一是因为中国基本解决了陆地边界争端，开始有余力去处理海上争端了；二是因为台海局势总体可控，中国可以腾出精力去直面东海、南海问题；三是因为中国军事现代化突飞猛进，中国已经具备了捍卫海上主权、维护海洋安全的实力和能力；四是因为中国改革开放向纵深发展，中国借助海洋走出去成为一种战略必须。由此，历史上第一次，中国党、政、军、民、商集体将目光投向海洋，这既是对中国陆海兼备国家身份的一种再确认，也是对中国未来发展的一种期望。

中国战略视角的调适必然引发美国及周边一些国家的不适甚至强力反弹，这很正常。但历史已经走到了这一步，历史的车轮还将滚滚向前。洗刷百年屈辱、回归千年荣耀、重塑陆海兼备身份，是中华民族留给这一代中国人的使命；而坚持和平发展与合作共赢，构建新型国际关系与建设命运共同体，则是世界人民对中国崛起的期待。认清中国在亚太的双重角色，承担中国在全球的两重使命，是中国在时空坐标轴上下一步前进的方向。目前，通过“一带一路”软的一手和“填海造陆”硬的一手，中国顶住了外在的压力，在中美、中日漫长的战略博弈中，中国终于改变被长期战略打压的地位，开始由战略防御转向战略相持；而从战略相持转向战略主动则将又是一个漫长的过程，可能伴随实现中华民族伟大复兴“中国梦”的全程。在这一过程中，保持战略定力，明确战略目标，找准时代定位，至为关键。

二、中国的新征程

雄关漫道真如铁，而今迈步从头越。回望千年史、百年史，环顾周边和世界，中国踏上新征程向未来出发。这一轮新征程的起点是十八大。从十八大报告全面规划新时期中国大战略，经历了以习近平为核心的新一代领导集体上台执政以来三四年的内政外交实践，中国新时期的全面战略布局已经比较清晰地呈现在我们面前。这个战略布局可以概括为“一二三四五六”。

所谓一，是指一个梦想，也就是“中国梦”。关于“中国梦”，各种解读五花八门，呈现出多样化、多元化甚至难免庸俗化的特点。但实际上，“中国梦”的核心内涵就是八个字：中华民族伟大复兴。它既是国家的梦想、民族的梦想，也是13亿中国人每个人的梦想。国家、民族、个人梦想形成一个统一的“中国梦”，就是中华民族伟大复兴，这是“中国梦”有别于世界其他各种梦的最鲜明特点。

所谓二，是指“两个一百年”战略目标。实现“中国梦”不可能一蹴而就，而要分两步走。第一步到建党一百周年的2021年（或2020年），全面建成小康社会。这个目标既是具体的，如到2020年中国的GDP总量和人均GDP都要比2010年翻一番；又是抽象的，是指中国的国家治理体系和治理能力得到全面提升，实现现代化。这个目标既是紧迫的，从现在到2020年只有不到五年的时间，在许多国家看来这几乎是不可能实现的任务；又是可行的，可行性在于这个目标被分解成300多个具体的分目标，每个分目标都有时间表和进度表，确保如期保质完成。第二步是到建国100周年即2049年（或2050年）建成富强、民主、文明、和谐的社会主义现代化国家。这一目标同时意味着中国的人均 GDP 达到中等发达国家水平，它将标志着中国实现崛起，同时也就意味着“中国梦”梦想成真。

所谓三，分为三个层次。一是指三个自信，即道路自信、理论自信、制度自信。三个自信既来源于历史的比较和国际的比较，也立足于对未来发展前景科学的论证，不是盲目自信，而是有坚实的基础。二是指三个自省，即清醒地意识到中国在实现两个百年的征程中，将长期处于社会主义初级阶段，长期作为世界上最大的发展中国家，同时要长期面临人民群众日益增长的物质文化需求与落后的社会生产力这个最主要的、根本性的矛盾。三是指防止“三大陷阱”，即“修昔底德陷阱”“中等收入陷阱”“颜色革命陷阱”。三个自信是中国实现战略目标的精神支柱和主要动力，三个自省是确保中国发展不偏离航道、不迷失方向的根本保障，三大陷阱则是中国尽最大努力规避的战略底线。

所谓四，是指四个全面的战略布局。其中，全面建成小康社会是目标，一切以此为行动的指针和准绳。要实现这个目标需要双轮驱动，一个轮子是全面深化改革，因为改革是中国实现初步崛起的法宝，改革同样也将成为中国继续崛起的源泉；另一个轮子是全面依法治国，全面依法治国才可能使改革具有正确的方向性和可持续性。靠什么去驱动这两个轮子呢？中国的实践反复证明，中国的发展和改革需要靠中国的执政党——中国共产党的坚强领导，因此第四个全面就是全面从严治党。只有确保执政的共产党廉洁、高效、服务人民，才可能使中国改革和法制的两个轮子滚滚向前。由此，构成所谓“四个全面”的整体布局。

所谓五，是指“五位一体”的工作布局。其中包括政治建设、经济建设、文化建设、社会建设、生态文明建设五位一体的内政工作；包括思想建设、能力建设、制度建设、军民融合、军事交流五位一体的军事战略布局；包括大国、周边、发展中国家、多边、公共外交和人文交流五位一体的外交战略布局；包括经济交流、政治交流、军事交流、民间交流、两岸和平稳定的制度安排五位一体的对台工作布局；还包括思想建设、作风建设、制度建设、组织建设、反腐倡廉建设五位一体的党建工作布局。

所谓六，是指对外战略的六大举措。一是带有鲜明新时代特征的战略理念。包括合作共赢、命运共同体、总体安全观、亚洲安全观、正确义利观、亲诚惠容、真实亲诚等周边和发展中国家外交思想。其中核心是合作共赢与命运共同体。二是以新型国际关系为引领的大国外交布局。三是以“亲诚惠容”精神为方针的新的周边外交布局，其中最大的手笔就是“一带一路”倡议及亚投行建设。四是以“正确义利观”为方针的发展中国家外交新局。五是以“主动塑造、奋发有为”为特点的多边外交布局。亚信峰会、APEC、博鳌论坛、香山论坛等等，有声有色，风生水起，传递中国声音，提升中国形象，焕发新的活力。六是“直面争议、以我为主、强势维权、有序推进”，处理新时期以海上为主的领土、领海等主权安全问题。

“一二三四五六”新布局，给中国的对外战略带来新气象和新格局。其中，中俄关系达到历史最高水平，中欧关系进入历史最好时期，中英关系进入“黄金十年”，中印关系企稳回暖，中非、中拉关系全面得到提升。由此，近百年来中国首次具备背北面南、坐西向东的有利战略态势，为中国倚陆向海创造了有利条件。但同时也应看到，中日关系跌入低点，中朝关系持续冷淡，中越、中菲关系陷入僵局。而香港“占中”和台湾“大选”亦显示，中国崛起的“灯下黑”效应正在显现。当然，最值得担心的，还是中美关系的前景。如果中美关系稳，则上述问题大体可控并能够化解；反之，则上述问题则可能更加复杂难解。从这个意义上说，如何把握中美关系，仍是中国对外战略牵一发动全身的最重大战略性课题。构建跨太安全秩序，即是中国破解自身安全难题、应对亚太共同安全挑战的一种尝试和努力。

三、跨太秩序的战略意义

跨太安全秩序与传统上所谓亚太安全秩序仅一字之差，但“跨”字背后却体现出三重用心。其一，从地缘意义上说，它打破了以往有关各方关于“亚太国家”身份的论争，从而无论身处亚洲还是美洲，都可通过“跨”出一步，联接成为安全的整体，一起思考未来共同的安全秩序问题。当然，中美关系将在其中扮演特殊角色，发挥引领作用。其二，从战略意义上说，它旨在打破亚太地区政经分离的瓶颈，破解地区安全秩序二元对立的难题。一方面，亚太各国之间的经济互动、人文交往异常活跃，但战略互疑、安全困境始终挥之不去；另一方面，美国主导的冷战式军事同盟安全网络逆势发展，而中国倡导的新亚洲安全观也广受关注，两种不同的安全观念和安全秩序如不加以对接或互动，势必形成亚太地区新两极格局，这一危险趋势应该尽快得到遏止。其三，现实意义上说，目前亚太地区各种安全架构纷然杂陈，但无一占据绝对主导，以更具包容性的跨太安全秩序作为理念牵引，利于各种安全机制的发展而不致相互对立或重叠。

对中国而言，构建跨太安全秩序，首先着眼于跨越“修昔底德陷阱”，即借此谋求中美两强在亚太地区长期和平共处。实际上，中美实现亚太和平共处既有现实条件，如双方不存在不可调和的领土、领海争端，在维护地区和平稳定上拥有广泛的共同利益等，也曾经达成过重要的战略共识，如在2001年1月胡锦涛主席访美期间签署的《中美联合声明》中，美方重申，美方欢迎一个强大、繁荣、成功、在国际事务中发挥更大作用的中国；而中方则表示，欢迎美国作为一个亚太国家为本地区和平、稳定与繁荣做出努力。两国领导人支持通过合作努力建设二十一世纪更加稳定、和平、繁荣的亚太地区。[①] 白纸黑字，历历在目，关键是如何恪守承诺，身体力行。构建跨太安全秩序有助于为中美在更高水平的对话、沟通、合作创造机制化条件。

其次，也旨在破解“周边安全陷阱”。中国周边安全环境之复杂，可谓处处陷阱，步步惊心，且不同方向的安全难题各不相同。其他各国多愿就事论事，一码归一码，而中国独特的区位决定着中国必须联系起来看问题，如认为中美在南海问题上的博弈直接影响到两国在朝核问题上的合作，美国在韩国部署萨德系统也无疑将破坏中美合作的局面。通过构建跨太安全秩序这一宏大而系统的工程，有助各方超越次区域问题，更加全面、系统、联系地看待亚太安全问题。

必须特别指出的是，跨太安全秩序与其说是一种机制，不如说是一种理念或愿景，旨在使各国在思考自身居于其中的各种安全架构时多一种顶层设计式的理念，从而使目前零星而多样的安全机制有一个最终的归依。对中国而言，经过多年的实践和摸索，已经逐步形成了东亚安全观、亚洲安全观、亚太安全观等新安全观念，这为未来构建跨太安全秩序奠定了坚实的基础。同时，中国也在外交实践中不断丰富既有的安全思想和外交政策，即以近年为例，在处理南海问题上，提出了“有关争议由直接当事国通过友好协商谈判寻求和平解决，而南海的和平稳定则由中

① 《中华人民共和国与美利坚合众国联合声明》，2011 年 1 月 18 日。

国与东盟国家共同维护”的“双轨思路”；[①] 在朝核问题上，提出实现半岛无核化和停和机制转换“并行推进”的谈判思路；在亚信峰会上，中国进一步倡导共同、综合、合作、可持续的亚洲安全观，并主张创新思路，搭建地区安全合作新架构，努力走出一条共建、共享、共赢的亚洲安全之路。

而对亚太地区多个国家而言，既有“10+1”“10+3”等相对限制性的安全对话平台，也有以东亚峰会为标志的开放式机制，这为今后构建更广泛的安全秩序提供了重要参考。尤其是东亚峰会，它打破了区域合作的地域限制，以一种基于战略利益共同性而非所处地域一致性的原则，开创了全球区域合作的新模式。其中许多经验，可以发扬光大。

总而言之，中国提出愿景，欢迎各方参与讨论甚至批评；中国希望发挥更加积极主动作用，但不谋求绝对主导；中国愿意加大投入，但期待众人拾柴。中国期待以一种更具前瞻性、开放性的跨太安全秩序为亚太谋和平，也为自己确立新的时代方位。

① 《中方提出“双轨思路”解决南海问题》，人民网，2014年8月11日。

后　记

本书是中国现代国际关系研究院被列入国家首批高端智库试点单位后推出的又一部有分量的研究成果，集中体现了我院这几年来对跨太安全形势及地区秩序重建的研究与思考。期待本书能对业内同行和广大读者有所裨益。

本书能在较短时间内完成，离不开我院各位同事的辛勤努力和细致周密的策划。其中，各章节作者分别是：第一章林利民（中国现代国际关系研究院对外战略研究中心主任），第二章李岩（中国现代国际关系研究院美国研究所所长助理），第三章杨文静（中国现代国际关系研究院美国研究所美国外交研究室主任），第四章陈文鑫（中国现代国际关系研究院美国研究所副所长），第五章樊小菊（中国现代国际关系研究院日本研究所副所长），第六章李东（中国现代国际关系研究院俄罗斯研究所副所长），第七章李军（中国现代国际关系研究院朝鲜半岛研究室主任），第八章楼春豪（中国现代国际关系研究院海洋战略研究所副所长），第九章由胡仕胜（中国现代国际关系研究院南亚东南亚及大洋洲研究所所长）、唐岚（中国现代国际关系研究院信息与社会发展研究所副所长）和付宇（中国现代国际关系研究院世界政治研究所国际形势与战略研究室主任）合作完成，第十章孙成昊（中国现代国际关系研究院美国研究所助理研究员），第十一章王鸿刚（中国现代国际关系研究院世界政治研究所执行所长），第十二章袁鹏（中国现代国际关系研究院副院长）。我要为他们长期以来的敬业精神和对本书的突出贡献点赞。

同时，感谢袁鹏和王鸿刚两位副主编，他们为本书结构和观点的确定作出了重要贡献；还要特别感谢我院国际交流部的刘博主任，他不仅全程参与了本书的策划，还在幕后做了大量的组织协调工作。最后，感谢福特基金会和时事出版社的同仁，他们高质量和高效率的工作，是本书得以顺利出版的重要保障。

季志业

图书在版编目（CIP）数据

太平洋足够宽广：亚太格局与跨太秩序/中国现代国际关系研究院著．—北京：时事出版社，2016.10

ISBN 978-7-5195-0054-2

Ⅰ.①太… Ⅱ.①中… Ⅲ.①国际关系—研究—亚太地区 Ⅳ.①D81

中国版本图书馆 CIP 数据核字（2016）第 236359 号

出版发行：时事出版社
地　　址：北京市海淀区万寿寺甲 2 号
邮　　编：100081
发行热线：（010）88547590　88547591
读者服务部：（010）88547595
传　　真：（010）88547592
电子邮箱：shishichubanshe@sina.com
网　　址：www.shishishe.com
印　　刷：北京市昌平百善印刷厂

开本：787×1092　1/16　印张：16.75　字数：202 千字
2016 年 10 月第 1 版　2016 年 10 月第 1 次印刷
定价：78.00 元